AF193120

Estadística con R

Curso práctico

Estadística con R
Curso práctico

William Castiblanco Vargas

La ley prohíbe
fotocopiar este libro

Estadística con R. Curso práctico
Thema: UFM Software de matemáticas y estadísticas
Bisac: COM051040 – Computers / Programming Languages / R
© William Castiblanco Vargas
© De la edición: Ra-Ma 2025

Editado por:
RA-MA Editorial
Calle Jarama, 3A, Polígono Industrial Igarsa
28860 PARACUELLOS DE JARAMA, Madrid
Teléfono: 91 658 42 80
Fax: 91 662 81 39
Correo electrónico: *info@grupoeditorialrama.com*
Internet: *www.ra-ma.es* y *www.ra-ma.com*
ISBN impreso: 978-84-1036-047-1
Depósito legal: M-19790-2025
Maquetación: Antonio García Tomé
Diseño de portada: Antonio García Tomé
Filmación e impresión: Safekat
Impreso en España en septiembre de 2025

Este libro se lo dedico a mi esposa Angélica,
quien me ha acompañado y apoyado en este proyecto;
a mis hermanos, que siempre han sido motivo de alegría,
y a mis padres y hermano Luis Jairo,
quienes fueron el motor para el logro de mis metas.

A todos ellos les doy mis más sinceros agradecimientos.

Contenido

Índice de figuras

Índice de tablas

Prólogo

Estadística aplicada a la investigación con R está dirigido a la comunidad académica y científica que se encuentre desarrollando y aportando conocimiento a la ciencia y que, de alguna manera, requiere la aplicación de fundamentos de estadística. Es así como el propósito de este libro es facilitar las herramientas necesarias para el desarrollo en los procesos investigativos y que contribuya al logro de las metas planteadas por los interesados. El compendio del texto se encuentra con una fundamentación teórica estadística básica acompañado con una diversidad de ejemplos aplicados propios de las disciplinas del saber e implementados con el uso del *software* estadístico de R, permitiendo dar más claridad a la fundamentación teórica y profundidad a las aplicaciones planteadas. Cada tema cuenta con una serie de ejemplos aplicados de las diferentes disciplinas del saber, de tal manera que el lector visualice el amplio panorama de aplicación de la estadística. Los ejemplos y ejercicios con que cuenta el texto son de fuente propia y han sido seleccionados cuidadosamente de tal manera que le permiten al investigador afianzar los conocimientos de estadística y observar su aplicación directa.

El primer capítulo del libro induce al lector a identificar los fundamentos con que todo estudio estadístico debe contar antes de profundizar en los diferentes temas propios de la investigación. El segundo conduce al interesado a identificar y utilizar los diferentes métodos gráficos existentes para la representación de variables. El tercer capítulo presenta la clasificación de los métodos numéricos existentes para la representación de los datos cuantitativos. El cuarto hace referencia a las funciones y operaciones básicas con el uso de la herramienta estadística de Rstudio, su instalación, el uso de la sintaxis para su aplicación, una introducción al álgebra de matrices con su aplicación en R, la visualización de gráficos, así como la construcción de un *data frame* para su ejecución y la generación de la estadística descriptiva. También encontrará el mecanismo de cargue de diversas librerías y bases de datos, así como la exportación de bases a otros formatos. El capítulo quinto está dedicado a la predicción o justificación del comportamiento y tendencia de una población a través de la estimación puntual o por intervalo de un parámetro partiendo del uso de un conjunto de datos de una muestra. El capítulo seis se enfoca en la inferencia acerca del comportamiento de los parámetros de una población por medio de la aplicación de las diferentes pruebas de hipótesis. El capítulo séptimo está enfocado en la representación estadística del comportamiento de los fenómenos naturales de tal manera que se pueda llevar a cabo su predicción y proyección por medio del modelamiento de la regresión lineal. Finalmente, el capítulo octavo presenta una ampliación del anterior al presentar la aplicación de los diferentes fenómenos de la naturaleza o del comportamiento humano por medio de un modelo de regresión múltiple.

Cualquier inquietud o sugerencia sobre el tema, por favor, contactarme a través del correo: **ingwicava@gmail.com**

Capítulo 1

Introducción

La aplicación de la ciencia de la estadística a un problema específico debe tener presente una serie de características tanto internas como externas que permitan al investigador tomar la decisión más idónea de acuerdo a los objetivos y a la hipótesis que se plantea. Para que un estudio estadístico sea confiable, se debe realizar de manera *eficiente* y *eficaz* en la medida que se cuente con los **recursos** y el *tiempo* necesarios para llevarlo a cabo. Eficiente, por cuanto se deben realizar los cálculos con las variables adecuadas que respondan a los requerimientos inicialmente planteados en el estudio y, por el otro lado, se busca que los cálculos sean confiables en los hallazgos o predicciones realizadas, es decir, que sea eficaz. Adicionalmente, se deben tener presentes los recursos con que se cuente para llevar a cabo el estudio en un periodo de tiempo establecido para tal fin y que permita lograr con éxito los resultados esperados; esto es ser eficaz.

De manera práctica, se define la ciencia de la estadística como aquella que se encarga de la selección, clasificación, ordenamiento y tabulación de los datos para su respectivo análisis, descripción e interpretación. Estos datos pueden provenir de una población o de una muestra seleccionada a la que se le aplica su análisis estadístico numérico y gráfico; esto es lo que se define como estadística descriptiva. Cuando a estos datos se les aplica los modelos estadísticos con sus leyes respectivas, se habla de estadística probabilística y cuando se infiere el comportamiento de los parámetros de una población, se está hablando de estadística inferencial (Mendenhall & Sincich, 2002).

1.1 Etapas en todo estudio estadístico

Un estudio estadístico está conformado por varias etapas, desde la concepción del problema hasta el hallazgo de sus resultados, que se pueden enmarcar dentro de las conclusiones.

Figura 1.1. Etapas en todo estudio estadístico

1.1.1 Problema

Tener conocimiento de la problemática existente y para la cual se requiere de la aplicación estadística.

En una comunidad, se han identificado numerosas muertes en adultos jóvenes por causa del cáncer de pulmón.

1.1.2 Objetivo

Definir de manera sucinta y breve las características de la problemática que se quiere identificar o comprobar.

Identificar las causas de muerte en los adultos jóvenes en la población durante el periodo XX.

1.1.3 Hipótesis

Proponer la afirmación que se quiere corroborar o contradecir respecto a una población (objeto de estudio).

Las personas fumadoras tienen mayor probabilidad de padecer cáncer de pulmón.

En una prueba de hipótesis:

H_0: *todas las personas que fuman tienen cáncer.*

H_1: *al menos una persona fumadora no padece cáncer.*

1.1.4 Definir el objeto de estudio

¿Cuál es mi universo de análisis?
Se define como el conjunto de elementos a los cuales se les desea realizar el estudio.
  Conjunto de ciudadanos que habitan la región de interés de estudio.

¿Cuál es la población de estudio?
Se define como el conjunto de elementos que son susceptibles de medir y por el cual está interesado el estudio.
  Población mayor de edad que habita un pueblo determinado y que se encuentra en condiciones de responder a una encuesta.

1.1.5 Realizar un censo o muestreo

Cuando se lleva a cabo el levantamiento de información a una población determinada, es necesario definir si se realiza un censo (a toda la población) o una muestra (a una parte de la población). La decisión depende de varios factores, como la disponibilidad de todos los elementos, la limitación de los recursos y el tiempo para realizar el estudio, entre otros (Wu & Thompson, 2020).

1.1.6 Selección de la muestra

Existen diversos factores que se deben tener en cuenta a la hora de seleccionar una muestra: conocer las características de la población, si los elementos que la componen poseen características muy homogéneas, la dificultad de obtener información de los miembros o elementos que forman parte de la población, los costos elevados en que se puede incurrir o las pruebas destructivas que se necesiten llevar a cabo, entre otros. Son factores que obligan a realizar un muestreo en vez de un censo (Ospina, 2001). Luego el muestreo se define como un subconjunto de datos seleccionados de la población con características de interés en común, que mantiene una representatividad sobre la población.

  Conjunto de personas de una comunidad que puede ser seleccionada para diligenciar una encuesta determinada.
  Selección de muestras médicas con el propósito de evidenciar algún tipo de patrón o comportamiento.
  En el proceso de manufactura, se selecciona una muestra para el control de calidad de las bandas de disco para el uso en el frenado de los carros.

También puede dar el caso de que se tenga un universo de análisis compuesto por una población con características disímiles, pero, a su vez, con grupos que guardan cierto comportamiento o patrón por el que puedan ser agrupados (figura 1.2).

Figura 1.2. Universo de análisis: compuesto por poblaciones con diferentes características

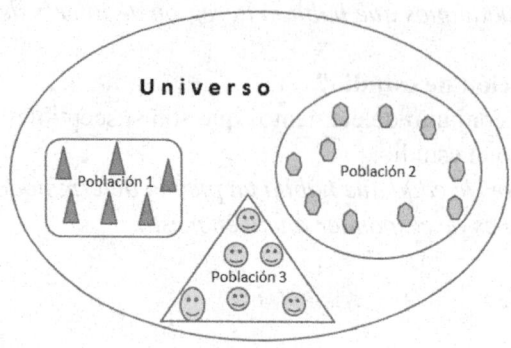

Por ejemplo, una empresa quiere lanzar al mercado un producto específico y desea conocer la percepción que se tiene del producto de consumo en particular. Para tal efecto, pretende encuestar a un grupo potencial de consumidores para tener una percepción objetiva de la población objeto de estudio; se deben analizar las características del universo de análisis (figura 2) y seleccionar una muestra que sea representativa. Es decir, que su tamaño represente las características de la población (figura 3) y que identifique las cualidades por las cuales se desea encuestar.

Figura 1.3. Muestra representativa

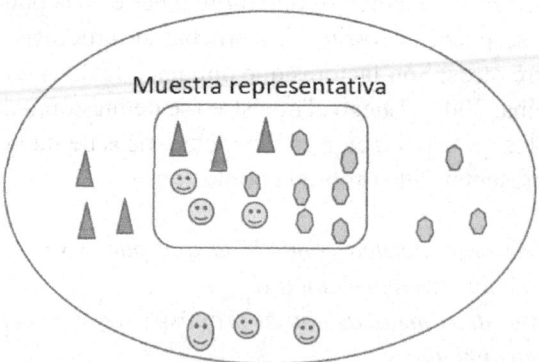

1.1.7 Tipo de muestreo a aplicar

Cuando se realiza un estudio estadístico, la veracidad y confiabilidad de los resultados dependen en primera instancia del origen de extracción de la información, es decir, de cómo y a quién se le realiza el levantamiento de la información.

Llevar a cabo un muestreo no es tarea fácil y, para ello, existen diversos tipos de muestreos (Lohr, 2000a). En consecuencia, se habla de dos tipos de muestreo: el probabilístico y el no probabilístico. El primero se basa en la selección de la muestra, que se pueda definir el conjunto de las muestras posibles, es decir, conocer para cada una de las muestras posibles la probabilidad de selección, y el muestreo no probabilístico o por conveniencia es aquel donde no se aplica alguna de las consideraciones anteriores y se fundamenta en la expertica del investigador para la selección de la muestra (Ospina, 2001).

Existen diversos tipos de muestreo probabilístico (Lohr, 2000b), entre los que se destacan:

- **Muestreo aleatorio simple sin reemplazo:** se realiza cuando todas las muestras posibles tienen la misma probabilidad de ser seleccionadas y al elegir cualquiera de ellas ya no se tiene en cuenta para la selección de la siguiente. Cuando es con reemplazo, la que se selecciona se ingresa de nuevo a la población para que haga parte en la siguiente selección de la muestra, la cual puede tener la posibilidad de ser elegida nuevamente.
- **Muestreo estratificado:** se lleva a cabo cuando se divide a la población en estratos (que poseen características similares) y en cada uno de ellos se selecciona una muestra aleatoria. Es importante que estos estratos guarden una homogeneidad entre sí.
- **Muestreo sistemático:** al tener una población ordenada, se procede a seleccionar la muestra a partir de un elemento elegido y sistemáticamente se van seleccionando los demás.
- **Muestreo por conglomerados:** se seleccionan grupos de la población que guardan alguna característica en común y los elementos del grupo se seleccionan todos.
- **Muestreo en varias etapas:** es aquel que se aplica a poblaciones en donde es necesario llevar diversos tipos de muestreo para la selección de la muestra representativa.

1.1.8 ¿Qué es lo que se desea estudiar?

Responder a esta pregunta es identificar el problema que es objeto de estudio. Para ello, estadísticamente es necesario definir las variables involucradas y aquellas que conformarán la encuesta si se va a recolectar información por medio de instrumentos. Cada variable debe dar aporte y contribuir en la consecución de la respuesta al objetivo de la investigación. De aquí se desprende la importancia de un buen diseño del instrumento de recolección de información: encuesta, base de datos que como medio permite llegar a las variables de interés. La encuesta debe ser precisa, objetiva, que mida lo que debe medir: "requerir información a un grupo socialmente significativo de personas acerca de los problemas en estudio para luego, mediante un análisis de tipo cuantitativo, sacar las conclusiones que se correspondan con los datos recogidos" (Sabino, 1992).

1.1.9 Recopilar la información

En este paso, es importante que el investigador defina la metodología a utilizar para la recolección de la información. El uso de las herramientas tecnológicas permite el ahorro de tiempo y la disminución sustancial de los errores que se cometen si solamente se llevara a cabo de manera manual.

1.1.10 Tabulación de la información

La eficiencia en la tabulación de la información permite al investigador lograr los alcances que quiera en el desarrollo de los análisis estadísticos y obtener la profundidad que desee. Para esto, ya se cuenta con *software* especializados para tal fin, como PYTHON, R, SPSS, STATA, SAS, hoja de cálculo de Excel (este último no es un *software* estadístico).

1.1.11 Análisis de la información

Análisis descriptivo: este paso es muy importante debido a la necesidad de utilizar la estadística descriptiva para el análisis de las variables; se debe tener la habilidad de no redundar en la repetición o en la obtención de información innecesaria para el estudio (Faraway, 2005).

1.1.12 Interpretación de la información

Lo más sensible en la estadística es su interpretación. Gracias a los resultados que se obtienen en la aplicación de sus modelos, se requiere del conocimiento y experticia por parte del investigador para realizar la interpretación adecuada y no caer en vicios o errores que se pueden cometer por desconocimiento.

1.1.13 Informe estadístico

De acuerdo a las necesidades y el alcance que el investigador logre, el informe debe ser lo más claro y sencillo posible, debe reflejar el logro de los objetivos dando respuesta al planteamiento de la pregunta y debe evidenciar la metodología utilizada, así como las fuentes de información utilizadas.

Capítulo 2

Métodos gráficos para representar las variables

Representación gráfica de las variables cualitativas

2.1 Clasificación de las variables

Las variables se clasifican en cuantitativas y cualitativas. Las primeras son las que cuantifican la cantidad de algo y se representan de forma numérica mediante fórmulas y gráficos, como el histograma, diagrama de tallos y hojas, diagrama de cajas y bigotes, diagrama de dispersión, entre otros, y las segundas representan la cualidad de algo y su representación se puede hacer mediante tablas o gráficos circulares y barras, diagrama de árbol y dendrogramas, entre otros.

Las variables cuantitativas se clasifican en las de intervalo, es decir, que tienen un rango definido, por ejemplo, la temperatura de 0 a 9 grados es lo mismo que de 11 a 20 grados dentro de la misma escala Celsius, y las de razón, que incluyen un cero como significado de nulidad o ausencia de valor, por ejemplo, el peso de las personas, la edad, la estatura de las personas, las notas académicas de los estudiantes, etc. Adicionalmente, en las variables cuantitativas se pueden realizar operaciones algebraicas y se dividen en discretas (número de hijos) y continuas (tiempo medido en segundos o milésimas).

Las variables cualitativas se dividen en nominales y ordinales. Las primeras clasifican sin un orden lógico o predeterminado de importancia, por ejemplo, la agrupación por colores, grupo sanguíneo, sexo biológico, clasificación según si la persona fuma o no, y las ordinales, al realizar la clasificación, sí tienen un orden preestablecido de importancia, por ejemplo, la clasificación según el nivel de aceptabilidad como alto-medio-bajo, el año de escolaridad del estudiante, el orden de llegada en una competición, etc.

2.2 Representación gráfica de las variables

Las variables cualitativas se pueden representar por medio de diagramas de barras o circulares, en donde cada segmento o barra representa la frecuencia relativa o absoluta de una característica de la variable.

Figura 2.1. Diagrama circular o torta y el diagrama de barras

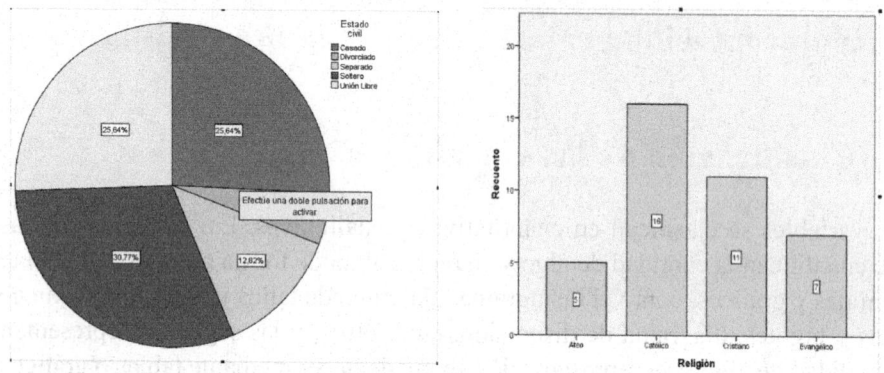

Las variables cuantitativas se representan gráficamente por medio del histograma, diagrama de tallos y hojas y diagrama de cajas y bigotes.

Figura 2.2. El histograma y diagrama de puntos

Nota: en ambos diagramas, el eje de las abscisas representa las clases en que se encuentra divida la variable y el eje de las ordenadas representa las frecuencias o frecuencias relativas de la variable en estudio.

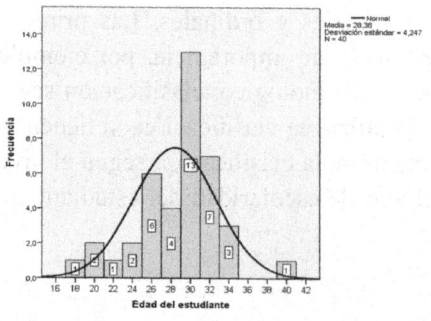
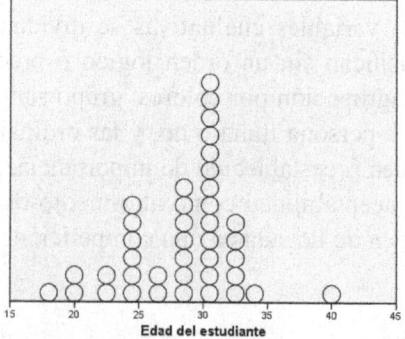

El diagrama de cajas y bigotes también sirve para representar una variable cuantitativa, de tal manera que evidencia los cuatro cuartiles en que se encuentra dividida la longitud del intervalo de la variable (figura 2.3). El primer cuartil equivale al 25 % de los datos, el segundo cuartil corresponde al mismo valor de la mediana o 50 % de los datos y el tercer cuartil hace referencia al 75 % de los datos. Adicionalmente, muestra los datos que son atípicos del conjunto.

Figura 2.3. Diagrama de caja y bigotes con sus respectivas características

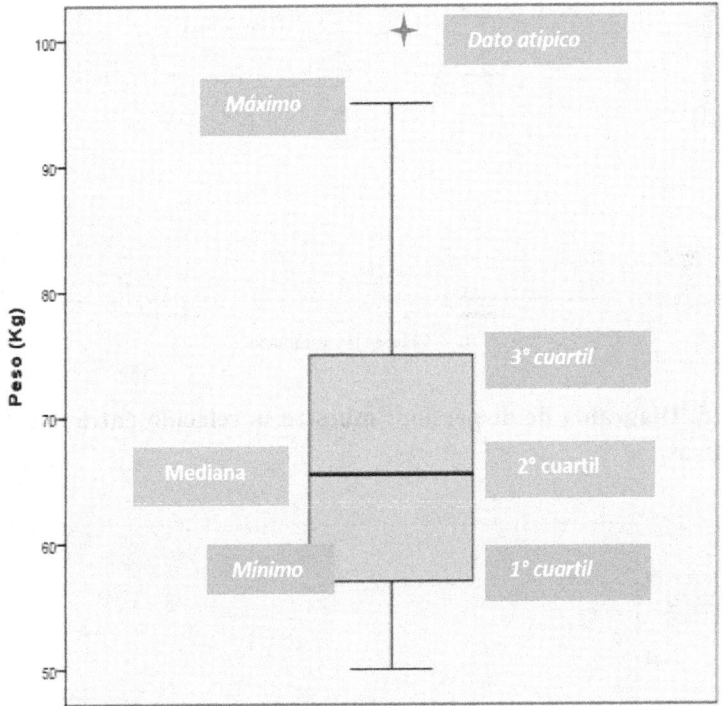

También el diagrama de cajas sirve para la representación y comparación cuantitativa de una variable cualitativa. Por ejemplo, se puede representar el sexo biológico de una población caracterizada por hombres y mujeres y se pretende conocer la distribución de ambos sexos (figura 2.4).

Cuando existe el interés de observar la existencia o no de la relación entre dos variables cuantitativas, se utiliza el diagrama de dispersión. Esta relación puede ser positiva, negativa o carente de relación (figura 2.5).

Figura 2.4. Comparación de una variable cualitativa característica de una población por medio del diagrama de caja y bigotes

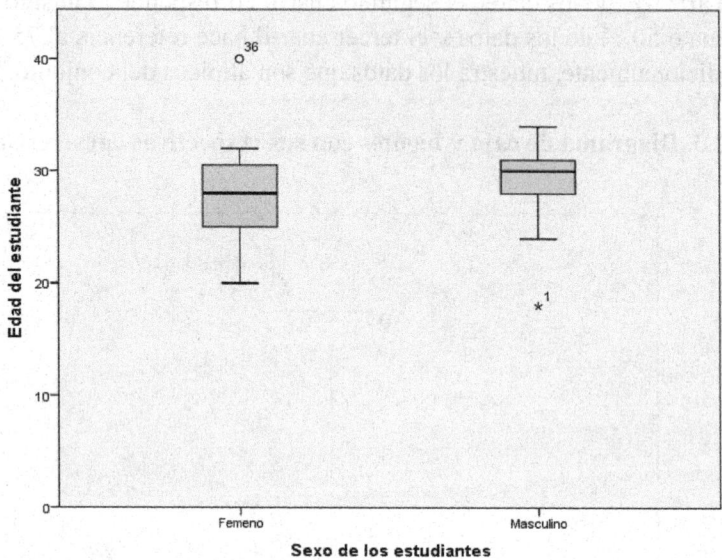

Figura 2.5. Diagrama de dispersión: muestra la relación entre dos variables cuantitativas

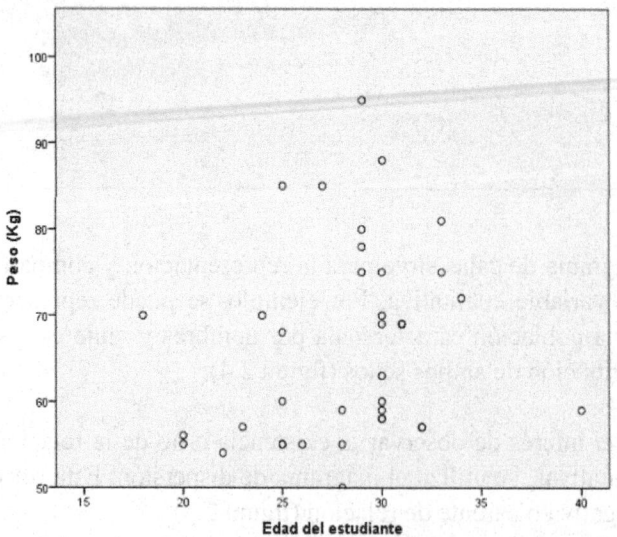

EJERCICIOS

2.1. Enuncie cinco ejemplos de variables cualitativas (nominales y ordinales) y cinco de cuantitativas (de razón y de orden).

2.2. Se pretende realizar un estudio a una población joven perteneciente a un colegio de educación media de la ciudad de Bogotá (Colombia) acerca de los hábitos más frecuentes que tienen en sus espacios de ocio. Se seleccionó una muestra de esta población, a la cual se le realizó una encuesta determinada y se le preguntó sobre las siguientes características: la edad, el sexo, la estatura, el peso, religión a la que pertenecen, la localidad en que viven, el estrato socioeconómico al que pertenecen, si practican algún deporte (si la respuesta es afirmativa, cuál deporte practican y cuánto tiempo dedican a esta actividad), con qué frecuencia a la semana se reúnen con los amigos y cuánto tiempo en promedio gastan en sus encuentros y qué clase de actividades realizan en familia. Clasifique las variables de acuerdo a lo que se cuestiona en cada pregunta.

2.3. En un laboratorio de investigación de una universidad prestigiosa de Colombia se está buscando la relación o no entre las propiedades físicas y químicas de un material biodegradable expuesto al desgaste por el contacto con diferentes superficies. A continuación, se enuncian las medidas realizadas:

Clase de material	Desgaste (micras)	Tiempo	Espesor (pulgadas)	Temperatura (°C)
Elástico	100	5 min	2	32
Rígido	150	15 min	2	32
Semielástico	180	30 min	1,98	34
Plástico	240	1 h	1,9	36
Elástico	300	90 min	1,8	37
Rígido	3.350	2 h	1,77	37
Semielástico	410	2 h 30 min	1,73	38
Plástico	480	3 h	1,7	38
Elástico	500	210 min	1,68	39
Rígido	550	4 h	1,65	40
Semielástico	680	270 min	1,61	42
Plástico	1.000	5 h	1,5	45

a) Realice una clasificación de las variables de acuerdo a cada una de las categorías existentes de manera detallada.

b) ¿Qué tipo de gráfico sería más acorde para la representación de cada variable? Explique.

Capítulo 3

Métodos numéricos para representar datos cuantitativos

3.1 Generalidades

Los métodos numéricos para representar datos cuantitativos son procedimientos aritméticos o algebraicos que se realizan a partir de datos que se representan a través de variables cuantitativas. A continuación, se definen términos que son fundamentales para la comprensión de la estadística descriptiva e inferencial.

- **Variable:** la necesidad de representar la característica específica de una población, la cual puede tomar diversos valores dependiendo de los individuos que la conforman.
- **Estadística:** es una medida calculada a partir de los datos de una muestra. Por ejemplo: se requiere conocer el promedio de edad y estatura de una muestra seleccionada de una población. en donde la representación de los datos se hace a través de las variables x e y respectivamente. Por consiguiente, el promedio de cada variable es $\bar{x}$ e $\bar{y}$.
- **Parámetro:** es una medida calculada a partir de los datos de una población. Por ejemplo: se requiere conocer el promedio y la varianza de la edad de una población; los datos son representados con la variable x. Luego el promedio poblacional y la varianza de la variable de interés serán μ y σ^2 respectivamente.

3.2 Clasificación

La clasificación de los métodos numéricos para representar los datos cuantitativos es (Mendenhall & Sincich, 2002):

Medidas de tendencia central
- Medidas de posición.
- Medidas de variación.

3.2.1 Medidas de tendencia central

Miden el comportamiento de los datos con respecto a un valor específico y permiten encontrar el centro de distribución de los datos. Entre ellas se tienen la moda, la mediana y la media aritmética o valor promedio.

3.2.1.1 La moda

Es una medida de tendencia central que identifica el dato que más se repite en un conjunto de datos.

Ejemplo 3.1. Se tiene la variable $x = \{1, 2, 3, 3, 7, 4, 8, 9, 3\}$, luego la moda de la variable x es $\{3\}$.

Ejemplo 3.2. Se tiene la variable $y = \{1, 2, 3, 3, 7, 4, 8, 9, 2\}$; se deduce que tiene dos modas la variable y, queson $\{2, 3\}$, por lo que se denomina bimodal.

Aquí se puede afirmar que una variable puede tener más de una moda y se nombra por el número de modas que posea, por ejemplo: 3 modas, 4 modas, etc.

3.2.1.2 La mediana

Es una medida de tendencia central que identifica el valor que genera el punto de equilibrio en un conjunto de datos en donde distribuye el 50 % de los datos a cada lado del valor generado. Existen dos posibilidades para su cálculo:

- Cuando **n es impar**

La base ordenada: $x = \{1, 2, 4, 7, 8, 10, 12\}$; $n = 7$

La mediana $= \dfrac{(n+1)}{2} = \dfrac{8}{2} = 4$; se selecciona el número de la posición. Es decir, **7**.

Siendo n el tamaño de la variable en consideración.

- Cuando **n es par**

La base ordenada: $x = \{2, 4, 7, 8, 10, 12, 14, 20\}$; $n = 8$

La mediana $= \dfrac{x_{(n/2)} + x_{(n/2+1)}}{2}$. Las expresiones entre paréntesis representan la posición del valor de la variable. Reemplazando se tiene la mediana $= \dfrac{8+10}{2} = \dfrac{18}{2} = 9$ Luego el punto de equilibrio se encuentra entre los valores 8 y 10.

Nota: los datos deben estar ordenados en forma ascendente o descendente.

3.2.1.3 La media aritmética

Es una medida de tendencia central que muestra el valor de tendencia de los datos; su ecuación se representa:

Para la muestra: $\bar{x} = \dfrac{\sum_{i=1}^{n} x_i}{n}$ Para la población: $\mu = \dfrac{\sum_{i=1}^{N} x_i}{N}$.

Siendo n y N los tamaños de la muestra y la población respectivamente.

Ejemplo 3.3. Se tiene la edad en años de un grupo de estudiantes de la secundaria: $x = \{15, 16, 16, 18, 20\}$

Su media aritmética es: $\bar{x} = \dfrac{15 + 16 + 16 + 18 + 20}{5}$

$\bar{x} = 17$; es el promedio de edad del grupo, es decir, existe una proporción de la edad de los estudiantes que se encuentran alrededor de este valor.

Figura 3.1. Representación de las medidas de tendencia central

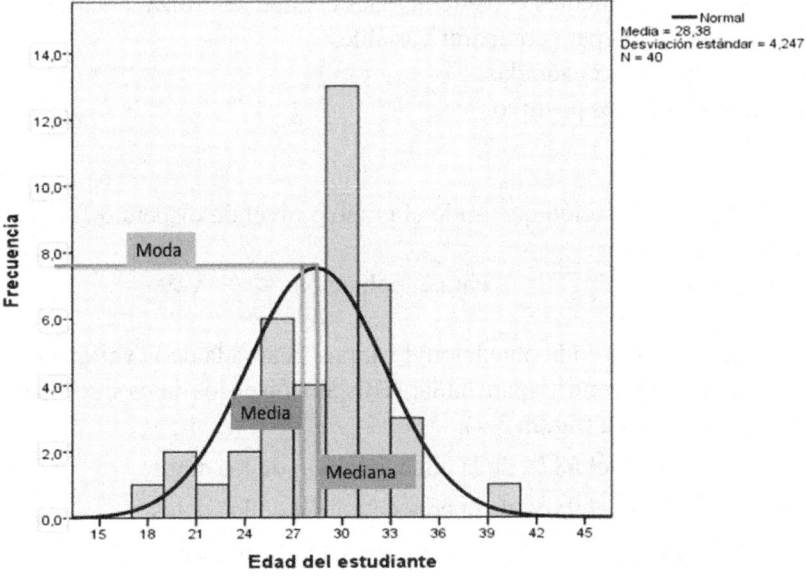

3.2.2 Medidas de variación

Miden la variabilidad de los datos, el cómo se encuentran dispersos los datos. Cuanto menos dispersos se encuentren los elementos del conjunto, habrá menos variabilidad (figura 3.2) y cuanto más dispersos se encuentren, habrá mayor variabilidad (figura 3.3).

Figura 3.2. Menor variabilidad de los datos   **Figura 3.3. Mayor variabilidad de los datos**

3.2.2.1 La varianza

Es una medida de variación que mide el grado de dispersión en que se encuentran los datos. Se define como el promedio de las desviaciones al cuadrado con respecto al promedio.

Para la muestra: $s^2 = \dfrac{\sum_{i=1}^{n}(x_i - \bar{x})^2}{n-1}$ Para la población: $\sigma^2 = \dfrac{\sum_{i=1}^{N}(x_i - \bar{X})^2}{N-1}$

Se deben tener las siguientes consideraciones cuando se utiliza la varianza:
- No es una medida para comparar variables.
- Viene en unidades cuadradas.
- Su valor siempre es positivo.

3.2.2.2 La desviación estándar

Es una medida de variación que mide el grado o nivel de dispersión de los datos con respecto a la media.

Para la muestra: $s = \sqrt[2]{s^2}$ Para la población: $\sigma = \sqrt[2]{\sigma^2}$

- Su cálculo se basa en la obtención de la raíz cuadrada de la varianza.
- Existe una regla empírica para hallar la dispersión de los datos si se distribuyen en forma de joroba (figura 3.4):
  - ✓ $\bar{x} \pm 1s$: existe el 68 % de la concentración de los datos.
  - ✓ $\bar{x} \pm 2s$: existe el 95 % de la concentración de los datos.
  - ✓ $\bar{x} \pm 3s$: existe el 99 % de la concentración de los datos.

Ejemplo 3.4. Se desea conocer la dispersión de la estatura de un grupo de estudiantes de un colegio determinado; para tal efecto, se selecciona una muestra de 79 estudiantes y se les toma las medidas respectivas.

Los cálculos se han realizado utilizando el programa de R y los resultados se muestran en la figura 3.4.

Figura 3.4. Dispersión de los datos de acuerdo a la desviación estándar de la variable estatura

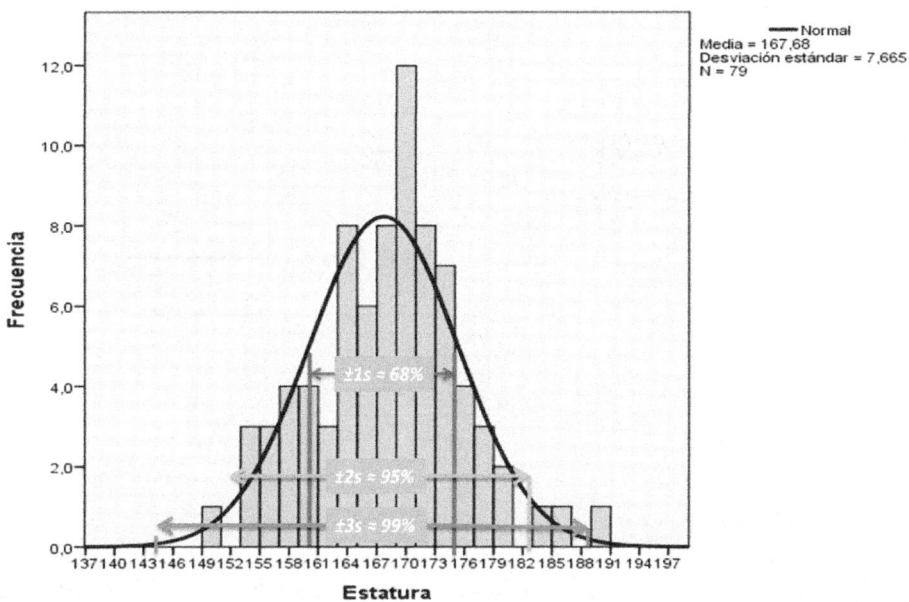

Interpretación:

- $167.68 \pm 1 * (7.665)$: existe el 68 % de la concentración de los datos.
- $167.68 \pm 2 * (7.665)$: existe el 95 % de la concentración de los datos.
- $167.68 \pm 3 * (7.665)$: existe el 99 % de la concentración de los datos.

3.2.2.3 Intervalo o rango
Se define como la diferencia entre el dato mayor y el dato menor.

Ejemplo 3.5. Se tienen los siguientes datos ordenados de forma ascendente: $x = \{2, 3, 6, 7, 10, 15\}$. De donde: $Intervalo = 15 - 2 = 13$

3.2.2.4 Rango intercuartil
Se define como la distancia entre el primer y tercer cuartil.
Entre sus características se encuentran:

- Similar al rango, difiere en que no incluye datos extremos.
- No es sensible a valores extremos.
- El primer cuartil se encuentra en el percentil 25.
- El tercer cuartil se encuentra en el percentil 75.

Figura 3.5. Cálculo del rango intercuartil

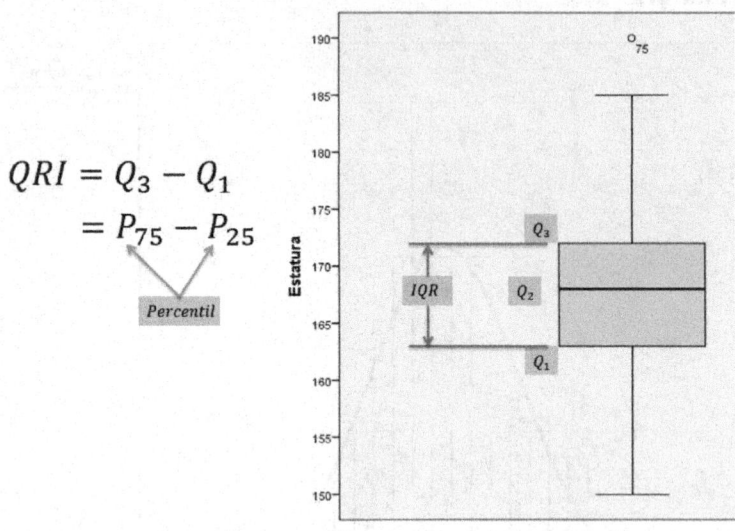

$$QRI = Q_3 - Q_1$$
$$= P_{75} - P_{25}$$

Percentil

3.2.2.5 Coeficiente de variación

Se define como el cociente entre la desviación estándar y la media de los datos de la variable cuantitativa (DANE, 2005).

Para la muestra: $cv = \frac{s}{\bar{x}}$:   Para la población: $CV = \frac{\sigma}{\mu}$

Entre sus características se encuentran:
- Es una medida que identifica la homogeneidad de los datos.
- Generalmente, su cálculo se expresa en forma de porcentaje.
- Sirve para comparar las dispersiones entre un conjunto de datos de diferentes variables. Es decir, permite comparar el comportamiento entre los datos de dos variables. La escala de valores se categoriza de la siguiente manera:
  - ✓ Se considera homogéneo si $cv < 15\%$.
  - ✓ Valores entre: $15 \leq cv \leq 30$: se consideran como homogeneidad moderada.
  - ✓ Valores $cv > 30\%$: se consideran los valores con una significativa hete-rogeneidad en el grupo de datos.

Cuándo no funciona:
- Cuando la media es cero o cercana a cero.
- Cuando toma valores negativos (medidas de temperaturas negativas y su media es negativa).

Ejemplo 3.6. Se tiene la siguiente información de las características físicas de un grupo de estudiantes sobre su edad y el peso. ¿Cuál es la uniformidad de sus datos?

No.	Género	Edad	Peso
1	H	25	75
2	M	22	60
3	M	21	54
4	M	20	63
5	H	60	78
6	M	28	60
7	H	24	67
8	H	20	60
9	M	25	59
10	H	70	75

Nota: H: hombre, M: mujer, Edad: en años, Peso: en kilogramos.

Primero se calculan las medidas de tendencia central y de variación:

Estadísticas	Edad	Peso
Promedio aritmético	31,5	65,1
Desviación estándar	17,99	8,23
Coeficiente de variación	57,11	12,63

Luego se calculan los coeficientes de variación para cada variable:

$$CV_{edad} = \frac{17,99}{31,5} * 100 \qquad\qquad CV_{Peso} = \frac{8,22}{65,1} * 100$$

$$CV_{edad} = 57,11\ \% \qquad\qquad CV_{Peso} = 12,6\ \%$$

Se realiza el análisis por género.

Caso 1: hombres

No.	Género	Edad	Peso
1	H	25	75
5	H	60	78
7	H	24	67
8	H	20	60
10	H	70	75

Sus cálculos respectivos son:

Estadísticas	Edad	Peso
Media	33,4	78,6
Desviación estándar	14,4	21,8
Coeficiente de variación	43,11	27,73

Caso 2: mujeres

No.	Género	Edad	Peso
2	M	22	60
3	M	21	54
4	M	20	63
6	M	28	60
9	M	25	59

Sus cálculos respectivos son:

Estadísticas	Edad	Peso
Promedio	23,2	59,2
Desviación estándar	3,27	3,27
Coeficiente de variación	14,10	5,53

Análisis:
- En los hombres, existe mayor heterogeneidad en la variable edad que en el peso.
- En las mujeres, las dos variables son homogéneas. Sin embargo, es mayor en la variable peso.
- En el análisis de las variables por separado, se observa un comportamiento diferente al general; esto se debe a las variaciones en las características de las variables.

3.2.3 Medidas de posición relativa o localización

Miden la posición relativa de los datos con respecto a un valor o patrón determinado. Entre ellas se encuentran:

- Percentil.
- Cuartil.
- Cuantil.
- Decil.
- Valor Z.

3.2.3.1 Percentil

Es una medida de localización que ubica el valor P_i en un rango por encima y por debajo del 100 % de los datos. Cuándo se utiliza:
- Por ejemplo, en los resultados de las pruebas de Estado.
- Cuando se desea conocer posiciones en medidas determinadas.

Ejemplo 3.7. La calificación de un estudiante en una materia determinada estuvo en el 92° percentil.
Esto significa que el 92 % de las notas de los estudiantes fueron inferiores a las de él y el restante 8 % obtuvo notas superiores.

La fórmula para localizar la posición del valor buscado se define como:

$$\frac{k*(n+1)}{p}$$

k: es el percentil buscado n: número de elementos de la muestra
p: es el número de particiones $= 100$

Ejemplo 3.8. Calcular el 10° percentil del siguiente conjunto de datos:
$x = \{14, 16, 17, 18, 20, 21, 22, 22, 24, 25, 27, 30\}$

Los datos deben encontrarse ordenados de manera ascendente o descendente.

Luego: 10° percentil $= \frac{10(12+1)}{100} = \frac{130}{100} = 1,3$ *posición*

Por ende: el valor debe estar entre la 1ª y 2ª posición

- El valor de la 1ª posición es 14 y la 2ª es 16.
- Se toma la diferencia: $16 - 14 = 2$.
- Este valor se multiplica por el excedente:
- $2*0,3 = 0,6$
- Este valor se le suma a la 1ª *posición* $= 14,6$.
- Luego el 10° percentil es: 14,6

$$\{14, \quad,16,17,18,20,21,22,22,24,25,27,30\}$$

3.2.3.2 Cuartil

Es una medida de localización que divide el grupo en consideración en cuatro partes y lo caracteriza con tres valores de la variable.

Figura 3.6 El cuartil se caracteriza por dividir el grupo de datos en cuatro partes

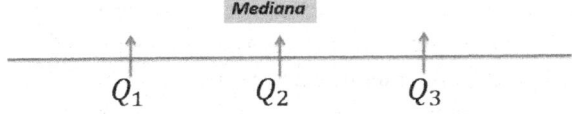

- Q_1: supera el 25 % de las observaciones y a su vez es superado por un 75 %.
- Q_2: corresponde al 50 % de las observaciones. Es equivalente a la mediana.
- Q_3: supera al 75 % de las observaciones y a su vez es superado por un 25 %.

Ejemplo 3.9. Calcular el cuartil 2 (Q_2) de la siguiente muestra:
$x = \{14, 16, 17, 18, 20, 21, 22, 22, 24, 25, 27, 30\}$
La posición es: $\frac{2(12+1)}{4} = 6,5$

6° posición $= 21$ 7° posición $= 22$

$$\text{Luego: } Q_2 = \frac{21+22}{2} = 21,5 \text{ es el cuartil 2}$$

3.2.3.3 Valor Z

Es una medida de posición estadística; también se conoce como puntuación Z o Z. Indica cuántas desviaciones estándar está un valor por encima o por debajo de la media de una distribución de datos. Tiene la propiedad de que permite comparaciones entre ellos. En estadística es muy útil cuando se desea comparar datos procedentes de variables que están en unidades de medida diferente; luego se procede a estandarizarlas, es decir, convertirlas a unidades de desviaciones estándar. La fórmula para estandarizar el dato o calcular el valor Z es:

$$Z = \frac{X - \mu}{\sigma}$$

En donde:

X: es el valor del dato μ : la media poblacional σ: la desviación estándar

3.2.4 Medidas robustas

Se definen como aquellas que no son influenciadas por los datos extremos o atípicos en un conjunto de datos. Las estadísticas robustas guardan el comportamiento de los métodos comunes y son de utilidad cuando se detectan en la muestra datos que se encuentran fuera del rango o atípicos.

Robustez: su aplicación obedece a la aparición de datos extremos (atípicos) o que, al momento de su registro, fueron mal digitados en una muestra y para disminuir el error en los cálculos se utilizan modelos estadísticos robustos que no incluyen estos datos atípicos, también llamados outlayers.

Una medida es robusta cuando es resistente a los cambios abruptos, atípicos, *outlayers* o mal digitados que existen en la variable de análisis. Entre estas medidas se encuentra la mediana, mientras que la media no lo es. La siguiente gráfica muestra claramente la sensibilidad de la mediana y la media cuando se tiene datos atípicos:

Figura 3.7. Influencia de los datos atípicos cuando se aplican las estadísticas de la media y la mediana a un conjunto de datos

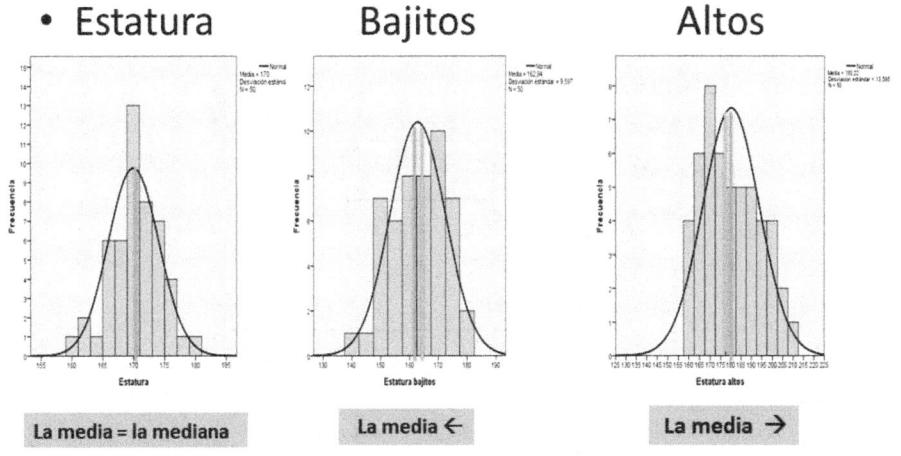

Nota: el primer gráfico muestra la distribución de los datos; la media y la mediana tienen el mismo valor. En el segundo gráfico, se observa una tendencia de las estaturas hacia la izquierda; la media tiende hacia la izquierda. Y en el último, se observa la media con una desviación hacia la derecha.

3.2.4.1 *Trimean*

Se define como la media recortada; calcula una especie de media con unos percentiles que no se afectan por los valores extremos (*outlayer*).

$$Trimean = \frac{P_{25} + 2P_{50} + P_{75}}{4}$$

Se ordenan los datos de menor a mayor: $x_1, x_2, \dots, x_{n-1}, x_n$, se quitan los extremos (colas) y se les calcula la media a los internos. Se recomienda máximo el 15 % a lado y lado.

Ejemplo 3.10. Se tiene el siguiente conjunto de datos:
$y = \{1, 1, 5, 6, 7, 7, 8, 8, 9, 10, 11, 12, 12, 17, 20\}$.

$n = 15 \quad P_{25} = 6,5 \quad P_{50} = 8 \quad P_{75} = 11,5$

$$Trimean = \frac{6,5 + 2(8) + 11,5}{4} = 8,5$$

Figura 3.8. En el diagrama de caja y bigotes se evidencia la no inclusión de los datos atípicos en el cálculo del *trimean*

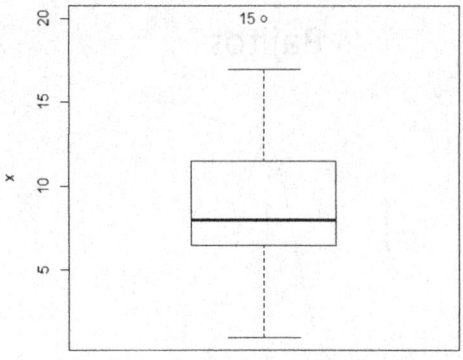

3.2.4.2 *Trimmed mean*

$$Trimmed\ mean = \tilde{x}_\alpha = \frac{1}{n-2k}\sum_{i=k+1}^{n-k} x_i$$

- k es el entero más cercano de $\alpha * n$ y equivale al número de datos que se eliminan de cada cola.
- α es el porcentaje de datos que se desea desechar.

Ejemplo 3.11. Se tiene el siguiente conjunto de datos:
$$y = \{1, 1, 5, 6, 7, 7, 8, 8, 9, 10, 11, 12, 12, 17, 20\}$$

$$n = 15 \quad \alpha = 10 \quad k = n * \alpha = 1,5 \approx 2,0$$

$$\tilde{x}_\alpha = \frac{1}{15 - 4} * (5 + 6 + 7 + \cdots + 12 + 12)$$

$$Trimmed\ mean = \tilde{x}_\alpha = 8,63$$

Ejercicios

3.1. De acuerdo con la información recolectada respecto a las condiciones climatológicas por una central meteorológica ubicada en una isla de la región del Pacífico colombiano, se pretende realizar una caracterización del comportamiento del clima en el periodo de tiempo en que fueron tomados los datos, como se evidencia en la siguiente tabla:

Temperatura ($\circ$C)	Velocidad del viento (km/h)	% Humedad	Precipitación (mm/m^2)
8	300	70	520
10	160	92	580
11	130	78	540
13	125	70	510
13	120	84	555
14	115	93	600
15	110	85	560
17	105	30	200
21	100	60	480
22	100	40	400
25	90	40	410
26	85	60	485
37	85	55	460
26	80	50	440
27	70	65	500
29	70	60	480
27	70	45	420
35	70	45	425
30	65	35	350
41	45	40	390

a. Realizar la estadística descriptiva para las cuatro variables con su análisis.

b. Realizar el histograma correspondiente a cada variable con el análisis.

c. Llevar a cabo un análisis comparativo de las variables y explicar si existe alguna relación o, por el contrario, carece de relación alguna.

d. Realizar los diagramas de cajas y bigotes y explicar la existencia de datos *outlayers* de las variables.

e. En las variables en donde se encuentren datos *outlayers*, realizar los cálculos de las medidas robustas (media recortada) y compararlas con el valor promedio.

3.2. Se desea realizar un estudio sobre los resultados de las pruebas de Estado Saber Pro respecto a las competencias genéricas que obtuvieron los estudiantes de una universidad durante un semestre determinado. Para tal efecto, se seleccionó una muestra de 150 registros, recopilando la información como se muestra en la tabla. Para efectos de la comparación, se tuvo en cuenta el promedio nacional en la competencia genérica de análisis, que fue de 165 puntos con una desviación estándar de 10 puntos.

198	183	170	166	160	155	153	145	173	158	185	192	178
195	184	170	166	160	155	153	145	172	158	181	172	181
180	184	170	166	160	155	153	145	173	158	168	168	168
178	184	170	166	160	155	153	145	170	158	164	164	164
178	184	170	166	160	155	153	145	170	155	158	158	158
175	184	170	166	160	155	150	145	168	155	155	155	155
175	184	170	166	160	155	150	130	166	155	150	150	
170	181	168	165	158	155	150	130	166	153	183	150	
177	181	168	165	158	155	150	123	166	153	160	183	
184	181	168	165	158	155	150	115	166	153	145	162	
191	181	168	165	158	155	150	183	163	150	183	145	
198	181	168	164	158	155	150	183	162	145	160	145	

a. Realizar la estadística descriptiva con su análisis.
b. ¿Cuál es el coeficiente de asimetría de Pearson de los resultados? Definir la tendencia de los datos.
c. Calcular el 25 y 75 percentil.
d. ¿Qué tanto se desvió la mediana de los universitarios respecto a la media nacional?
e. Existen algunos resultados atípicos. Determinarlos y explicar el efecto que causa dentro de la muestra seleccionada.
f. ¿Los estudiantes obtuvieron un puntaje superior a la media nacional?
g. ¿En qué rango de puntaje se encuentra el 68 % de los resultados con respecto a la media de los estudiantes de la universidad?

3.3. Se desea conocer la caracterización socioeconómica en que se encuentra una población de profesionales recién egresados de una institución de educación superior. El estudio busca identificar las condiciones en que se hallan los recién egresados a la hora de encontrarse como profesionales. El propósito es seguirle la ruta en su desarrollo social y económico para identificar si ha existido algún cambio gracias al hecho de haber adquirido un título profesional. Para tal efecto, se ha seleccionado una muestra aleatoria de un grupo de 50 egresados, al cual se les pidió que diligenciaran una encuesta que solicitaba información básica como su género, edad, peso, estatura, cuál es su estado civil en este momento, cuántos hijos tiene y cuál era el ingreso promedio que tiene al momento de obtener su título profesional. La primera parte del estudio solicita llevar a cabo la estadística descriptiva que caracterice a la población en estudio.

No.	Sexo	Edad	Estatura (cm)	Peso (kg)	Nivel máximo de formación	Estado civil	Número de hijos	Ingresos SMLV	Estrato socioeconómico
1	H	20	180	75	Universitario	Soltero	1	3	2
2	H	18	176	68	Tecnólogo	Soltero	0	1	2
3	H	27	169	67	Universitario	Unión libre	2	3	3
4	H	25	173	76	Universitario	Unión libre	1	3	2
5	H	28	178	79	Tecnólogo	Unión libre	1	2	2
6	H	32	165	85	Universitario	Soltero	0	3	3
7	H	35	172	75	Universitario	Soltero	0	5	4
8	H	19	166	65	Tecnólogo	Soltero	0	1	2
9	H	22	169	72	Tecnólogo	Soltero	1	2	2
10	H	24	178	75	Universitario	Soltero	0	2	2
11	H	25	176	70	Universitario	Soltero	1	3	2
12	H	21	160	62	Tecnólogo	Soltero	0	1	1
13	H	24	165	74	Tecnólogo	Soltero	0	3	2
14	H	29	174	77	Universitario	Unión libre	1	4	3
15	H	20	169	70	Tecnólogo	Soltero	0	1	2
16	H	22	165	72	Tecnólogo	Soltero	0	0	1
17	H	25	178	77	Universitario	Soltero	0	3	2
18	H	28	166	73	Tecnólogo	Casado	1	3	2
19	H	25	172	75	Universitario	Soltero	1	4	3
20	H	24	168	71	Universitario	Soltero	0	0	2
21	H	23	166	69	Universitario	Casado	1	3	2
22	H	22	160	66	Tecnólogo	Soltero	1	2	2
23	H	21	155	61	Tecnólogo	Unión libre	1	1	2
24	H	21	166	73	Tecnólogo	Soltero	0	0	3
25	H	21	169	80	Tecnólogo	Soltero	1	2	2
26	M	18	160	61	Tecnólogo	Soltero	0	0	2
27	M	19	163	63	Tecnólogo	Soltero	0	0	1
28	M	20	158	56	Tecnólogo	Soltero	0	0	2
29	M	21	166	65	Tecnólogo	Separado	1	1	2
30	M	24	167	66	Universitario	Casado	1	3	2
31	M	27	169	68	Universitario	Unión libre	1	3	2
32	M	24	162	63	Tecnólogo	Soltero	0	2	2
33	M	23	169	64	Tecnólogo	Soltero	0	1	2
34	M	21	155	57	Tecnólogo	Soltero	0	0	2
35	M	22	162	60	Tecnólogo	Soltero	0	0	2
36	M	28	168	72	Universitario	Separado	1	4	2
37	M	25	163	68	Universitario	Soltero	0	3	2
38	M	23	178	73	Tecnólogo	Separado	1	2	2
39	M	22	167	68	Universitario	Soltero	0	3	3
40	M	24	161	66	Universitario	Soltero	0	0	2

41	M	29	172	74	Tecnólogo	Soltero	2	3	2
42	M	24	159	63	Universitario	Soltero	1	3	2
43	M	20	160	62	Tecnólogo	Soltero	0	0	2
44	M	--	155	56	Tecnólogo	Soltero	0	0	2
45	M	21	161	60	Tecnólogo	Soltero	0	2	2
46	M	20	159	58	Tecnólogo	Soltero	1	2	2
47	M	23	175	70	Tecnólogo	Soltero	0	0	2
48	M	27	169	65	Universitario	Soltero	1	4	3
49	M	25	166	69	Universitario	Soltero	2	4	3
50	M	28	172	--	Universitario	Separado	2	3	2

a. Realizar un análisis estadístico descriptivo e identificar las características principales del grupo de recién egresados.

b. ¿Existe alguna relación entre la edad, el peso y la estatura de los profesionales?, ¿cómo es el comportamiento por género?

c. ¿Existe algún tipo de relación entre el número de hijos y el ingreso promedio de los profesionales?

d. Se puede afirmar que el nivel de formación se encuentra directamente relacionado con el ingreso promedio de los profesionales. Es decir, cuanto más alto sea el nivel de formación, ¿mayores serán los ingresos promedio percibidos por los recién egresados?

e. Existen datos atípicos que afectan el estudio. Utilizar las medidas robustas para realizar el análisis y comparar los resultados con los obtenidos en el inciso a). Realizar las conclusiones a que den lugar.

f. ¿Son los egresados con nivel de formación universitaria los que tienen mejor estabilidad económica y su vínculo marital es más estable que los de formación tecnológica?

Capítulo 4

Funciones y operaciones básicas con el uso de la herramienta estadística de RStudio

La necesidad en el manejo de una gran cantidad de datos y la exigencia de estudio en las diversas disciplinas han obligado cada vez más a los investigadores a fundamentar el análisis con el uso de herramientas informáticas especializadas. "Los datos, en especial desde finales del siglo pasado y hasta nuestros días, han dejado de ser un recurso escaso y de bajo interés en el ámbito de la gestión organizacional y se están convirtiendo en uno abundante, necesario y de imprescindible abordaje en el contexto de la gestión moderna" (Rodríguez, 2019).

Es así como, en uno de sus artículos, Tenopir, afirma: "El intercambio de datos es una base para la ciencia abierta (*Open Science*), así como la intención de realizar investigación científica teniendo accedo a toda la data que se requiera, el cual incluye llevar a cabo prácticas de publicaciones de investigaciones científicas abiertas, el realizar campañas de accesos a los datos abiertos y específicamente, realizar con facilidad la comunicación de las publicaciones de índole científica" (Tenopir *et al.*, n. d.).

De esta manera, con el buen manejo y uso de los programas estadísticos como RStudio, se logra de manera eficiente aproximarse a la identificación de los fenómenos o comportamientos reales, hasta simular las tendencias posibles o esperadas de los datos, buscando aportar en la solución del problema.

Este capítulo prepara al investigador en el conocimiento y manejo de esta herramienta tecnológica, desde la navegación básica, pasando por el tratamiento y manejo de gran cantidad de datos, así como la depuración, funcionalidad y aplicación de los principios estadísticos con el uso del programa RStudio.

4.1 Cómo definir las variables e introducir los datos en el programa RStudio

El uso de programas estadísticos difiere del objetivo o del gusto del investigador a la hora de sentirse cómodo con su manejo y destreza. No se pretende dar a entender la preferencia de uno más que otro, simplemente se mostrarán las bondades que tiene el programa cuando se esté ejecutando algún tipo de función, realizando un gráfico o modelando una situación particular de un problema de investigación.

R es un lenguaje de programación creado para el análisis de datos que tiene la característica de la facilidad en su aprendizaje. Este programa sufre de mejoras en sus versiones de forma periódica, por ende, es necesario llevar a cabo las respectivas actualizaciones para que los nuevos paquetes creados por los miembros de la comunidad científica estadística puedan interactuar en funcionamiento sin ningún inconveniente.

La característica principal de la estructura de R es poseer una consola en donde se realizan las operaciones matemáticas o, en su defecto, se requiere digitar una serie de códigos para observar las gráficas o los resultados de las funciones que se deseen aplicar. Esto hace un poco engorrosa la utilización de este programa, mostrando una gran desventaja respecto a RStudio.

Sin embargo, en el desarrollo de este libro se enfatizará en el manejo de RStudio debido a que cuenta con un lenguaje de programación simple y sencillo de aplicar para la exploración, modelación, discusión y la visualización de los datos. Es importante recordar la necesidad de que R se encuentre instalado previamente para que RStudio funcione.

El programa RStudio es un *software* libre compuesto por un grupo de innumerables paquetes elaborados por colaboradores con el propósito de contribuir al desarrollo de la ciencia y la tecnología. Tiene la característica de ser versátil en el manejo y la disponibilidad de códigos de programación de acuerdo a las necesidades del usuario. Posee características como el almacenamiento y manejo de datos, contiene operadores para el manejo de datos en arreglos en forma matricial, cuenta con una amplia configuración de funciones para el análisis estadístico, contiene una diversidad de posibilidades de gráficos y un lenguaje de programación basado en objetos desarrollado al alcance de los investigadores. Cuenta con la ventaja de una o dos actualizaciones cada año, las cuales se encuentran disponibles en la red (R Core Team, 2022).

RStudio es un ambiente de desarrollo integrado para la programación de R y se fundamenta en una programación basada en objetos. La salida se encuentra constituida por la consola, la cual permite ingresar los comandos necesarios para construir la representación de los objetos y visualizar lo que está sucediendo en tiempo real, ingresando *scripts*[1] o comandos especiales; cuenta con una ventana que muestra el ambiente global, el cual presenta las características de la programación o funciones, y otra que presenta las salidas de los gráficos. En la parte inferior de la consola se encuentra una sección de ella en donde se visualizan todas las operaciones que se realizan (Hadley & Garrett, 2017).

A continuación, se exponen los pasos para su instalación y el conocimiento y manejo básico de las principales funciones. Para una mejor comprensión, se recomienda al investigador entrar en contacto directo con los diversos manuales de los programas que pueden ser descargados fácilmente en las plataformas disponibles en Google o el programa cuenta con tutoriales que pueden ser revisados.

4.1.1 Instalación del software R

Se recomienda tener en cuenta los siguientes pasos para la instalación del programa libre R:

- En Google, seleccionar la última versión disponible del programa R para Windows.
- Seleccionar Download R.4.XXX, que corresponde a la versión del programa. Se debe abrir el archivo.
- Se selecciona Ejecutar.
- Pregunta: ¿Permitir realizar cambios en el equipo? Sí.
- Seleccionar el idioma durante la instalación: Español. –Aceptar.
- Conocimiento de las condiciones de uso del programa: Siguiente.
- Selección de carpeta de destino: Siguiente.
- Selección de los componentes: Siguiente.
- Opciones de configuración: NO. Siguiente.
- Selección de la carpeta de Menú de inicio: Siguiente.
- Tareas adicionales: Siguiente.
- El programa comienza a instalarse.
- Finalizar.

Existe otra forma de instalar el programa; a continuación, se enuncian los pasos:

- Download CRAN
- CRAN Mirrors

---

1   Un *script* es una ventana con la característica de poseer una serie de comandos.

- ✓ Seleccionar el país del servidor (host) – Colombia
- ✓ The comprehensive R Archive Network
- Download R for Windows.
- Base.
  - ✓ Download R.4.X.X for Windows
  - ✓ Se procede desde el paso 3 del procedimiento anterior

4.1.2 Instalación del software RStudio

Para la instalación de este programa, es necesario que previamente haya sido instalado el programa R para que permita realizar la funcionalidad de RStudio. De manera similar, se siguen los mismos pasos que se realizaron para la instalación de R.

- Se selecciona desde Google Download Rstudio.
- Download RStudio for Windows (o el sistema operativo con que cuente, por ejemplo, Mac).
- Luego, se siguen los pasos que las ventanas emergentes van mostrando.

4.1.3 Características de la consola de RStudio

RStudio tiene la propiedad de que permite mostrar lo que está ocurriendo durante la funcionalidad. Se caracteriza por tener una consola (parte inferior izquierda) la cual muestra lo que ocurre mientras se está ejecutando el programa. Es decir, mientras se realiza una operación simple, se construye una función o se ordena un comando. En la parte superior se encuentra la fuente; en ella se dan las instrucciones al programa por medio de un *script* o utilizando documentos de R Markdown. Primero hablaremos de los *scripts*. Estos son documentos o archivos propios con extensión .R, tienen la propiedad de realizar anotaciones precedidas por el signo numeral "#"; esto es importante porque se pueden comentar tanto las funciones o expresiones como cualquier comentario que desee realizar el investigador. De tal manera que, en un futuro, se pueda recordar lo que el autor pretendió realizar y todo lo que no lleve este signo se considera código de RStudio. La parte superior derecha de la pantalla de R muestra el ambiente global (*global environment*) o espacio de trabajo, el cual muestra los objetos que se han creado, como las bases de datos que se han llamado, el vector o matrices creadas, etc. Cualquier función o comando que sea llamado en RStudio debe encontrarse cargado en el espacio de trabajo y si no es así, RStudio mostrará un error en el *script* o en la consola. En la segunda pestaña del ambiente se encuentra la historia, la cual muestra todo lo que se ha ejecutado y se ha guardado como histórico. Finalmente, se encuentra la parte inferior, la cual, en la pestaña *Plots*, muestra los gráficos que se vayan realizando, en la pestaña *Packages* muestra todos los paquetes o librerías que se requieren instalar al programa, la pestaña *File* muestra los archivos disponibles y la pestaña *Help* permite acceder a la ayuda que tiene el programa, el cual muestra todo tipo de ayuda con que cuenta RStudio, hasta los enlaces en las redes para acceder a ellos.

A continuación, se presentan las características y funciones principales que tienen las pantallas del programa RStudio y de R Markdown.

Figura 4.1. Pantalla de trabaja con RStudio

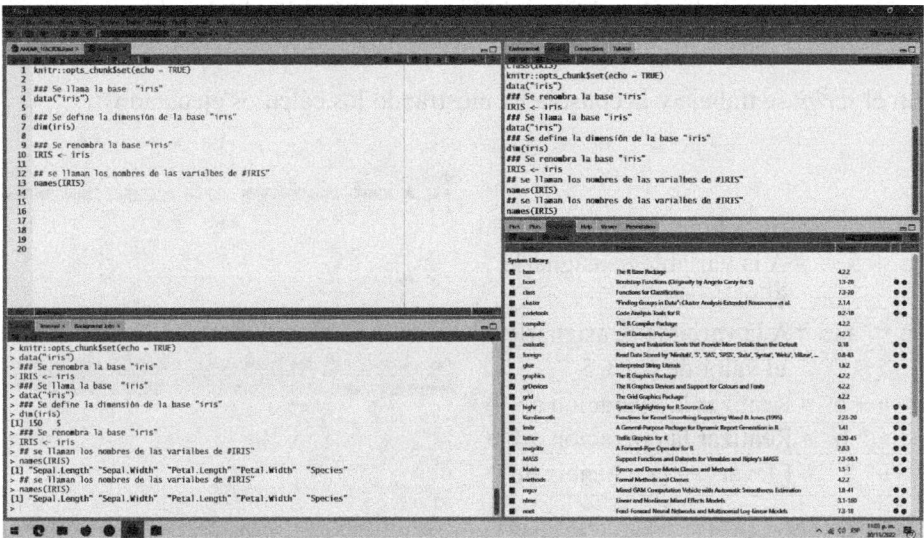

Figura 4.2. Pantalla de trabajo con R Markdown

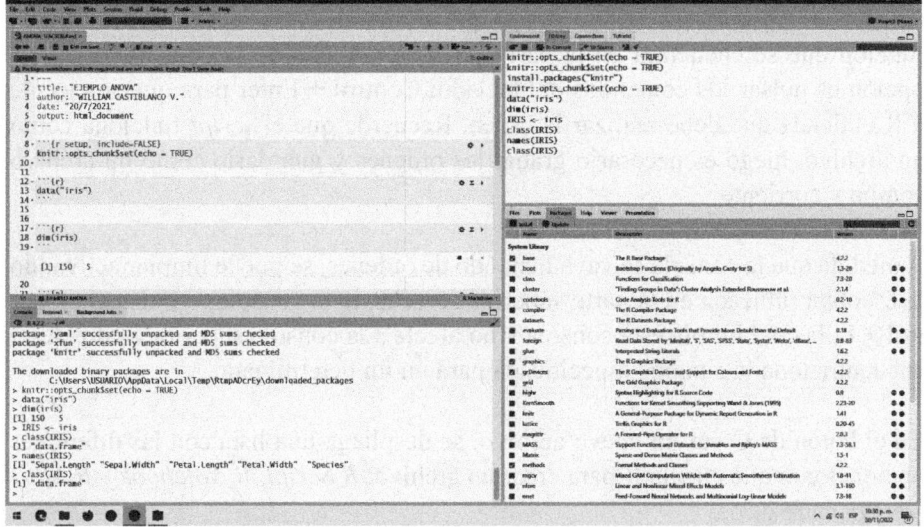

Las principales características de RStudio se irán mostrando y visualizando con el desarrollo del libro.

4.1.3.1 Sintaxis básica para introducir los datos y realizar su operación

RStudio tiene una forma muy sencilla de introducir y operar los datos; recuerde que en R se puede hacer de todo lo que involucre datos, desde descriptivos, modelos cualitativos, multivariados, series de tiempo, etc.

A continuación, se presentan las fórmulas y operaciones básicas que se utilizan frecuentemente en RStudio.

En el *script* se trabaja y la consola va mostrando los cálculos ejecutados:

<-   # Es la función de asignación
a <- 5   # A la variable *a*, asignarle
              el valor de 5
b <- a+5 # A la variable *b*, asignarle
              el valor de # a + 5
> a + b # Realizar la operación a + b
> a * b # Realizar la operación a * b
> a^ 2   # Elevar *a* a la potencia de 2

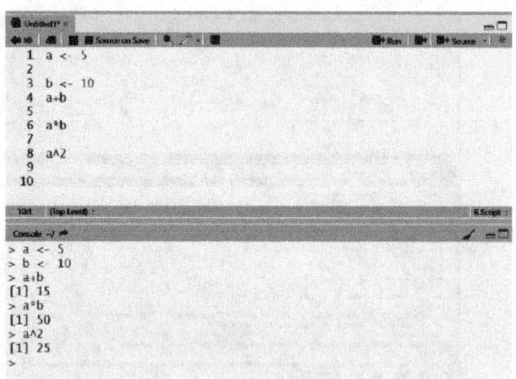

Cuando se realiza cualquier entrada, una operación o función determinada, se van consignado y guardando como códigos en un *script* por defecto. Para ejecutarlas en el entorno de R, es necesario que al final de estas se dé la orden "Run", función que se encuentra en la parte superior derecha de la consola, o la otra opción es pulsar los comandos del teclado: Control + Enter para que se ejecute y R entienda que debe realizar la orden. Recuerde que el *script* funciona como un archivo, luego es necesario grabar las órdenes y guardarlo como un archivo común y corriente.

A medida que la consola se vaya llenando de órdenes, se puede limpiar activando la escobita (ubicada en la parte superior derecha de la consola) o pulsando Control + L, la cual limpia esta consola y no afecta a la consola superior en donde se encuentra toda la sintaxis especificada para un fin determinado.

En el botón de Crear un nuevo archivo, se despliega una lista con las diferentes opciones con que cuenta R para crear un archivo: *R Script, R Notebook y R Markdown,* entre otros.

La función que tiene Markdown es la construcción de documentos interactivos, en donde se incluyen los códigos y se escriben al mismo tiempo.

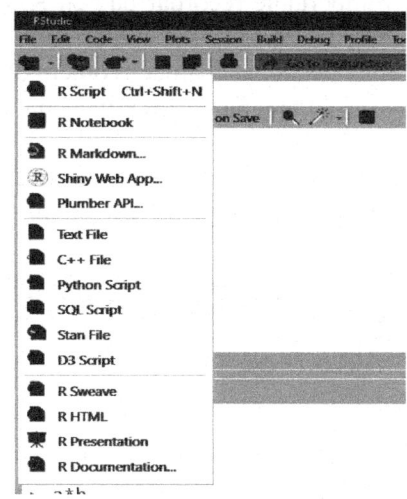

Para guardar el *script*, se pulsa en el botón de Guardar o se dirige a File y se selecciona la opción de *Saved as*, para luego ubicarlo donde se desea.

R cuenta con librerías o paquetes que en su esencia son rutinas que fueron probadas o ensayadas y que se pueden utilizar para un objetivo específico y esto gracias a la comunidad que existe en torno a R.

Como R es un lenguaje de programación orientado a objetos, se puede guardar en memoria la información que se escriba, asignándosela a objetos. Es recomendable darle un nombre (no usar números o mayúsculas) que sean significativos a los objetos. Importante: no usar nombres que se encuentren reservados para el programa: sum, exp, mean, etc. Estos los tiene destinados R como funciones para realizar cálculos específicos.

Concatenar valores: cuando a un objeto se le asignan varios valores, por ejemplo:

a1 <- c(5, 10, 15, 20)

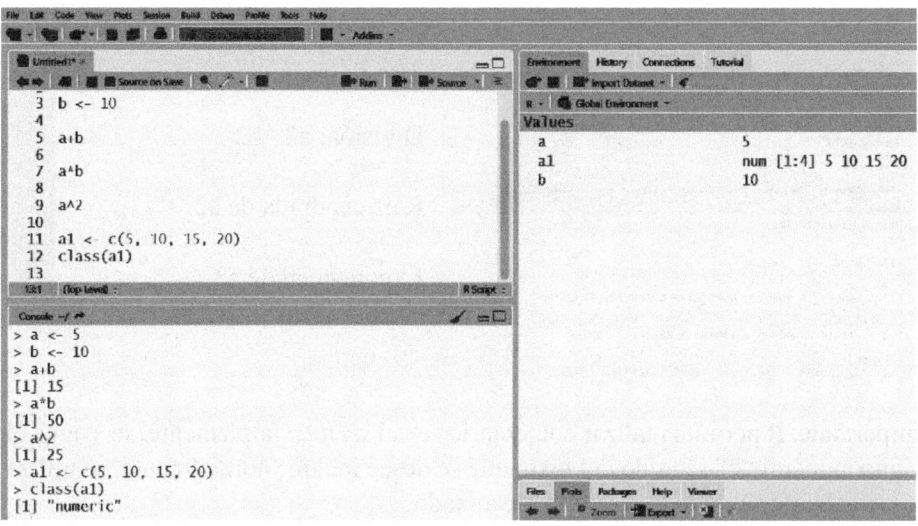

Es importante recordar que en R los puntos se utilizan como separador de las cifras decimales y las comas para separar los elementos. Cuando se crea, en el ambiente global aparece el objeto concatenado; para este caso, aparece afirmando que es de tipo numérico y que contiene 4 elementos.

Ahora, si se desea saber la clase del objeto que se está trabajando, se llama a la función: *class(a1)*, apareciendo el tipo al que pertenece el objeto.

Las secuencias de números se generan de diferentes maneras, por ejemplo:

Genera una secuencia de 5 hasta 50, cada 5 unidades.

Genera una secuencia de 1 hasta 10, de 1 unidad.

Otra forma de crear una secuencia en donde repita el mismo valor es:

Para conocer la longitud de los objetos, se llama a la función: *length*.

Operaciones básicas en R

Suma de dos elementos: a2 + b2

Multiplicación de dos elementos: a2 * b2

División: a2 / b2

Raíz cuadrada de a2

Exponencial de a2

Importante: R permite realizar comentarios en el *script*; simplemente, se asigna el signo numeral "#" seguido del texto que se desee incluir; normalmente, se utiliza texto aclaratorio de lo que se está ejecutando.

4.1.3.2 Funciones en RStudio

Las funciones en R se llaman por medio de comandos o caracteres especiales que permiten realizar la operación estadística de manera sencilla y rápida. Es necesario familiarizarse con el manejo y uso de las funciones más utilizadas en el programa. Si se tiene alguna duda sobre el conocimiento de las funciones, no dude en hacer uso de los manuales con que cuenta el programa o descárguelos directamente de los motores de búsqueda tradicionales. A continuación, se enuncia cómo se debe escribir en la consola de R algunas de las funciones más utilizadas.

Ejemplo 4.1

Se selecciona una muestra de 20 estudiantes de género femenino de un colegio y se les toma su peso en kilogramos. Realizar los cálculos descriptivos, la media, desviación estándar, varianza, mediana, primer cuartil, tercer cuartil, rango intercuartil.

$$b1 = \{48, 54, 54, 55, 55, 55, 56, 56, 56, 57, 57, 58, 58, 58, 58, 58, 58, 58, 58, 65\}$$

Realizando los cálculos directamente desde la consola:

De acuerdo con los resultados, se afirma que el promedio del peso de señoritas del colegio es de 56,6 kg. Es decir, que la mayoría de los pesos de las señoritas se encuentran alrededor de su valor promedio.

Adicionalmente, el 68 % de los pesos se encuentra en el intervalo de [53,5 kg-59,7 kg]. Se puede inferir la existencia de gran variabilidad en los pesos. Por otra parte, el 50 % de los pesos se encuentra en el rango de [58 kg-55 kg], lo que significa que su *rango intercuartil* es de 3 kg.

```
1  ## APLICACIONES DE LAS FUNCIONES DE LA ESTADÍSTICA DESCRIPTIVA
2
3  # Primero se define la variable de interés
4  b1 <- c(48,54,54,55,55,55,56,56,56,57,
5          57,58,58,58,58,58,58,58,65)
6
7  mean(b1)
8
9  sd(b1)
10
11 var(b1)
12
13 median(b1)
14
15 quantile(x = b1, probs = 0.25)
16
17 quantile(x = b1, probs = 0.75)
18
19 quantile(x = b1, probs = 0.50)
20
```

```
>
> mean(b1)
[1] 56.6
>
> sd(b1)
[1] 3.101782
>
> var(b1)
[1] 9.621053
>
> median(b1)
[1] 57
>
> quantile(x = b1, probs = 0.25)
25%
55
>
> quantile(x = b1, probs = 0.75)
75%
58
>
> quantile(x = b1, probs = 0.50)
50%
57
```

Recordemos que:

Rango intercuartil: $\text{IQR} = P_{75} - P_{25}$

$$= Q_3 - Q_1$$

El rango se define como la diferencia entre el dato máximo y el mínimo.

Finalmente, con la función *summary* (b1) se muestra el resumen de las medidas de posición relativa o localización; se obtiene el resumen estadístico de: percentil 25, valor promedio, mediana, percentil 75. A continuación se presenta el resultado de la consola.

```
Console ~/ 
> IQR <- quantile(x = b1, probs = 0.75) - quantile(x = b1, probs = 0.25)
> IQR
75%
  3
> max(b1)
[1] 65
> min(b1)
[1] 48
> rango <- max(b1) - min(b1)
> rango
[1] 17
> summary(b1)
  Min. 1st Qu. Median  Mean 3rd Qu.  Max.
  48.0   55.0   57.0   56.6   58.0   65.0
```

Finalmente, para observar todos los objetos o variables creadas y para eliminar algunas o todas las variables creadas, se utilizan los siguientes comandos:

>ls ()   # Muestra las variables creadas
>rm()   # Remueve las variables creadas
>rm(a, b)   # Remueve las variables a y b
>class(b1)   # Muestra la clase a la que pertenece la variable de interés
>length(b1)   # Muestra la longitud de la variable de interés

4.1.4 Matrices

Una matriz se define como un arreglo rectangular; estadísticamente, las filas representan a los individuos y las columnas hacen referencia a sus características. Para definir una matriz en R, es importante recordar que por defecto la ordena por columnas; si se desea ordenarla por filas, se debe incluir la orden "*byrow*", como se evidencia en la consola.

4.1.4.1 Propiedades

La simetría de una matriz, la primera condición que debe cumplir es que sea cuadrada y luego, todos los elementos que se encuentran por encima de la diagonal principal deben ser igual a los elementos que están por debajo de esta.

Las dimensiones de una matriz se definen por el número de filas y columnas.

Para realizar la transpuesta de una matriz, se requiere transponer las filas en columnas y viceversa.

La traza de una matriz cuadrada se define como la suma de los elementos de la diagonal principal de la matriz.

El determinante de una matriz se define como la representación del tamaño de una matriz (Poole, 2017).

La matriz identidad es una matriz cuadrada completa de ceros excepto su diagonal principal, que está conformada por unos.

La inversa de una matriz se utiliza para un sinnúmero de operaciones en estadística y se calcula con la orden:
> solve()

```
> D <- matrix(data = c(2,4,6,1,3,5), nrow = 2, ncol = 3)
> D
     [,1] [,2] [,3]
[1,]    2    6    3
[2,]    4    1    5
> E <-matrix(data = c(2,4,6,1,3,5), nrow = 2, ncol = 3, byrow = TRUE)
> E
     [,1] [,2] [,3]
[1,]    2    4    6
[2,]    1    3    5
> F <-matrix(data = c(1,2,4,5,6,1,3,5,9), nrow = 3, ncol = 3)
> F
     [,1] [,2] [,3]
[1,]    1    5    3
[2,]    2    6    5
[3,]    4    1    9
> isSymmetric(F)
[1] FALSE
> G <-matrix(data = c(1,2,4,2,6,1,4,1,9), nrow = 3, ncol = 3)
> G
     [,1] [,2] [,3]
[1,]    1    2    4
[2,]    2    6    1
[3,]    4    1    9
> isSymmetric(G)
[1] TRUE
> ncol(E)
[1] 3
> nrow(E)
[1] 2
> t(E)
     [,1] [,2]
[1,]    2    1
[2,]    4    3
[3,]    6    5
> ### Traza de una matriz
> sum(diag(G))
[1] 16
> det(G)
[1] -63
> I2 <- diag(rep(1,2))
> I2
     [,1] [,2]
[1,]    1    0
[2,]    0    1
>
> solve(I2)
     [,1] [,2]
[1,]    1    0
[2,]    0    1
```

Realizando los cálculos directamente desde la consola:

De acuerdo con los resultados, se afirma que el promedio del peso de señoritas del colegio es de 56,6 kg. Es decir, que la mayoría de los pesos de las señoritas se encuentran alrededor de su valor promedio.

Adicionalmente, el 68 % de los pesos se encuentra en el intervalo de [53,5 kg-59,7 kg]. Se puede inferir la existencia de gran variabilidad en los pesos. Por otra parte, el 50 % de los pesos se encuentra en el rango de [58 kg-55 kg], lo que significa que su *rango intercuartil* es de 3 kg.

```
 1  ## APLICACIONES DE LAS FUNCIONES DE LA ESTADÍSTICA DESCRIPTIVA
 2
 3  # Primero se define la variable de interés
 4  b1 <- c(48,54,54,55,55,55,56,56,56,57,
 5          57,58,58,58,58,58,58,58,58,65)
 6
 7  mean(b1)
 8
 9  sd(b1)
10
11  var(b1)
12
13  median(b1)
14
15  quantile(x = b1, probs = 0.25)
16
17  quantile(x = b1, probs = 0.75)
18
19  quantile(x = b1, probs = 0.50)
20
```

```
>
> mean(b1)
[1] 56.6
>
> sd(b1)
[1] 3.101782
>
> var(b1)
[1] 9.621053
>
> median(b1)
[1] 57
>
> quantile(x = b1, probs = 0.25)
25%
 55
>
> quantile(x = b1, probs = 0.75)
75%
 58
>
> quantile(x = b1, probs = 0.50)
50%
 57
```

```
Consola C/t_ING WACAVA 11-11-22/SEMINARIO ESTAD
> c(1,3,5,7)
[1] 1 3 5 7
> H <- as.matrix(c(1,3,5,7))
> H
      [,1]
[1,]   1
[2,]   3
[3,]   5
[4,]   7
> t(H)
      [,1] [,2] [,3] [,4]
[1,]   1    3    5    7
```

Vector fila y columna son arreglos rectangulares de una fila o de una columna. Una forma de convertir un conjunto de datos en matriz (vector columna) es con la función:
> as.matrix()

Para convertirla en vector fila, se le aplica la transpuesta.

4.1.4.2 Operaciones básicas entre matrices

```
Consola C/LING WAC AVA 11-11-22/SEM
> A + B
      [,1] [,2] [,3]
[1,]   3    9    15
[2,]   6    12   18
> A * B
      [,1] [,2] [,3]
[1,]   2    18   50
[2,]   8    32   72
> A %*% C
      [,1] [,2] [,3]
[1,]   22   49   76
[2,]   28   64   100
```

Para la suma de dos matrices, se debe cumplir que ambas matrices tengan la misma dimensión.

Para la multiplicación entre matrices, se debe cumplir que el número de columnas de la primera matriz debe ser igual al número de filas de la segunda.

```
Consola √ ✎
> edad <- c(18, 21, 15, 17, 18, 19, 20, 18)
> estatura <- c(159, 165, 178, 195, 175, 169, 170, 187)
> peso <- c(57, 65, 76, 56, 67, 87, 57, 65)
> nombres <- c("Maria", "José", "Juan", "Patricia",
+              "Flor", "Ana", "Pedro", "Bill")
> class(edad)
[1] "numeric"
> class(nombres)
[1] "character"
```

Estructura de datos basada en matrices
De forma práctica, se realizará un ejercicio que consiste en relacionar varios vectores matrices como la edad, la estatura, el peso y el sexo de un grupo de 10 personas.

Primero se observan las clases a que pertenecen cada matriz. Por ejemplo; la clase de la edad es numérica y la de nombres es caracteres.

```
Consola ~/ ✎
> a <- matrix( data = c(edad, peso, estatura),
+             ncol = 3, nrow = 8, byrow = FALSE)
> a
      [,1] [,2] [,3]
[1,]   18   57   159
[2,]   21   65   165
[3,]   15   76   178
[4,]   17   56   195
[5,]   18   67   175
[6,]   19   87   169
[7,]   20   57   170
[8,]   18   65   187
>
```

Ahora, se procederá a construir una base de datos con estas matrices. Es decir, crear un solo objeto que contenga las variables de interés. Por ejemplo; se unirán las variables de edad, estatura y peso. Se realizará en ese orden:

Fusión de dos matrices o bases

Dos matrices se pueden fusionar por columnas con la orden *cbind* siempre y cuando tengan el mismo número de filas y dos matrices se pueden unir por filas con la orden *rbind* siempre y cuando tengan el mismo número de columnas. Como ejemplo,

```
Console ~/ 
> sex <- c("F", "M", "M", "F", "F", "F", "M", "M")
> c <- cbind(b, sex)
> c
                                    sex
[1,] "Maria"      "18" "57" "159" "F"
[2,] "José"       "21" "65" "165" "M"
[3,] "Juan"       "15" "76" "178" "M"
[4,] "Patricia"   "17" "56" "195" "F"
[5,] "Flor"       "18" "67" "175" "F"
[6,] "Ana"        "19" "87" "169" "F"
[7,] "Pedro"      "20" "57" "170" "M"
[8,] "Bill"       "18" "65" "187" "M"
```

se supone tener una matriz columna "sex" que defina el sexo de la persona y se procede a unirla con la matriz anterior "b", por columnas; para ello, se utiliza la orden *cbind*.

Acceso a la información de una matriz

Es importante recordar que, para acceder a la información de una matriz o de una base de datos, se utilizan paréntesis cuadrados y para llevar a cabo una rutina se usan los paréntesis redondos. Por ejemplo, se desea tener la información de Flor, el peso de José, la estatura y el sexo de Pedro, el sexo de todas las personas que se encuentran en la matriz y, finalmente, la edad y la estatura de Ana. También se pueden tener otras combinaciones utilizando los comandos anteriores. Es importante tener presente que la orden *c[,]* significa concatenar, significa tomar varios elementos de un grupo.

```
Console ~/ 
> # La información de Flor
> c[5,]
[1] "Flor" "18"   "67"   "175"  "F"
> # El peso de José
> c[2,3]
[1] "65"
> # La estatura y el sexo de Pedro
> c[7,4:5]
[1] "170" "M"
> # El sexo de las personas
> c[ ,c(1,5)]
     [,1]        [,2]
[1,] "María"     "F"
[2,] "José"      "M"
[3,] "Juan"      "M"
[4,] "Patricia"  "F"
[5,] "Flor"      "F"
[6,] "Ana"       "F"
[7,] "Pedro"     "M"
[8,] "Bill"      "M"
> # La edad y la estatura de Ana
> c[6, c(2,4)]
[1] "19"  "169"
> # Sin a edad y la estatura de todas las personas
> c[ , -c(2,4)]
     [,1]        [,2] [,3]
[1,] "María"     "57" "F"
[2,] "José"      "65" "M"
[3,] "Juan"      "76" "M"
[4,] "Patricia"  "56" "F"
[5,] "Flor"      "67" "F"
[6,] "Ana"       "87" "F"
[7,] "Pedro"     "57" "M"
[8,] "Bill"      "65" "M"
```

Por ejemplo, se desea tener la información sin la edad y la estatura de las personas; se ejecuta la función como se muestra en el *script*:

4.1.5 Data frame

Los *data frame* son estructuras de datos que permiten almacenar gran cantidad de datos de varias variables; a diferencia de las matrices, aceptan valores numéricos y de caracteres, tal como se encuentran en las bases de datos, y permiten almacenar datos provenientes de archivos en formato Excel o csv.

```
Console C:/Users/USUARIO/Downloads/
> # Creaación de un data frame
> edad <- c(15,16,17,18,17)
> nombres <- c("Juan", "José","Pedro", "Carlos","Flor")
> ciudad <- c("Bogotá","Cali","Tunja","Bogotá","Medellín")
> contactos <- c(100,250,400,1000,1200)
> tiempo_cel_h <- c(2,4,6,5,8)
> milenio <- data.frame(edad, nombres,ciudad,
+                           contactos, tiempo_cel_h)
> View(milenio)
```

La función que los define es *data.frame*. A manera de ejemplo, en el programa R se tienen cinco variables y se pretenden agrupar en un *data frame*, al cual se le asigna el nombre de *milenio*.

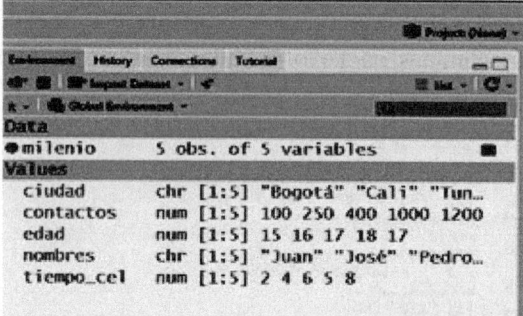

Al ejecutar la orden *milenio*, en la ventana del ambiente global y en el subcampo que dice *Data* se evidencia la creación de un *data frame* y para visualizarlo como tabla o matriz se da un clic sobre este. Observe que esta matriz aparece con el nombre de cada variable y se puede navegar alrededor de esta tabla.

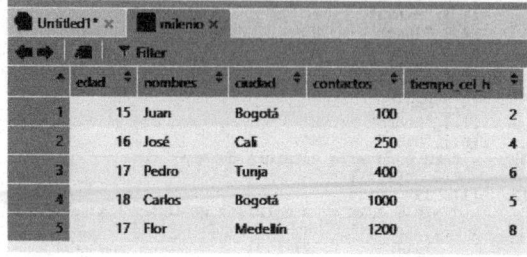

Se pueden renombrar las variables del *data frame* con la función *colnames* y se dan los nuevos nombres de las variables, por ejemplo, se cambia "ciudad" por "residencia" y "contacto" por "seguidores". Observe el siguiente *script*.

Sin embargo, si se desea cambiar una variable específica del *data frame*, se utilizaría el comando:

```
Console C:/Users/USUARIO/Downloads/
> milenio <- data.frame(edad, nombres,ciudad,
+                           contactos, tiempo_cel_h)
> colnames(milenio) <- c("edad","nombres","residencia",
+                          "seguidores","tiempo_cel_h")
> names(milenio)
[1] "edad"        "nombres"      "residencia"   "seguidores"   "tiempo_cel_h"
> class(milenio)
[1] "data.frame"
> dim(milenio)
[1] 5 5
> nrow(milenio)
[1] 5
> ncol(milenio)
[1] 5
```

> colnames(milenio)[colnames(milenio) = = "residencia"] < - "vivienda"

```
Console -/ #
> # Cambiar el nombre de una variable
> colnames(milenio)[colnames(milenio) == "nombres"] <- "NOMBRE"
> colnames(milenio)
[1] "edad"        "NOMBRE"       "ciudad"       "contactos"    "tiempo_cel_h"
```

Observe que se cambió el nombre de la variable *nombres* por *nombre*.
Aquí es importante observar la diferencia entre los paréntesis cuadrados, los cuales sirven para transformar estructuras de datos, mientras que los paréntesis redondos se utilizan para la ejecución de rutinas o realizar funciones específicas.

4.1.5.1 Acceso a la información de un *data frame*

Para el acceso a la información de una variable en específico, se utiliza el nombre del *data frame* seguido por el signo pesos y el nombre de la variable:

> *milenio$nombres*

Nota: cuando se pone el signo pesos, se despliegan en un cuadro las variables a seleccionar del *data frame*.

La dimensión del objeto permite identificar cuantos registros y cuantas variables tiene el *data frame* y se llama con la función *dim* y entre paréntesis el nombre del *data frame*:
> *dim(milenio)*

```
Console C:/1_ING WICGVA 11-11-22/SEMINARIO ESTADÍSTICA INVESTIGACIÓN/SEMINARIO/ #
[1] 5
> nrow(milenio)
[1] 5
> milenio$nombres
[1] "Juan"   "José"   "Pedro"  "Carlos" "Flor"
> # Otra manera de acceder a los nombres
> milenio[ , 2]
[1] "Juan"   "José"   "Pedro"  "Carlos" "Flor"
> #  Los contactos y la ciudad
> milenio[ ,c(4,3)]
  contactos   ciudad
1      100    Bogotá
2      250      Cali
3      400     Tunja
4     1000    Bogotá
5     1200  Medellín
> # La información de Flor
> milenio[5, ]
  edad nombres   ciudad contactos tiempo_cel_h
5   17    Flor Medellín      1200            8
```

El número de filas o el número de columnas:
> *nrow(milenio)*
> *ncol(milenio)*

Importante conocer si existen datos faltantes en la base:

> *is.na(milenio)*: revisa en cada posición
> *any(is.na(milenio))*: revisa en el *data frame*

```
Console C/1_ING WICAVA 11-11-22/SEMINARIO ESTADÍSTICA INVESTIGACIÓN/SEMINARIO/
> is.na(milenio)
      edad nombres ciudad contactos tiempo_cel_h
[1,] FALSE    FALSE  FALSE     FALSE         FALSE
[2,] FALSE    FALSE  FALSE     FALSE         FALSE
[3,] FALSE    FALSE  FALSE     FALSE         FALSE
[4,]  TRUE    FALSE  FALSE     FALSE         FALSE
[5,] FALSE    FALSE  FALSE     FALSE         FALSE
> # Preguntar la existencia de datos
> # faltantes en el data frame
> any(is.na(milenio))
[1] TRUE
> # Reemplazo de un dato por NA
> milenio[4,1] <- NA
> milenio
   edad nombres   ciudad contactos tiempo_cel_h
1    15    Juan   Bogotá       100            2
2    16    José     Cali       250            4
3    17   Pedro    Tunja       400            5
4    NA  Carlos   Bogotá      1000            5
5    17    Flor Medellín      1200            8
```

Reemplazar por dato faltante en una posición:

$> milenio[4,1] <- NA$

Reemplaza la edad de Carlos por NA.

Identificar registros completos:

registros_completos <- complete. cases(milenio)

```
Console C/1_ING WICAVA 11-11-22/SEMINARIO ESTADÍSTICA INVESTIGACIÓN/SEMINARIO/
> #Identificar registros completos
> indice_completo <- complete.cases(milenio)
> indice_completo
[1]   TRUE  TRUE  TRUE FALSE  TRUE
> # clase de indices completos
> class(indice_completo)
[1] "logical"
>
> # Convertir a numérico indice_completo
> as.numeric(indice_completo)
[1] 1 1 1 0 1
> # Sumar los indice_completo
> sum(indice_completo)
[1] 4
```

Para identificar de qué clase son los registros del *data frame* se utiliza la función *class(nombre de como se llamaron los registros)* y para convertirlos a numérico de tal manera que se puedan sumar, se utiliza la función *as.numeric(nombre de los registros)* y luego *sum(nombre de los registros)*

4.1.6 Cargar una base de datos a RStudio

Existen diversas formas para cargar una base de datos al programa; esto depende del formato en que se encuentre la base originalmente, puede estar en formato Excel, cvs, Rdata, entre otros. Lo primero que se debe tener en cuenta es encontrar la ubicación en donde se encuentra la base, saber en cuál carpeta está e identificar la ruta de acceso a ella. Para tal fin, en el programa de RStudio realice la siguiente ruta: se oprime la pestaña *Session* y luego los siguientes pasos:

> Session -> Set Working Directory <- Chose Directory = Choose Working Directory

Paso seguido, es navegar en el directorio raíz y seleccionar la carpeta en donde se encuentra el archivo que se desea descargar a RStudio.

Esta orden direcciona al usuario para escoger el directorio de trabajo, es decir, lo fija. Al ejecutar esta orden, aparece en la consola la ruta de acceso en la cual se encuentra la base para ser importada a RStudio. La función *setwd( )* aparece de forma automática con la ruta de la base.

Figura 4.3. Selección del directorio raíz en donde se encuentra el archivo de trabajo

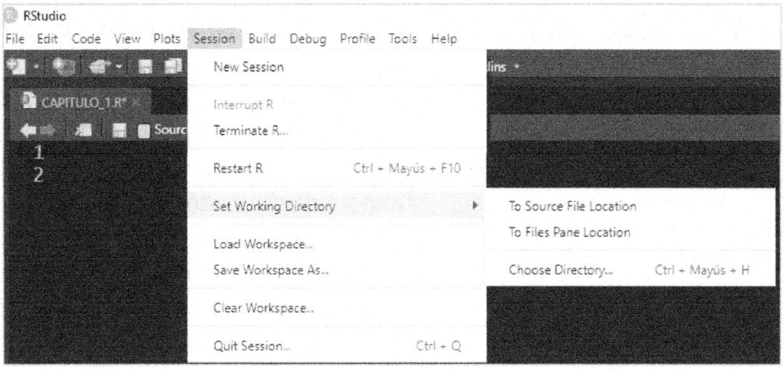

Figura 4.4. Ruta de acceso a la base

```
> setwd("C:/1_ING WICAVA 11-11-22/SEMINARIO ESTADÍSTICA
INVESTIGACIÓN/SEMINARIO")
```

Luego, cuando se da la orden: > *getwd ( )*, muestra la ruta en la cual se encuentra el archivo seleccionado.

Figura 4.5. Función que muestra la ruta de acceso a la base

```
> getwd()
[1] "C:/1_ING WICAVA 11-11-22/SEMINARIO ESTADÍSTICA
INVESTIGACIÓN/SEMINARIO"
```

Finalmente, es importante tener presente el tipo de archivo que se va a cargar.

4.1.6.1 Archivo en formato Excel

Son archivos de extensión *.xlsx*, los cuales, para cargarlos al programa de RStudio, se requiere previamente la instalación de la librería *readxl*. El paso siguiente es llamar al archivo seleccionado con la función *file.chose( )*, que permite mostrar la ruta en donde se encuentra ubicado el archivo en cuestión. El paso siguiente es llamar al archivo; para ello, es necesario darle un nombre en RStudio y con la función *read_excel* se le asigna la ruta del archivo seleccionado.

Figura 4.6. Comando para el acceso a un archivo Excel en formato xls

```
R 4.2.3 · C:/1_ING WICAVA 11-11-22/SEMINARIO ESTADÍSTICA INVESTIGACIÓN/SEMINARIO/
> file.choose()
[1] "C:\\1_ING WICAVA 11-11-22\\SEMINARIO ESTADÍSTICA INVESTIGACIÓN\\SEMINARIO\\CAPÍTULO 4 - copia.xlsx"
> base_excel_1 <- read_xlsx("C:\\1_ING WICAVA 11-11-22\\SEMINARIO ESTADÍSTICA INVESTIGACIÓN\\SEMINARIO
\\CAPÍTULO 4 - copia.xlsx")
```

4.1.6.2 Archivos en formato csv

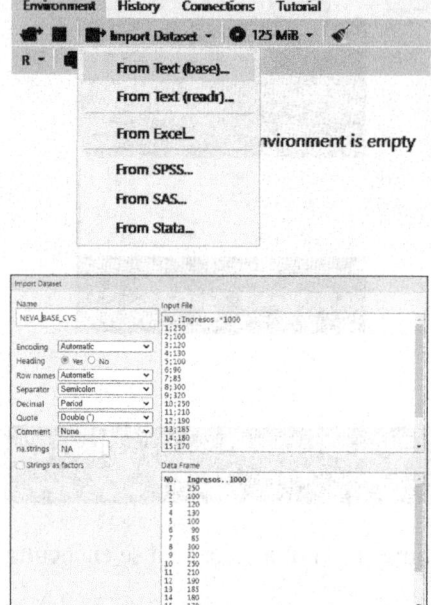

Recordar que, en un archivo en formato csv (por sus siglas en inglés *comma separate value*), los valores son separados por comas o por puntos y comas, dependiendo de su estructura. Este tipo de formato está diseñado para que RStudio lo cargue de manera directa. En la ventana del ambiente global del programa existe la pestaña *Import Dataset*, la cual, al presionarla, despliega una lista que muestra los diferentes formatos con que se puede acceder a los diferentes archivos.

El primero, *From Text (base)*, permite acceder a los archivos en formato cvs de manera directa debido a que RStudio cuenta con la librería preinstalada para la lectura de este tipo de archivos; al seleccionarlo, se despliega una ventana que muestra el directorio de los archivos del computador; allí se selecciona el archivo de interés y aparece una ventana de información que identifica al archivo en cuestión. Cuenta con la casilla *Name* para ponerle el nombre del archivo y solicita definir si las variables cuentan con encabezado y si los datos están separados por coma o punto y coma. Cuenta con otra información que se puede dejar por defecto o complementar de acuerdo con las características del archivo. Finalmente, se le da la orden *Open*. Con esto, queda el archivo cargado en el programa evidenciándose en la consola el cargue respectivo.

Figura 4.7. Comando para el acceso a un archivo en formato cvs, separado por ","

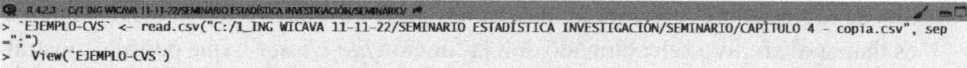

4.1.6.3 El paquete Readr

Es un paquete que permite la importación de bases con extensión cvs separados por coma, punto y coma, separado de forma tabular, entre otros. Para la lectura de archivos separados por comas se utiliza la función *read.cvs( )* y para aquellos que se encuentren separados por ";" se utiliza la función *read.cvs2( )*. La información que va entre los paréntesis es la ruta de acceso del archivo y debe encontrarse entre comillas, tal como se muestra en la figura.

Figura 4.8. Comando para el acceso a un archivo en formato cvs, separado por ";"

```
R 4.2.3 · C/1_ING WICAVA 11-11-22/SEMINARIO ESTADÍSTICA INVESTIGACIÓN/SEMINARIO/
> file.choose()
[1] "C:\\1_ING WICAVA 11-11-22\\SEMINARIO ESTADÍSTICA INVESTIGACIÓN\\SEMINARIO\\CAPÍTULO 4 - copia.csv"
> ejemplo_cvs_puntocoma <- read.csv2("C:\\1_ING WICAVA 11-11-22\\SEMINARIO ESTADÍSTICA INVESTIGACIÓN\\SEMINARIO
\\CAPÍTULO 4 - copia.csv")
```

En todos los casos enunciados anteriormente, se puede evidenciar el cargue del archivo en el ambiente global, el cual muestra el tamaño del archivo que se ha cargado.

Para información más detallada sobre la importación de otros archivos en formatos diferentes, se puede visitar la página *Tidyverse para Data Análisis* visitando la URL: https://rpubs.com/paraneda/tidyverse (Araneda, 2021).

4.2. Visualización de gráficos en R

Para trabajar en la visualización de datos, se dispondrá de un conjunto de paquetes de datos que provendrá de librerías creadas por autores pertenecientes a la comunidad científica colaborativa de R, para el cumplimiento de diversas actividades, y con el avance en las temáticas del libro se irán utilizando las bases de datos de interés.

Para la elaboración de gráficos, se utilizará la librería *tidyverse*, la cual es necesario tenerla instalada; contiene ocho paquetes, los cuales se utilizarán a lo largo del desarrollo del libro. Esta librería contiene el paquete de interés *ggplot2*, que permite realizar gráficos de manera personalizada; es importante recordar el comando para su instalación y el llamado de la librería; para este caso, se utiliza la función *install.papckages* y entre paréntesis y comillas el nombre del paquete a instalar:
> *install.packages("tidyverse")*
> *library(tidyverse)*

Se recomienda visitar la página www. tidyverse.org, la cual contiene mayor información sobre esta librería. Para esta parte de visualización, se trabajará con las librerías de Iris[2] y Gapminder[3]. La primera contiene una base de datos utilizada por Ronald Fisher en su artículo de 1936 titulado "The Use of Multiple Measurements in Taxonomic Probles" para demostrar su método de análisis discriminante lineal (LDA), el cual contiene una base de datos con información sobre un tipo de planta perteneciente al género bulbosas (*Iris setona, Iris virgínica* e *Iris*

---

[2] Markelle Kelly, Rachel Longjohn, Kolby Nottingham. *The UCI Machine Learning Repository.* https://archive.ics.uci.edu

[3] "FREE TO USE! CC-BY GAPMINDER.ORG", https://www.gapminder.org/free-material/

versicolor); a estas plantas se les midieron las características físicas del largo y el ancho del sépalo y el pétalo en unidades de centímetros, así como se tuvo en cuenta el lugar de procedencia.

Lo primero que se debe realizar es la instalación de la librería de interés:

> *install.packages("iris")*

Otra manera de instalarla es dirigiéndose a la ventana de visualización (inferior derecha) y activar el botón *Packages*, el cual despliega una nueva ventana en donde se activa el botón *Install*, el cual despliega una ventana que muestra los paquetes que se encuentran en uso y también despliega una ventana para la selección del paquete y, posteriormente, se pulsa el botón *Install*. Paso seguido, en la consola, se da la función para activar el paquete:

> *library(iris)*

y, finalmente, se llama a la base de datos con la función:

> *data(iris)*

Es importante recordar que solo una vez se requiere instalar los paquetes que se deseen utilizar, así se salga del programa, y al retornar ya no es necesario realizar el mismo ejercicio.

Es recomendable cambiar el nombre original de la base para evitar cambios en la base original. Para este ejemplo, se nombrará *planta_iris*:

> *planta_iris <- iris*

La esencia de *ggplot* es permitir la construcción de los gráficos escribiendo el código por capas. Es decir, primero se selecciona el plano cartesiano, luego el tipo de gráfico y, posteriormente, los complementos que se requiera para la claridad del mismo.

En la siguiente imagen observe que se ha generado el plano cartesiano en donde se han seleccionado dos variables para observar su relación. En el eje X, se tiene la longitud del sépalo y en el eje Y, el ancho; ahora se procede a realizar un diagrama de puntos, el cual permite visualizar el comportamiento entre dos variables cuantitativas. Esto se hace adicionando la función *geom_point()*.

```
install.packages("tidyverse")
install.packages("gapminder")
install.packages("car")
library(tidyverse)
library(gapminder)
library(car)
data(iris)
#####
###############
data(iris)
planta_iris <- iris

ggplot(data = planta_iris,
       mapping = aes(x = Sepal.Length,
                     y = Sepal.Width)) +
  geom_point()
```

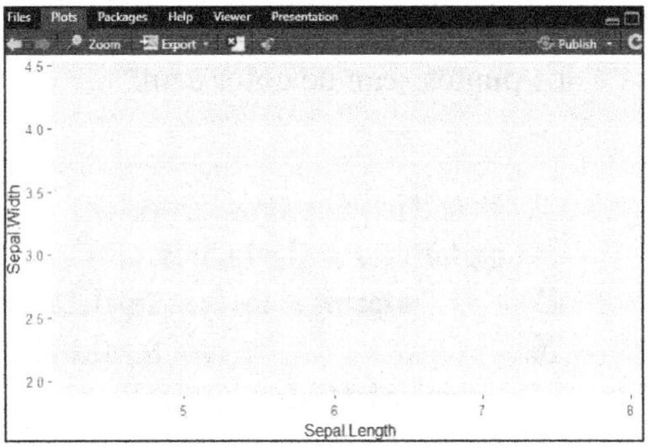

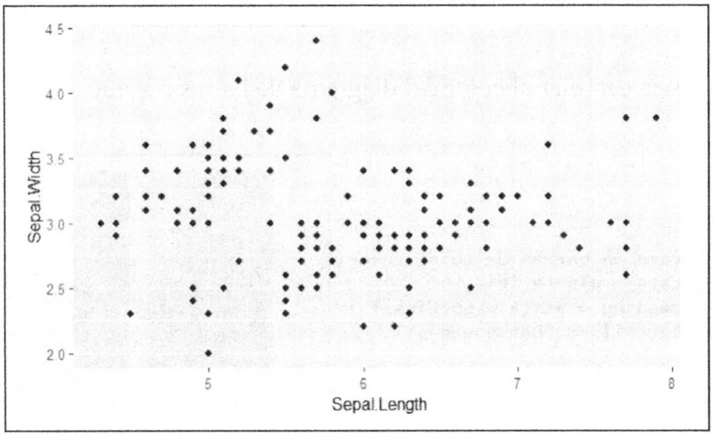

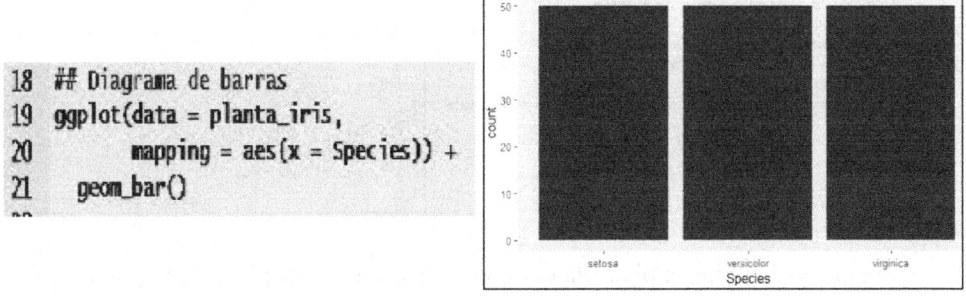

Gráfico de barras

Ahora, se selecciona en el eje X la variable cualitativa que se quiere representar y se cambia la última sentencia por la orden *geom_bar( )*:

```
## Diagrama de barras
ggplot(data = planta_iris,
       mapping = aes(x = Species)) +
  geom_bar()
```

Lo que está mostrando el gráfico es la existencia de las tres categorías de plantas: setona, especie versicolor y virgínica, en cantidades similares de 50 unidades.

Ahora, se desea incluirle color al gráfico. Para ello, se ubica en la capa de interés y se da la orden específica *geom_point(color = " ")*. Por ejemplo, se desea que los puntos sean de color azul:

```
23  ## Gráfico de puntos con color
24  ggplot(data = planta_iris,
25        mapping - aes(x - Sepal.Length,
26                     y = Sepal.Width)) +
27    geom_point(color = "Blue")
```

Luego, se desea cambiar el color del diagrama de barras a verde:

```
29  ## Diagrama de barras de color verde
30  ggplot(data = planta_iris,
31        mapping = aes(x = Species)) +
32    geom_bar(fill = "DarkGreen")
```

Para la selección del título en las gráficas, se debe agregar una nueva capa que se llama *labs( )*:

```
34  ## Gráfico de puntos con color con etiquetas
35  ggplot(data = planta_iris,
36        mapping = aes(x = Sepal.Length,
37                     y = Sepal.Width)) +
38    geom_point(color = "Blue") +
39    labs(title = "Relación entre el ancho y el largo del Sépalo",
40        x = "Longitud del Sépalo",
41        y = "Ancho del Sépalo")
```

Si se desea cambiar la plantilla del plano cartesiano, simplemente, se agrega una nueva capa escribiendo en la consola *theme* y se desplegará una ventana para seleccionar la que se ajuste a las necesidades.

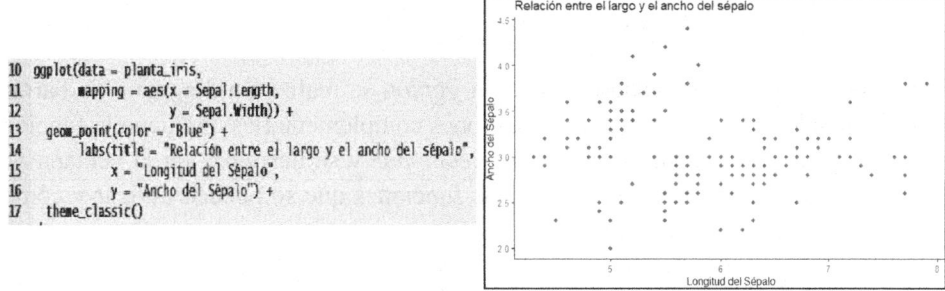

```
10  ggplot(data = planta_iris,
11      mapping = aes(x = Sepal.Length,
12          y = Sepal.Width)) +
13  geom_point(color = "Blue") +
14      labs(title = "Relación entre el largo y el ancho del sépalo",
15          x = "Longitud del Sépalo",
16          y = "Ancho del Sépalo") +
17  theme_classic()
```

Para una mayor profundización y para realizar diferentes tipos de gráficos, se recomienda visitar la página The modern Data Visualization with R: https://rkabacoff.github.io/datavis/, siendo la versión *online* libre y permite ingresar a diferentes tipos de gráficos dependiendo del tipo de variables que quiere relacionar: categóricas, numéricas, categóricas y numéricas a la vez, etc. Es importante recordar que, al pulsar el ratón sobre alguna de las gráficas, puede acceder al código de la gráfica respectiva o puede navegar a través del documento (Kabacoff, 2024).

EXPLORACIÓN DE VARIABLES CATEGÓRICAS

Cuando se quiere conocer la relación de dos o más variables categóricas, se utiliza una serie de comandos que permiten mostrar el comportamiento entre ellas. Por ejemplo, la función *table( )* muestra la frecuencia entre ellas y la función *prop.table( )* muestra la proporción o el porcentaje que existe entre ellas.

Para esta parte de la visualización, se trabajará con la librería de Gapminder (cargada en R previamente), que contiene una base de datos del mismo nombre, con información económica y social de los países del mundo. Las variables de la base hacen referencia al continente, el país, el año, la expectativa de vida de los ciudadanos, la población y el ingreso per cápita de los individuos.

Esta tabla muestra la distribución de la economía por continente, muestra tanto sus frecuencias absolutas como las relativas. Es decir, África tiene 624 registros que corresponde al 36,6 % de participación dentro del estudio

```
> table(econom_gapminder$continent)

  Africa Americas     Asia   Europe  Oceania
     624      300      396      360       24
> prop.table(table(econom_gapminder$continent))*100

   Africa  Americas      Asia    Europe   Oceania
 36.619718 17.605634 23.239437 21.126761  1.408451
```

y le sigue Asia con 396 registros, equivalente al 23.2% de participación, y el de menos participación es Oceanía con el 1.4%.

REPRESENTACIÓN GRÁFICA DE LAS VARIABLES CUALITATIVAS UTILIZANDO LA LIBRERÍA GGPLOT2

Se observa cómo, utilizando la función *ggplot*, se realiza un diagrama de barras más complejo. Para acceder a las funciones complementarias que tiene la función *geom_bar( )*, se escribe en el *script ?geom_bar* y se despliega en la ventana de ayuda una información que muestra las funciones que se pueden utilizar y cómo hacerlo, incluyendo ejemplos.

```
63  ## Gráfico de diagrama de barras con  ggplo2
64
65  ggplot(data = econom_gapminder,
66        mapping = aes(x = continent)) +
67    geom_bar(fill = "Orange",color = "Blue",
68           alpha = 0.5, linewidth = .8)
```

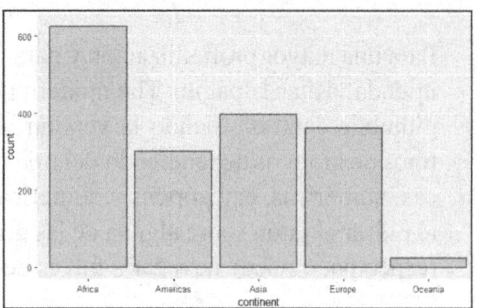

Adicionalmente, si se desea utilizar una gama de colores, se recomienda ir a la página *Colors in R*[4] o páginas similares, en donde puede seleccionar el color utilizando el código respectivo.

Otra forma de representar una variable cualitativa es por medio de su frecuencia relativa, en donde se cambia la escala del eje, que expresa las cantidades, y se modifica para que presente la frecuencia relativa. Para esto, se utiliza la base de Gapminder, la cual contiene una variable cualitativa que representa los continentes del mundo con sus respectivos países que forman parte del estudio.

```
27  # Cargar la base de datos gapminder
28  install.packages("gapminder")
29  library(gapminder)
30  data(gapminder)
```

Recordemos: en primera instancia, se carga la base.

---

[4] Colors in R: http://www.stat.columbia.edu/~tzheng/files/Rcolor.pdf

El siguiente paso consiste en crear una tabla de frecuencias relativas para la variable continente. Luego se convierte la tabla en un *data frame* y, finalmente, se construye el gráfico, como se presenta a continuación.

```
32  # Crear una tabla de frecuencias relativas para la variable Continent
33  relative_freq <- prop.table(table(gapminder$continent))
34
35  # Convertir la tabla a un data frame
36  df <- as.data.frame(relative_freq)
37
38  # Renombrar las columnas
39  names(df) <- c("Continente", "Frecuencia_relativa")
40
41  # Cargar la librería ggplot2 para la visualización
42  library(ggplot2)
43
44  # Crear el gráfico de barras
45  ggplot(df, aes(x = Continente, y = Frecuencia_relativa)) +
46    geom_bar(stat = "identity", fill = "skyblue") +
47    geom_text(aes(label = scales::percent(Frecuencia_relativa)), vjust = -0.5)
48    labs(title = "Frecuencia Relativa de Continentes",
49         x = "Frecuencia relativa",
50         y = "Frecuencia Relativa") +
51    theme_minimal()
```

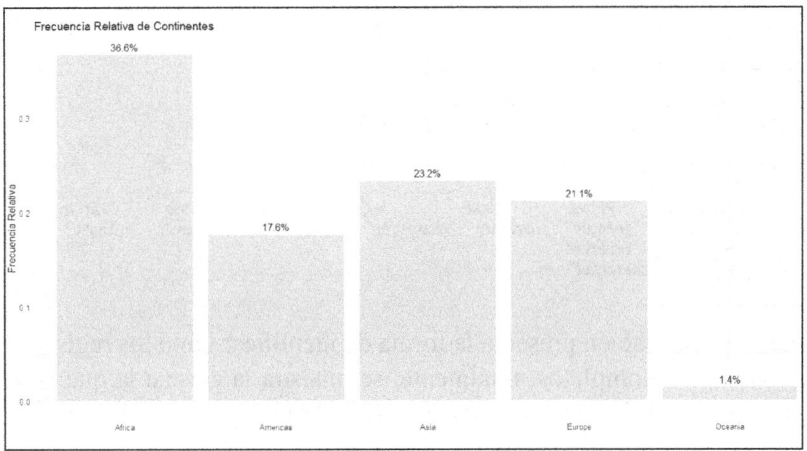

Otra manera de representar las variables cualitativas es por medio del diagrama de colombinas o chupetas, el cual cumple su funcionalidad cuando se tiene una variable con más de dos categorías. Para realizar el diagrama, se requiere construir una tabla con las frecuencias de la variable cualitativa. Para el ejemplo se representa con el número de participantes por continente, que se llamará *pop_continente*; el siguiente código y diagrama muestran el ejemplo.

```
84  ## Diagrama de chupetas
85
86  pop_continente <- econom_gapminder %>%
87    count(continent) %>%
88    filter(!is.na(continent))
89  pop_continente
90
91  ggplot(data = pop_continente,
92         mapping = aes(x = continent, y = n)) +
93    geom_point(fill = "Red", colour = "Blue") +
94    geom_segment(aes(x = continent,
95                     xend = continent,
96                     y = 0,
97                     yend = n, colour = "Red")) +
98    coord_flip()
```

Ahora, se busca representar la relación entre dos variables cualitativas; para este ejercicio, se hará uso de la base de *titanic_train*, la cual presenta la información de una muestra de 891pasajeros del viaje inaugural del Titanic; la base presenta 177 registros con información incompleta debido a que no se obtuvo respuesta o simplemente no se encontró la información, quedando un remanente de 714 con información completa. Para el ejercicio, se trabajará con esta última información.

```
R 4.3.1 - C/User/USUARIO/Downloads/
> ## Identificación de registros completos y conversión a númericos en cada registro.
> regs_completos <- pasageros_titanic %>%
+   complete.cases()
> #### Identificación de registros INCOMPLETOS
> dim(pasageros_titanic[!complete.cases(pasageros_titanic), ])
[1] 177  12
> ##### Suma de registros completos
> sum(as.numeric(regs_completos))
[1] 714
> ## Selección de la base con los registros completos
> complet_reg_titanic <- pasageros_titanic[complete.cases(pasageros_titanic), ]
> dim(complet_reg_titanic)
[1] 714  12
> complet_reg_titanic %>% sapply(class)
PassengerId    Survived       Pclass        Name         Sex         Age       SibSp       Parch      Ticket
  "integer"    "integer"    "integer"  "character" "character"   "numeric"   "integer"   "integer" "character"
       Fare       Cabin     Embarked
  "numeric"  "character"  "character"
```

El gráfico a continuación presenta la forma de identificar tanto los registros completos como los incompletos; finalmente, se muestra la clase a la que pertenece cada una de las variables de la base que se va a trabajar.

```
140  #### Conversión de las variables Survived y Pclass que son numéricas a carácter
141
142  as.numeric(complet_reg_titanic$Survived)
143  Survived1 <- as.factor(complet_reg_titanic$Survived)
144
145  Survived1 %>% sapply(class)
146  str(Survived1)
147
148  as.numeric(complet_reg_titanic$Pclass)
149  Pclass1 <- as.factor(complet_reg_titanic$Pclass)
150
151  Pclass1 %>% sapply(class)
152  str(Pclass1)
```

Para la representación gráfica de dos variables cualitativas, se seleccionan la variable *Survived* (supervivencia) y *Pclass* (clase del pasajero). Se aprecia que estas variables son de carácter entero y es necesario convertirlas a carácter.

```
> ##Adición de estas dos variables a la base complet_reg_titanic
> complet_reg_titanic <- cbind(complet_reg_titanic, Survived1)
> complet_reg_titanic <- cbind(complet_reg_titanic, Pclass1)
> dim(complet_reg_titanic)
[1] 714  14
```

En esta etapa del ejercicio se requiere unir las dos nuevas variables de tipo carácter a la base original, la cual para el ejercicio se ha llamado *complet_reg_titanic*.

Esta nueva base contiene 714 registros con 14 variables. El siguiente paso consiste en realizar los diferentes tipos de gráficos existentes para la representación de dos variables cualitativas.

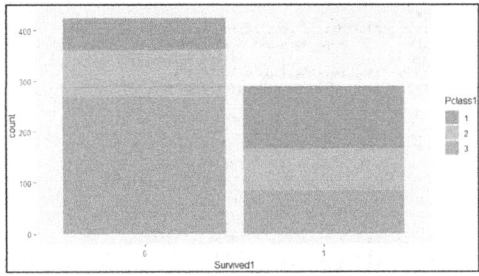

```
159  ggplot(data = complet_reg_titanic,
160        mapping = aes(x =Survived1,
161                     fill = Pclass1)) +
162    geom_bar(position = "stack")
```

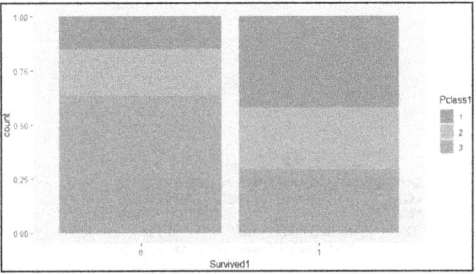

Usando el comando *position = "fill"*, se obtiene el gráfico de barras que permite ver la participación de acuerdo con la frecuencia relativa de cada clase.

Ahora, si se desean modificar los colores que clasifican las categorías de la variable cualitativa, existen varias formas. Una de ellas es manual, utilizando el comando *scale_fill_manual ()*; allí se seleccionan los colores de preferencia a utilizar, tal como se muestra en el script.

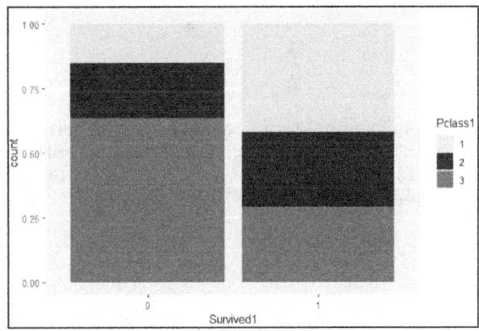

```
169  ## Modificando los colores
170
171  ### De forma manual
172  ggplot(data = complet_reg_titanic,
173        mapping = aes(x =Survived1,
174                     fill = Pclass1)) +
175    geom_bar(position = "fill") +
176    scale_fill_manual(values = c("Yellow", "Blue", "Red"))
177
```

También se puede replicar el gráfico utilizando una paleta de colores; se adiciona el comando *scale_fill_brewer ()* y en él se escribe el comando *palette*, en donde se adicionan las diferentes paletas de colores que maneja R, como "Blues", "Green" y otros, los cuales pueden accederse en la siguiente URL: https://r-charts.com/es/paletas-colores/

```
186 ## Utilizando paleta de colores : "Greens", "Set1", "Blues"
187
188 ggplot(data = complet_reg_titanic,
189       mapping = aes(x =Survived1,
190                    fill = Pclass1)) +
191   geom_bar(position = "fill") +
192   scale_fill_brewer(palette = "Blues")
```

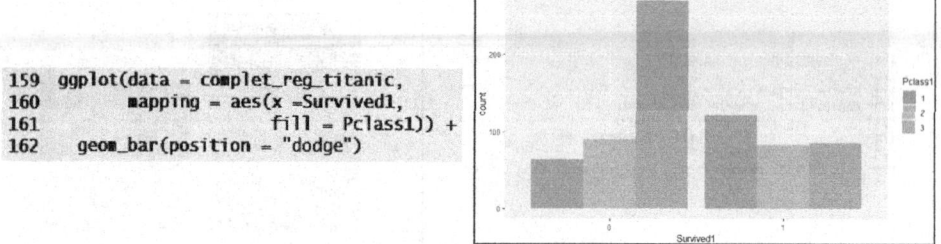

Si se desea invertir la paleta de colores, es necesario agregar la orden *direction* = *-1*, como se observa en el siguiente *script*, y se visualiza en el gráfico:

```
197 ggplot(data = complet_reg_titanic,
198       mapping = aes(x =Survived1,
199                    fill = Pclass1)) +
200   geom_bar(position = "fill") +
201   scale_fill_brewer(palette = "Green", direction = -1)
```

Si se desea tener separadas las variables cualitativas para una interpretación diferenciable:

```
159 ggplot(data = complet_reg_titanic,
160       mapping = aes(x =Survived1,
161                    fill = Pclass1)) +
162   geom_bar(position = "dodge")
```

REPRESENTACIÓN DE UNA VARIABLE CUANTITATIVA

El histograma es el gráfico que permite representar el comportamiento de una variable numérica, evidencia la tendencia de los datos.

La siguiente sintaxis en R muestra los comandos para su representación.

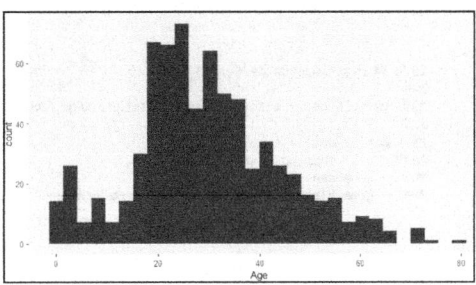

```
166  ggplot(data = complet_reg_titanic,
167         mapping = aes(x = Age)) +
168     geom_histogram()
```

Por defecto, R realiza el histograma con un número de clases de 30 y para modificar la cantidad y el ancho se realiza utilizando las funciones número de clases *bins* y el ancho de clases *binwidth*. Adicionalmente, un complemento con la interpretación del gráfico de la variable cuantitativa es complementarla con la información de las medidas de tendencia central y de variación; esto se hace con las funciones *summary*, *sd*, *var*, etc.

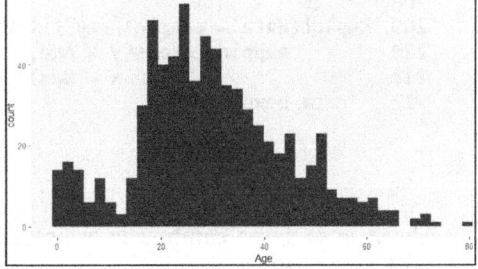
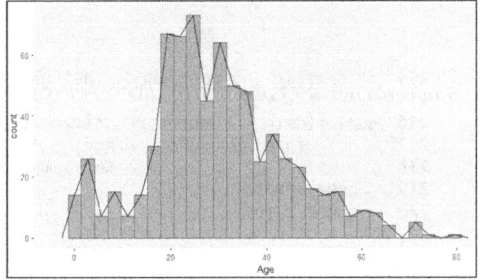

```
> summary(complet_reg_titanic$Age, na.rm = TRUE)
  Min. 1st Qu.  Median    Mean 3rd Qu.     Max.
  0.42   20.12   28.00   29.70   38.00    80.00
> sd(complet_reg_titanic$Age, na.rm = TRUE)
[1] 14.5265
> var(complet_reg_titanic$Age, na.rm = TRUE)
[1] 211.0191
> IQR(complet_reg_titanic$Age, na.rm = TRUE)
[1] 17.875
```

```
181  ggplot(data = complet_reg_titanic,
182         mapping = aes(x = Age)) +
183     geom_histogram(bins = 40)
184
185  ggplot(data = complet_reg_titanic,
186         mapping = aes(x = Age)) +
187     geom_histogram(binwidth = 3)

191  ggplot(data = complet_reg_titanic,
192         mapping = aes(x = Age)) +
193     geom_histogram(bins = 30, color = "Blue",
194                    fill = "Orange") +
195     geom_freqpoly(bins = 30)
```

La densidad de Kernel muestra la distribución uniforme de la variable cuantitativa, muestra el histograma de manera suavizada. Adicionalmente, se incluirá una línea específica que defina una medida importante de la variable, por ejemplo, el valor promedio; esto se hace incluyendo en la capa *geom_vline* la orden para el cálculo del valor promedio.

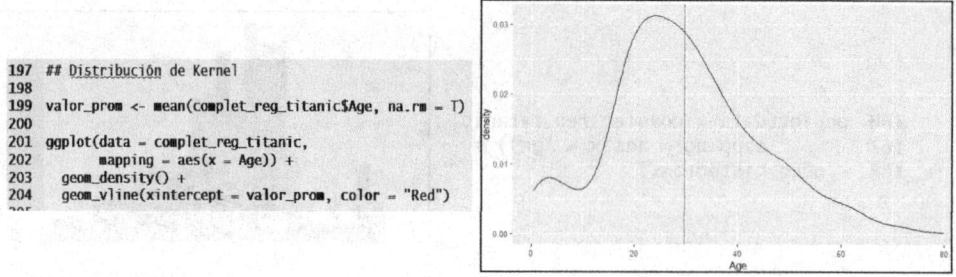

```
197  ## Distribución de Kernel
198
199  valor_prom <- mean(complet_reg_titanic$Age, na.rm = T)
200
201  ggplot(data = complet_reg_titanic,
202        mapping = aes(x = Age)) +
203    geom_density() +
204    geom_vline(xintercept = valor_prom, color = "Red")
```

REPRESENTACIÓN DE UNA VARIABLE CUANTITATIVA Y UNA CUALITATIVA

Para la representación se utiliza el diagrama de caja y bigotes *boxplot*. Por ejemplo, se desea visualizar la relación existente entre el género y la edad de los pasajeros del Titanic.

```
207  ### Diagrama de cajas y bigotes
208
209  ggplot(data = complet_reg_titanic,
210        mapping = aes(y = Age,
211                     x = Sex)) +
212    geom_boxplot()
```

Ahora, si se desea cambiar la orientación del gráfico, simplemente se adiciona la capa *coord._flip()*.

```
214  ## Cambiar las coordenadas del gráfico
215
216  ggplot(data = complet_reg_titanic,
217        mapping = aes(y = Age,
218                     x = Sex)) +
219    geom_boxplot()+
220    coord_flip()
```

Hay ocasiones en donde se requiere representar el comportamiento de una variable cuantitativa por medio del diagrama *box plot*. A continuación, se presenta el comando para su representación.

```
222  ## Repersentación de una sola variable
223  #  cuantitativa con el gráfico boxplot
224
225  ggplot(data = complet_reg_titanic,
226         mapping = aes(y = Age,
227                      x = "")) +
228    geom_boxplot()
```

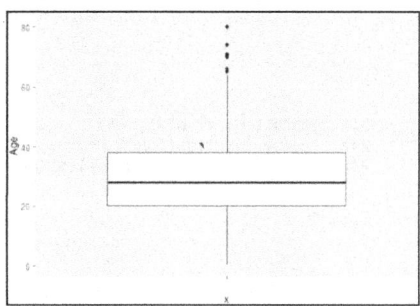

La representación de una variable cualitativa y una cuantitativa también se puede realizar por medio de las curvas de densidad. Simplemente, se define la variable cuantitativa en el componente X y se define como color la variable cualitativa.

```
233  ggplot(data = complet_reg_titanic,
234         mapping = aes(x = Age,
235                      color = Sex)) +
236    geom_density()
```

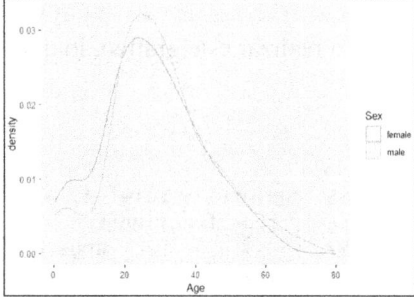

GRÁFICAS DE FUNCIONES

Para graficar funciones de probabilidad, más específicamente la distribución de probabilidad normal, se deben definir los límites sobre el eje X, el valor promedio y su desviación estándar. Para el caso específico de la distribución normal estándar, no es necesario definir la media y la desviación estándar, simplemente se define en *geom_function* cuál función es la que se desea graficar:

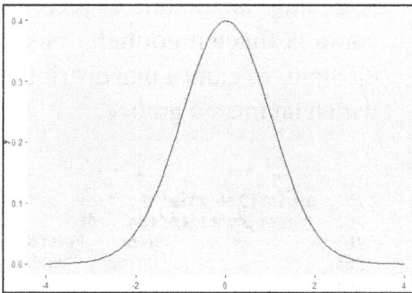

```
242  ggplot() + xlim(-4, 4) +
243    geom_function(fun = dnorm)
```

Sin embargo, si se desea graficar una distribución normal con una media y desviación estándar específica, es necesario determinarlas. Por ejemplo, se desea una distribución normal con *media = 45* y *desviación estándar = 5*.

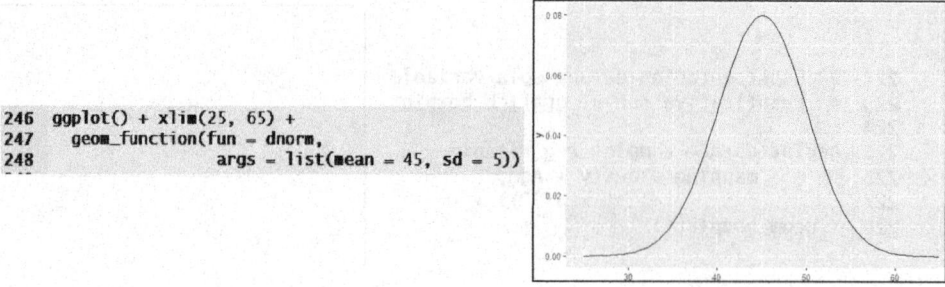

```
246  ggplot() + xlim(25, 65) +
247    geom_function(fun = dnorm,
248                       args = list(mean = 45, sd = 5))
```

GRÁFICA DE LA FUNCIÓN *T-STUDENT*

Para realizar este gráfico, lo que se debe cambiar es el nombre de la función.

```
255  ggplot() + xlim(-4, 4) +
256    geom_function(fun = dt,
257                       args = list(df = 5))
```

Algo muy importante es recordar que la función *t-student* tiende a comportarse como la función normal a medida que los grados de libertad aumentan. Como ejemplo, se grafica una distribución t con $df = 50$ y la distribución normal estándar en un mismo gráfico.

```
261  ggplot() + xlim(-4, 4) +
262    geom_function(fun = dt,
263                       args = list(df = 5),
264                       color = "DarkGreen") +
265    geom_function(fun = dt,
266                       args = list(df = 50),
267                       color = "Red") +
268    geom_function(fun = dnorm,
269                       args = list(mean = 0, sd = 1))
```

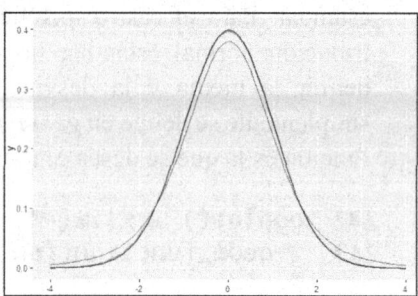

Obsérvese que la gráfica de la función *t-student* con 50 grados de libertad prácticamente se superpone con la función normal.

GRÁFICA DE UNA FUNCIÓN MATEMÁTICA

Para realizar el gráfico, es importante definir la función que represente el gráfico en cuestión y luego se llamará dentro de la función de *ggplot;* allí es necesario definir el intervalo del gráfico en el eje X, como se aprecia el *script*.

```
271  ### Gráfico de una función algebraica
272
273  ### Definición de la función
274  funcion_alg <- function(x){
275      4*x +5
276  }
277  ### Realización del gráfico
278  ggplot() + xlim(-5,10) +
279      geom_function(fun = funcion_alg)
```

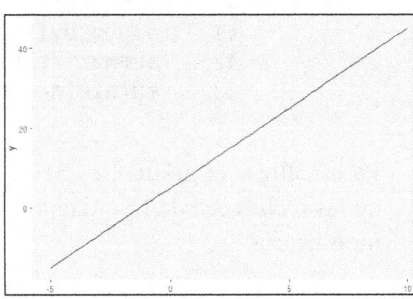

Ahora, si se desea agregar otro gráfico, por ejemplo, la parábola y = x^2, se debe definir esta nueva función y agregarla al gráfico en *ggplot*.

```
281  ## Gráfica de dos funciones algebraicas
282
283  ### Definición de las funciones
284  funcion_alg <- function(x){
285      4*x +20
286  }
287  funcion_alg2 <- function(x){
288      x^2
289  }
290
291  ### Realización del gráfico|
292  ggplot() + xlim(-10,10) +
293      geom_function(fun = funcion_alg) +
294      geom_function(fun = funcion_alg2)
```

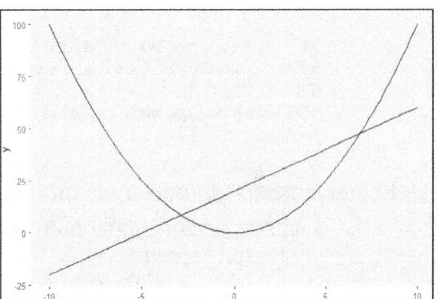

Cuando se requiere la representación de una variable cuyo comportamiento cubre un rango muy amplio, es necesario utilizar una escala logarítmica, permitiendo una mejor representación y visualización de los datos. Para observar su representación, se requiere que el eje de las ordenadas se encuentre en la escala logarítmica. Como ejemplo, se utiliza una base que recolecta los casos de COVID-19 presentes en Colombia, los cuales fueron recolectados de acuerdo al informe de Saludata del Gobierno nacional; esta base fue extraída del portal de datos abiertos del Gobierno de Colombia[5]. Lo primero que se debe hacer después de cargar la base es seleccionar las variables que se desean representar, las cuales son la fecha y hora en que se identificó el caso y el número de casos reportados e identificados, que para el ejemplo son las columnas 1 y 2.

```
14  covid_19_col_2 <- covid_19_col[ , 1:7]
```

Luego es necesario crear una tercera columna que representa el número de casos acumulados por fecha y que para el ejercicio se llamará *num_casos_acumulados*. La siguiente sentencia crea una nueva base en donde es agrupada por fecha de reporte web y va acumulando los casos reportados.

---

[5] Datos abiertos: https://www.datos.gov.co/

```
40  casos_acumul <- covid_19_col_2 %>%
41     group_by(fecha.reporte.web) %>%
42     summarize(n = n()) %>%
43     mutate(num_casos_acumulados = cumsum(n))
```

Para realizar el gráfico, es necesario que la variable que guarda la información de las fechas sea de tipo fecha y como se encuentra en tipo carácter es necesario modificarla.

```
> casos_acumul %>% sapply(class)
    fecha.reporte.web                         n num_casos_acumulados
        "character"              "integer"            "integer"
```

```
56  casos_acumul_date <- casos_acumul %>%
57     mutate(fecha.reporte.web = date(fecha.reporte.web))
58
59  casos_acumul_date %>% sapply(class)
```

El siguiente *script* muestra la modificación del tipo de variable de *fecha.reporte.web*:

```
> casos_acumul_date %>% sapply(class)
    fecha.reporte.web                         n num_casos_acumulados
            "Date"               "integer"            "integer"
```

Visualización del nuevo tipo de variable de *fecha.reporte.web*:

```
> head(casos_acumul_date)
# A tibble: 6 x 3
    fecha.reporte.web    n num_casos_acumulados
        <date>         <int>         <int>
1 2020-03-06            1             1
2 2020-03-09            2             3
3 2020-03-11            6             9
4 2020-03-12            5            14
5 2020-03-13            5            19
6 2020-03-14           18            37
```

Ahora se verá el ejemplo de algunos registros con las características requeridas:

Finalmente, se realiza el gráfico respectivo; en el *script* se evidencia en la capa de la escala la orden *label_number_si( )*, la cual permite cambiar la escala de la ordenada al sistema internacional y si se cambia la orden de la etiqueta por *labels = label_number( )*, se obtiene como se observa en los dos gráficos:

```
63  ggplot(data = casos_acumul_date,
64         mapping = aes(x = fecha.reporte.web, y = num_casos_acumulados)) +
65     geom_line() +
66     scale_y_continuous(labels = label_number_si())
```

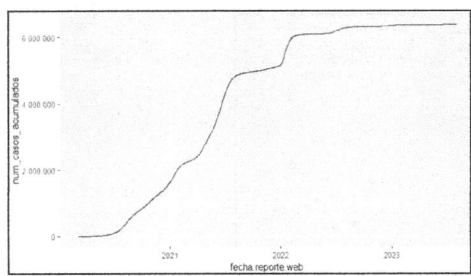 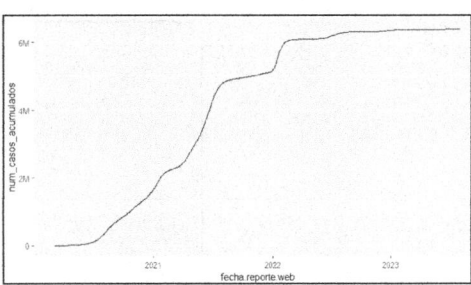

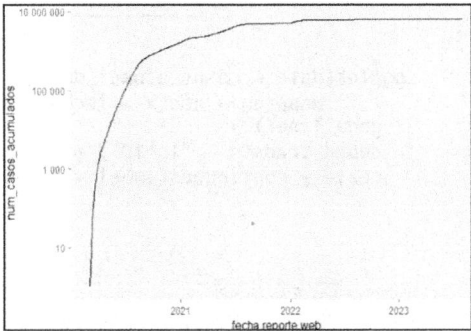

Ahora, se realiza el gráfico utilizando la escala logarítmica en base 10:

```
82  ggplot(data = casos_acumul_date,
83       mapping = aes(x = fecha.reporte.web, y = num_casos_acumulados)) +
84    geom_line() +
85    scale_y_log10(labels = label_number())
```

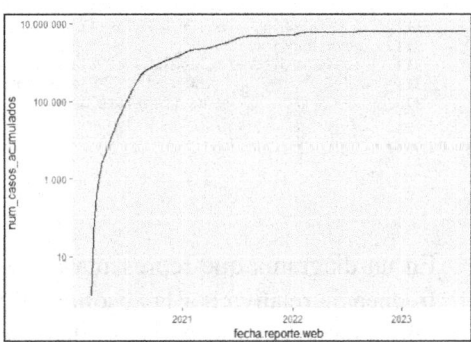

Este gráfico muestra cómo se incluyen las unidades de miles en la escala numérica.

```
87  ggplot(data = casos_acumul_date,
88       mapping = aes(x = fecha.reporte.web, y = num_casos_acumulados)) +
89    geom_line() +
90    scale_y_log10(labels = label_number(big.mark = ".", decimal.mark = ","))
```

Otra forma de realizar el gráfico incluyendo una escala más definida para las cantidades mayores es utilizando el sistema internacional SI.

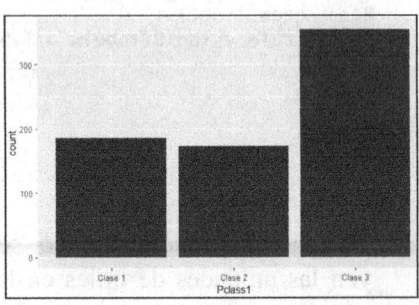

```
ggplot(data = casos_acumul_date,
       mapping = aes(x = fecha.reporte.web, y = num_casos_acumulados)) +
geom_line() +
coord_trans(y = "log10") +
scale_y_continuous(label = label_number_si())
```

MODIFICACIÓN TANTO DE LA ESCALA DE LOS EJES COMO DE SUS ETIQUETAS

Para realizar estos cambios, es necesario que se encuentre instalada la librería de *scales*. De esta manera, se llama a la función *scale_x_discrete* y se definen las etiquetas, tal como se aprecia en el *script*.

```
311  ggplot(data = complet_reg_titanic,
312          mapping = aes(x = Pclass1)) +
313    geom_bar() +
314    scale_x_discrete(labels = c("Clase 1", "Clase 2",
315                                "Clase 3"),
316                     na.translate = FALSE)
```

En un diagrama que representa una variable cualitativa, si se desea cambiar la frecuencia relativa por la absoluta, es necesario adicionar una nueva capa que se relaciona con la variable *y*; se llama a la función *scale_y_continuous* y se anexa la orden *labels = percent*. Además, si se requiere modificar las leyendas de las categorías, se utiliza la función *scale_x-discrete*; en ella se llama a la orden *labels = abbreviate*, la cual permite abreviar los nombres de tal manera que sean más presentables.

```
369  ggplot(data = econom_gapminder,
370         mapping = aes(x = continent,
371                      y = stat(prop),
372                      group = 1)) +
373    geom_bar(fill = "Orange",color = "Blue",
374             alpha = 0.5, linewidth = .8) +
375    scale_y_continuous(labels = percent) +
376    scale_x_discrete(na.translate = FALSE,
377                     labels = abbreviate) +
378    labs(x = "Continentes",
379         y = "Porcentaje",
380         title = "Distribución dela población por continente")
```

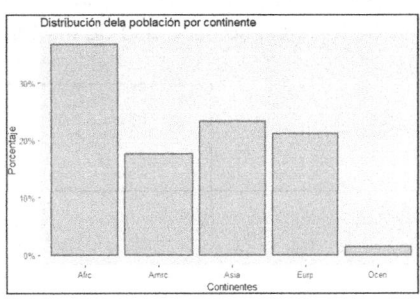

Cuando se busca modificar la leyenda de un gráfico, se debe llamar a la capa en donde se busca realizar el cambio. Para el ejercicio, se desea cambiar la leyenda que define los colores del gráfico, es decir, en *color = sex*; luego, se adiciona una nueva capa de escala con la función *scale_color_discrete* (debido a que la variable es discreta) y se agregan los nombres que se quieren modificar.

```
320  ggplot(data = complet_reg_titanic,
321         mapping = aes(x = Age,
322                      color = Sex)) +
323    geom_density() +
324    scale_color_discrete(labels = c("Femenino", "Masculino"),
325                         na.translate = FALSE)
```

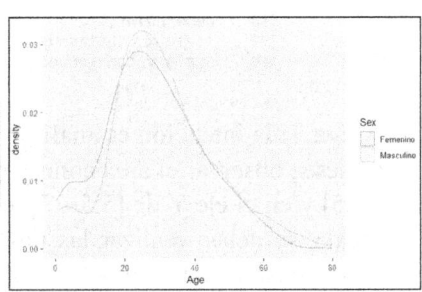

Ahora, si se busca agregar el título al gráfico y modificar los nombres de los ejes, se adiciona una nueva capa con el nombre de *labs* y se definen las etiquetas. El siguiente gráfico muestra las modificaciones.

```
320  ggplot(data = complet_reg_titanic,
321         mapping = aes(x = Age,
322                      color = Sex)) +
323    geom_density() +
324    scale_color_discrete(labels = c("Femenino", "Masculino"),
325                         na.translate = FALSE) +
326    labs(x = "Edad",
327         y = "Densidad",
328         title = "Distribución de la edad de los pasajeros del Titanic",
329         color = "Sexo")
```

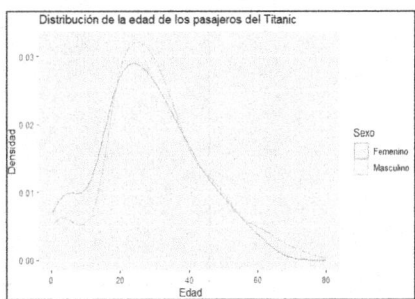

DIAGRAMAS DE DISPERSIÓN

Permite ver la relación existente entre dos o más variables cuantitativas. Con su representación gráfica se busca observar el comportamiento existente entre ellas. Para su representación, se seleccionan las dos variables y se utiliza el comando *geom_point( )* de la librería *ggplot*. Adicionalmente, para personalizar las escalas de los ejes, se hace uso de las funciones *scale_x_continuos* y *scale_y_continuos*.

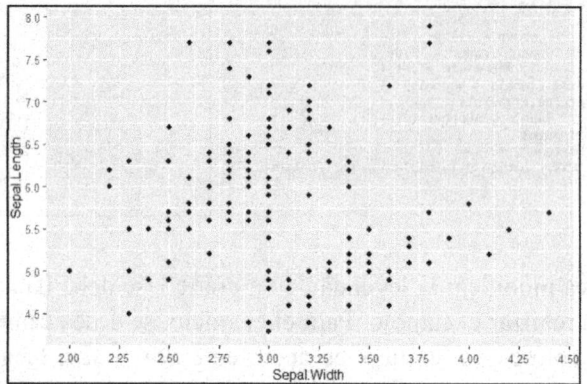

```
335  ggplot(data = planta_iris,
336        mapping = aes(x = Sepal.Width,
337                     y = Sepal.Length)) +
338     geom_point() +
339     scale_x_continuous(breaks = seq(from = 2, to = 4.5, by = 0.25)) +
340     scale_y_continuous(breaks = c(4,4.5,5,5.5,6,6.5,7,7.5,8))
```

Ahora, si la intención es analizar una determinada área del gráfico, por ejemplo, se desea observar el área comprendida entre las coordenadas: en el eje X de [2.5 - 3.5] y en el eje Y de [5.5 - 7], entonces, como lo que se quiere modificar es la escala, se deben realizar las modificaciones dentro de la función *scale*; allí se especifican los intervalos utilizando el comando *limits* para ambos ejes, como se detalla en el siguiente *script* y se aprecia en la gráfica.

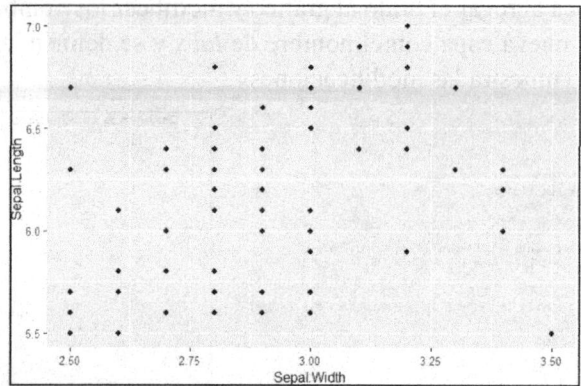

```
335  ggplot(data = planta_iris,
336        mapping = aes(x = Sepal.Width,
337                     y = Sepal.Length)) +
338     geom_point() +
339     scale_x_continuous(breaks = seq(from = 2, to = 4.5, by = 0.25),
340                        limits = c(2.5, 3.5)) +
341     scale_y_continuous(breaks = c(4,4.5,5,5.5,6,6.5,7,7.5,8),
342                        limits = c(5.5, 7.0))
```

El siguiente gráfico hace referencia a la representación de la relación de dos variables cuantitativas y una tercera variable de origen continuo, de tal manera que se pueda observar la relación existente entre ellas. Para este ejercicio, se hará uso de una base de los resultados de las pruebas Saber 11, prueba que realizan los estudiantes de educación media al terminar sus estudios. Esta base es extraída del portal de datos abiertos que tiene a disposición el Gobierno colombiano[6]. Esta base consta de 546.212 registros con 82 variables; entre las variables de interés se encuentran los puntajes en las áreas de matemáticas, competencias ciudadanas, inglés, sociales, el índice del nivel socioeconómico individual, entre otras. Para el ejercicio, se busca la relación entre el puntaje en matemáticas, el puntaje global y el índice del nivel socioeconómico individual; con esta última variable se busca observar cómo afecta la relación de las otras dos. Para el ejercicio, la variable que se pretende relacionar con las otras dos es de tipo carácter y se necesita que sea numérica, luego se requiere crear una nueva variable con esta característica, la cual para el ejercicio se llamará "*ESTU_INSE_INDIVIDUAL_1*".

```
396  ### Como seleccionar una muestra
397  ### Tutorial de Muestreo en R - RPubs by RStudio
398  ###  https://rpubs.com/Felipe1986/MuestreoTutorialR
399
400  ### Selección del tamaño de la muestra sin reemplazo
401  ### Selección de la muestra
402
403  n <- 200
404  #### Se fija la muestra par que no cambie
405  set.seed(12345)
406
407  muestra <- sample(1:nrow(Saber_11_2019_2), size = n, replace = F)
408  muestra
409
410  #### Se asigna los elementos de la muestra a la base "Saber_11_2019_2"
411
412  Saber_11_2019_2_muestra2 <- Saber_11_2019_2[muestra, ]
413
414  ### Otra forma de seleccionar la muestra con "dplyr"
415
416  Saber_11_2019_2_muestra <- Saber_11_2019_2 %>%
417                           sample_n(size = n, replace = F)
```

Como primera instancia, se requiere seleccionar una muestra de la base para el desarrollo del ejercicio. Para tal efecto, se selecciona una muestra de 200 registros de la base general Saber_11_2019_2. El siguiente *script* muestra los comandos en R para la creación y transformación de la variable[7] (Jiménez, 2014).

El paso siguiente consiste en la eliminación de los registros incompletos que se encuentren en la muestra seleccionada; esto se realiza a manera de ejemplo y para una mayor claridad. Primero se identifican 21 registros incompletos (se muestran dos formas de realizarlo) y luego se seleccionan los completos; para el

---

[6] https://www.datos.gov.co/
[7] Tutorial de muestreo en R, RPubs by RStudio. https://rpubs.com/Felipe1986/MuestreoTutorialR

caso específico, se tienen 179 registros completos, los cuales son con los que se trabajarán. El siguiente *script* muestra el procedimiento para la eliminación de registros con datos faltantes.

```
420  ### Eliminar los registros con datos faltantes
421
422  ## Identificación de registros completos y conversión a números en cada registro.
423  regs_completos <- Saber_11_2019_2_muestra %>%
424    complete.cases()
425
426 - ################
427  ## Otra manera de identificarlos
428
429  #regs_completos <- complete.cases(pasageros_titanic)
430  #as.numeric(regs_completos)
431
432
433  #### Identificación de registros INCOMPLETOS
434  dim(Saber_11_2019_2_muestra[!complete.cases(Saber_11_2019_2_muestra), ])
435
436  ##### Suma de registros completos
437  sum(as.numeric(regs_completos))
438
439  ## Selección de la base con los registros completos
440  Saber_11_2019_2_muestra_complete <- Saber_11_2019_2_muestra[complete.cases(Saber_11_2019_2_muestra), ]
441  dim(Saber_11_2019_2_muestra_complete)
442  Saber_11_2019_2_muestra_complete %>% sapply(class)
```

Este *script* muestra la forma de convertir a número una variable que se encuentra definida como de tipo carácter y luego ser adicionada a la base.

```
445  ## Conversión a numérico una variable de tipo caracter y adición a la base principal|
446
447  class(Saber_11_2019_2_muestra_complete$ESTU_INSE_INDIVIDUAL)
448
449  Saber_11_2019_2_muestra_complete$ESTU_INSE_INDIVIDUAL_1 <-
450    as.numeric(Saber_11_2019_2_muestra_complete$ESTU_INSE_INDIVIDUAL)
451
452  Saber_11_2019_2_muestra_complete$ESTU_INSE_INDIVIDUAL_1 %>%
453    sapply(class)
```

REPRESENTACIÓN GRÁFICA CON MÁS DE DOS VARIABLES CUANTITATIVAS

Se pretende buscar la relación de dos variables en función de una tercera; las dos variables son puntaje global en función del puntaje de matemáticas y estas a su vez en función del índice del nivel socioeconómico individual del estudiante. En el gráfico se evidencia como el puntaje de matemáticas entre 40 y 70 puntos concentra el puntaje global de la prueba entre 200 y 300 puntos y esto para el índice del nivel socioeconómico individual del estudiante entre 40 y 50. El siguiente *script* y gráfico muestra el comportamiento del puntaje en matemáticas de los estudiantes.

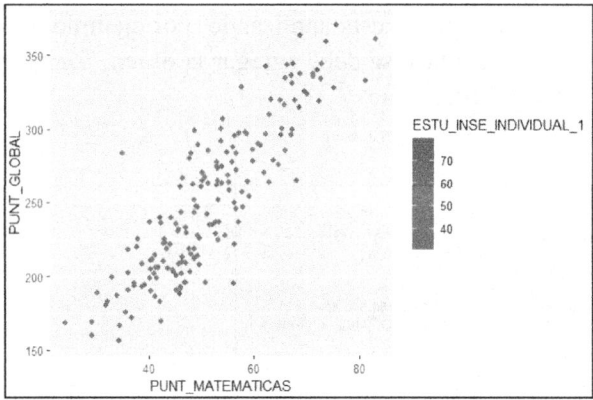

```
465  ggplot(data = Saber_11_2019_2_muestra_complete,
466       mapping = aes(x = PUNT_MATEMATICAS, y = PUNT_GLOBAL,
467                     color = ESTU_INSE_INDIVIDUAL_1)) +
468    geom_jitter() +
469    scale_color_gradient(low = "Red", high = "Blue")
```

Ahora, si se desea ver con mayor claridad, se realiza el gráfico con la intensidad de tres colores. Para este caso, se requiere la existencia de un valor específico como punto de referencia; se tomará el valor medio del índice del nivel socioeconómico. En el siguiente *script* se evidencia.

```
472  valor_medio_ind_soc_econ <- mean(Saber_11_2019_2_muestra_complete$ESTU_INSE_INDIVIDUAL_1,
473                                    na.rm = T)
474  valor_medio_ind_soc_econ
475
476  ggplot(data = Saber_11_2019_2_muestra_complete,
477       mapping = aes(x = PUNT_MATEMATICAS, y = PUNT_GLOBAL,
478                     color = ESTU_INSE_INDIVIDUAL_1)) +
479    geom_jitter() +
480    scale_color_gradient2(midpoint = valor_medio_ind_soc_econ,
481                          low = "Red", mid = "White", high = "Blue")
```

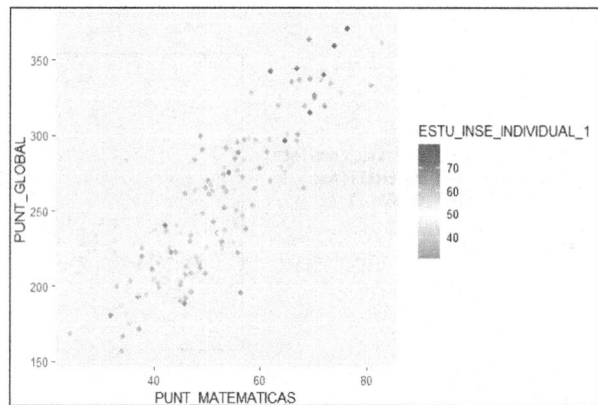

Finalmente, si se quiere incluir la influencia de alguna variable cualitativa respecto al comportamiento que se está analizando, por ejemplo, seleccionemos el tipo de colegio (bilingüe o no), se debe agregar la orden *"shape = "*, quedando representado de la siguiente forma:

```
476  ggplot(data = Saber_11_2019_2_muestra_complete,
477       mapping = aes(x = PUNT_MATEMATICAS, y = PUNT_GLOBAL,
478             color = ESTU_INSE_INDIVIDUAL_1,
479             shape = COLE_BILINGUE)) +
480   geom_jitter() +
481   scale_color_gradient2(midpoint = valor_medio_ind_soc_econ,
482                  low = "Red", mid = "White", high = "Blue")
```

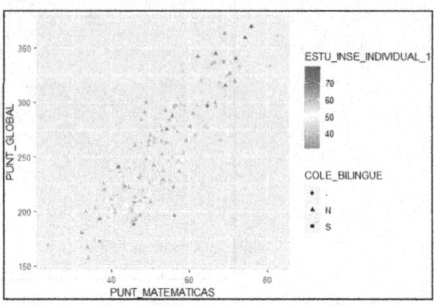

Otra forma de representar la relación de las variables (¿cuál gráfico es mejor?) depende de la intención del investigador de lo que desea representar. Se adiciona la orden *colours = rainbow (5)* en la capa *scale_color_gradientn( )*.

```
499  ggplot(data = Saber_11_2019_2_muestra_complete,
500       mapping = aes(x = PUNT_MATEMATICAS, y = PUNT_GLOBAL,
501             color = ESTU_INSE_INDIVIDUAL_1,
502             shape = COLE_BILINGUE)) +
503   geom_jitter() +
504   scale_color_gradientn(colours = rainbow(5))
```

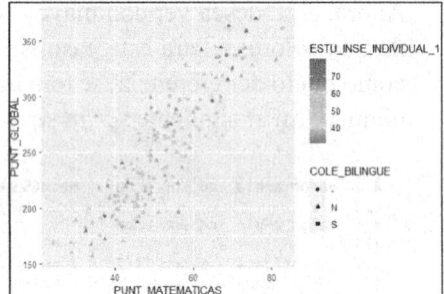

AGREGAR TEXTO ADICIONAL A LOS GRÁFICOS

Inicialmente, se presenta el gráfico que relaciona las variables cuantitativas y, adicionalmente, se muestra la línea de tendencia de las dos variables:

```
507  ggplot(data = Saber_11_2019_2_muestra_complete,
508       mapping = aes(x = PUNT_MATEMATICAS,
509             y = PUNT_GLOBAL)) +
510   geom_point() +
511   geom_smooth(method = "lm")
```

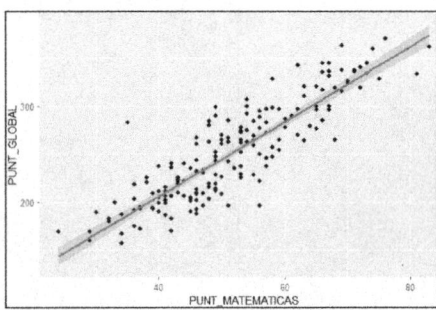

El texto se puede agregar de manera automática.

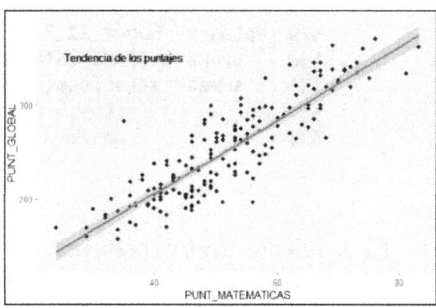

```
506  ## Agregar texto al gráfico
507  ggplot(data = Saber_11_2019_2_muestra_complete,
508         mapping = aes(x = PUNT_MATEMATICAS,
509                      y = PUNT_GLOBAL)) +
510  geom_point() +
511  geom_smooth(method = "lm") +
512  geom_text(label = "Tendencia de los puntajes",
513            x = 35, y = 350)
```

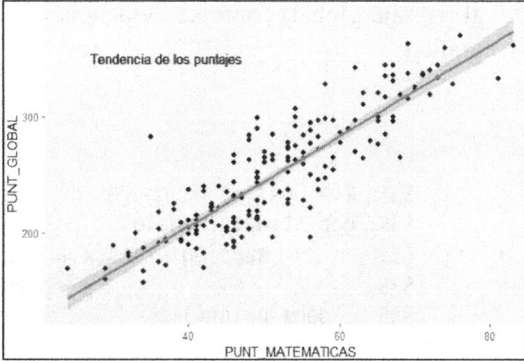

Se puede modificar el tamaño del texto, el color del texto y el ajuste (que ubica el texto centrándolo de acuerdo con la coordenada horizontal que se le ha dado).

```
507  ## Agregar texto al gráfico
508  ggplot(data = Saber_11_2019_2_muestra_complete,
509         mapping = aes(x = PUNT_MATEMATICAS,
510                      y = PUNT_GLOBAL)) +
511  geom_point() +
512  geom_smooth(method = "lm") +
513  geom_text(label = "Tendencia de los puntajes",
514            x = 45, y = 350, size = 4,
515            colour = "Darkred", hjust = 0.9)
```

Si se desea mayor detalle sobre el texto y otras características propias del gráfico, se recomienda realizar el llamado de la función *vignette("ggplot2-specs")*, el cual despliega una ayuda y presenta las opciones estéticas para ser tenidas en cuenta cuando se está introduciendo un texto en el gráfico.

Ahora, se realiza un gráfico en el cual se incluya un texto en función de una variable cualitativa. Para ello, se toma la base de las pruebas Saber_11_2019_2, de la cual se ha seleccionado una muestra para mayor sencillez del ejercicio en donde se elige la variable estrato vivienda como la variable cualitativa. Primero, se requiere agrupar los datos por la variable categórica; para el ejemplo, se selecciona la variable "FAMI_ESTRATOVIVIENDA" y se procede a realizar la caracterización por estrato. Luego se lleva a cabo el descriptivo estadístico de los promedios de las dos variables que se representan: la media del puntaje global y del puntaje de matemáticas.

```
529  dptos <- Saber_11_2019_2_muestra_complete %>%
530    group_by(FAMI_ESTRATOVIVIENDA) %>%
531    summarize(across(.cols = c(PUNT_GLOBAL, PUNT_MATEMATICAS),
532              .fns = mean,
533              na.rm = T))
```

El siguiente *script* presenta el comando para la realización del gráfico de dispersión respecto al puntaje de matemáticas respecto al puntaje global, como se evidencia en el gráfico:

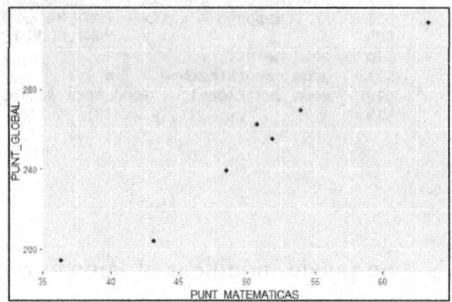

```
535  ### Gráfico de puntos de las dos variables cuantitativas
536  ggplot(data = dptos,
537         mapping = aes(x = PUNT_MATEMATICAS,
538                       y = PUNT_GLOBAL)) +
539    geom_point()
```

En el gráfico anterior no se identifica a qué estrato pertenece cada punto, luego es necesario visualizarlos, de tal manera que quede visualizado. Se presenta la sentencia en el *script* y el correspondiente gráfico.

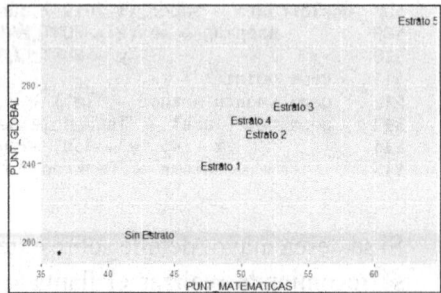

```
545  ggplot(data = dptos,
546         mapping = aes(x = PUNT_MATEMATICAS,
547                       y = PUNT_GLOBAL,
548                       label = FAMI_ESTRATOVIVIENDA)) +
549    geom_text() +
550    geom_point()
```

Si por algún motivo llegase a existir superposición en los textos debido a que los puntos se encuentran muy cerca uno del otro, se recomienda utilizar en una nueva capa en el siguiente comando de la librería *"ggrepel"*: *geom_text_repel*, el cual los separa para una mejor distinción:

```
552  ### Disitingue los puntos de los textos
553
554  ggplot(data = dptos,
555        mapping = aes(x = PUNT_MATEMATICAS,
556              y = PUNT_GLOBAL,
557              label = FAMI_ESTRATOVIVIENDA)) +
558    geom_text_repel() +
559    geom_point()
```

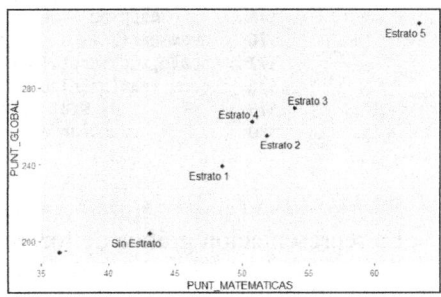

Si se desea una mayor claridad en el texto, se utiliza el comando *geom_label_repel*.

```
563  ggplot(data = dptos,
564        mapping = aes(x = PUNT_MATEMATICAS,
565              y = PUNT_GLOBAL,
566              label = FAMI_ESTRATOVIVIENDA)) +
567    geom_label_repel() +
568    geom_point()
```

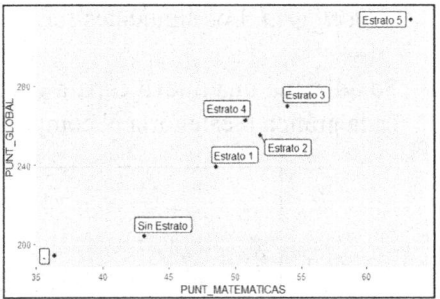

Para el caso de agregar texto a una gráfica que representa variables cualitativas, es necesario utilizar una función en una nueva capa. Por ejemplo, en el diagrama de barras que muestra el porcentaje de cada categoría, es necesario en la capa *geom_text* incluir lo que se requiere en la etiqueta, como la frecuencia relativa (cálculo del porcentaje de participación de la categoría); además, se debe incluir el cálculo de la estadística que internamente realiza *ggplot*, que para el ejemplo es *count*, el cual se encuentra entre paréntesis después de la función *percent( )*, y, finalmente, se le ubica la posición en que debe ir. Si esta posición quiere que se encuentre por fuera de la barra, el valor debe ser mayor que 1.0. Adicionalmente, se puede jugar con el color, como se muestra en el siguiente *script*.

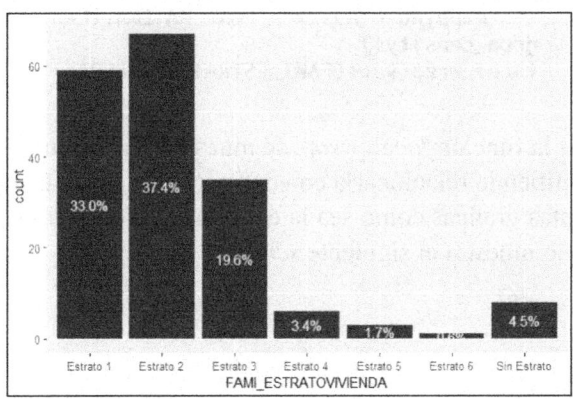

```
574  ggplot(data = Saber_11_2019_2_muestra_complete,
575       mapping = aes(x = FAMI_ESTRATOVIVIENDA)) +
576    geom_bar() +
577    scale_x_discrete(na.translate = FALSE) +
578    geom_text(aes(label = percent(..count../sum(..count..))),
579            stat = "count", position = position_stack(0.5),
580            color ="White")
```

REPRESENTACIÓN MÚLTIPLE DE GRÁFICOS

La representación gráfica de forma separada de una variable cuantitativa con relación a una variable cualitativa permite identificar el comportamiento respecto a cada categoría. Para realizar estos gráficos, se utilizan dos funciones: *facet_wrap* y *facet_grid*. Los siguientes *scripts* presentan las sentencias que se requieren.

Se adiciona una nueva capa a *ggplot*: *facet_wrap*, la cual permite visualizar en cada gráfico o categoría el comportamiento de la variable cuantitativa.

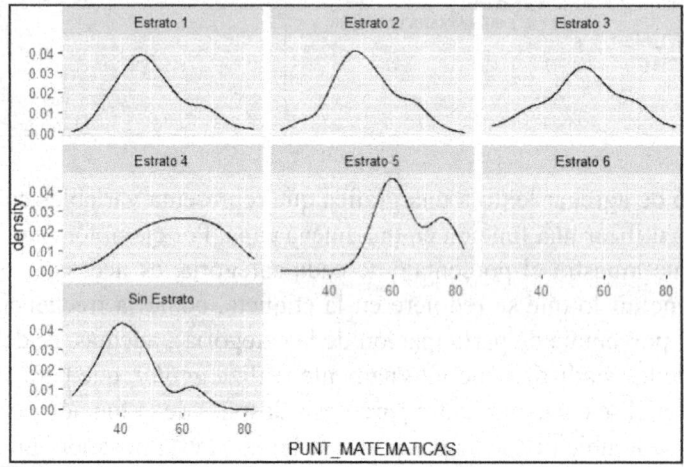

```
574  ### Diagrama en función de una cualitativa
575  ggplot(data = Saber_11_2019_2_muestra_complete,
576       mapping = aes(x = PUNT_MATEMATICAS)) +
577    geom_density() +
578    facet_wrap(vars(FAMI_ESTRATOVIVIENDA))
```

Ahora, al utilizar la función *facet_wrap*, se muestra la distribución de la variable cuantitativa permitiendo relacionarla con dos variables cualitativas. En otras palabras, realiza tantas gráficas como sea la combinación entre las categorías de las variables, como lo muestra el siguiente *script*.

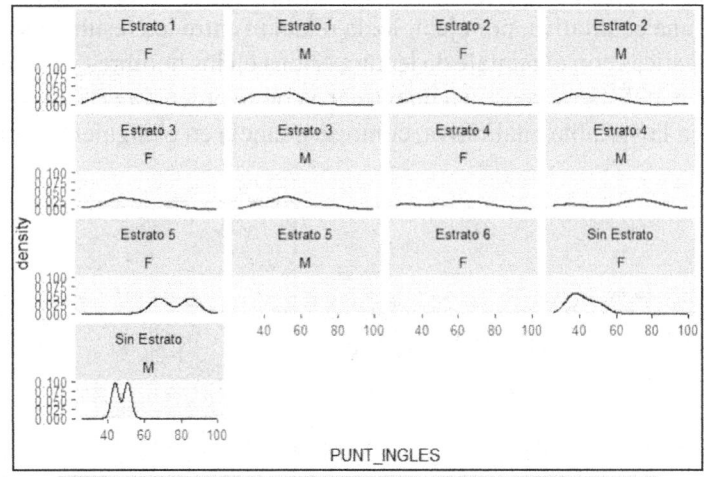

```
592  #### Respecto con dos variables cualitativas
593  ggplot(data = Saber_11_2019_2_muestra_complete,
594        mapping = aes(x = PUNT_INGLES)) +
595    geom_density() +
596    facet_wrap(vars(FAMI_ESTRATOVIVIENDA, ESTU_GENERO))
```

Adicionalmente, si se pretende otra forma de representar la variable cuantitativa en función de la cualitativa para efectos de claridad, en la sentencia de *ggplot* se crea una nueva capa con la orden *fase_grid( )*, como se muestra en el siguiente *script*.

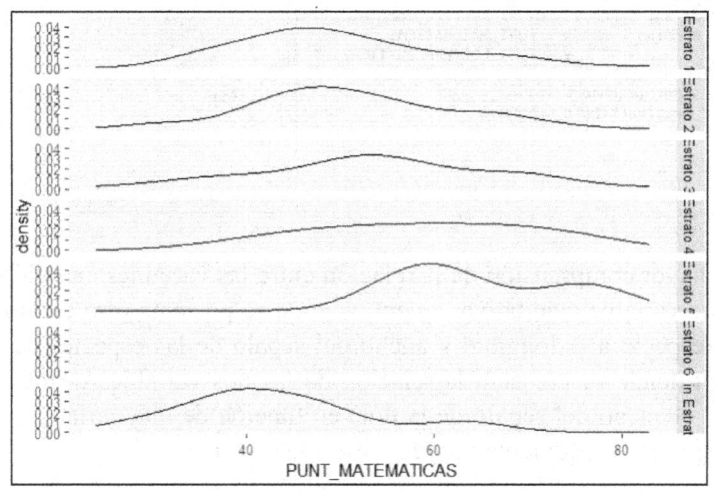

```
587  ### Diagrama en función de una variable cualitativa
588  ggplot(data = Saber_11_2019_2_muestra_complete,
589        mapping = aes(x = PUNT_MATEMATICAS)) +
590    geom_density() +
591    facet_grid(rows = vars(FAMI_ESTRATOVIVIENDA))
```

Por otra parte, si se desea observar la relación entre dos variables cuantitativas en función de una cualitativa, por ejemplo, la relación entre los resultados del puntaje en matemáticas con el puntaje de lectura crítica en los hombres y en las mujeres de forma separada, se agrega una nueva capa con la orden *facet_wrap( )* y en ella se especifica la variable cualitativa, como se enuncia en el siguiente *script*.

```
594  ### Gráfico de dispersión
595  ggplot(data = Saber_11_2019_2_muestra_complete,
596        mapping = aes(x = PUNT_MATEMATICAS,
597                     y = PUNT_LECTURA_CRITICA)) +
598     geom_point() +
599     facet_wrap(vars(ESTU_GENERO))
```

El siguiente *script* permite agregar la línea de tendencia de la relación del conjunto de datos; para ello, se requiere agregar una nueva capa con la orden *geom_smooth ( )* y en ella incluir la función *method = lm*, que significa agregar la línea de tendencia por el método de regresión lineal, tal como se muestra en el siguiente *script*.

```
601  ### Agregando la línea de tendencia
602  ggplot(data = Saber_11_2019_2_muestra_complete,
603        mapping = aes(x = PUNT_MATEMATICAS,
604                     y = PUNT_LECTURA_CRITICA)) +
605     geom_point() +
606     geom_smooth(method = lm) +
607     facet_wrap(vars(ESTU_GENERO))
```

Para una mayor comprensión de la relación entre las variables cuantitativas respecto a una variable cualitativa, a continuación se presenta otro ejemplo con la base *iris* respecto a la longitud y ancho del sépalo de las especies de flores en estudio, en donde se presenta la relación de las dos variables cuantitativas (la longitud y el ancho del sépalo de la flor) en función de una variable cualitativa (tipo de especie). El siguiente *script* muestra la sentencia.

```
296  ### Gráfico de puntos
297
298  ggplot(data = planta_iris,
299        mapping = aes(x = Sepal.Length,
300                     y = Sepal.Width,
301                     color = Species)) +
302    geom_point()+
303    geom_smooth(method = lm)
```

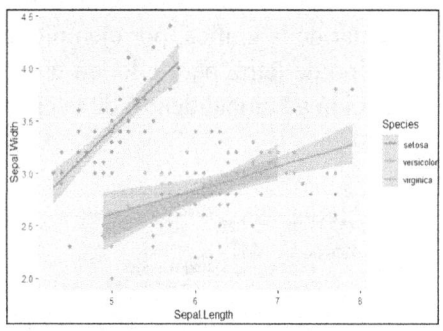

GRÁFICOS PERSONALIZADOS

Cuando se quiere hacer énfasis de algo en particular respecto a la gráfica, se recomienda utilizar la función *theme*. Importante: para conocer en detalle lo que esta función realiza, cuestionarle a R por medio de la sentencia: > *?theme*; en esta ayuda existe un sinnúmero de sentencias que permiten realizar cambios de manera fácil y directa sobre el gráfico. Por ejemplo, la leyenda del tipo de sexo se ubica en la parte inferior del gráfico y se realiza agregando una nueva capa: *theme* y la orden *legend.position*, a la cual se le asigna la ubicación del texto.

```
611  ## Gráficos personalizados
612  ### Se retoma el diagrama de curva de densidad
613  ## Represetación de una var cualitativa con una
614  ## cuantitativa por medio de la curva de desidad
615
616  ggplot(data = complet_reg_titanic,
617        mapping = aes(x = Age,
618                     color = Sex)) +
619    geom_density() +
620    theme(legend.position = "bottom")
```

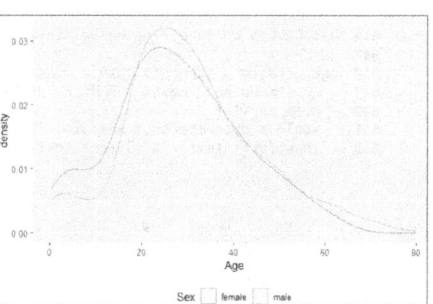

Ahora, si se desea modificar todo el texto de la gráfica, se hace uso de la orden *text*, la cual utiliza las órdenes: *element_text*, *element._line*, *element_rect* y *element_blank*. En la ayuda se define cada una de estas órdenes. Para el ejemplo, se utilizará *element_text*.

```
624  ggplot(data = complet_reg_titanic,
625        mapping = aes(x = Age,
626                     color = Sex)) +
627    geom_density() +
628    theme(text = element_text(family = "serif",
629                              face = "bold"))
```

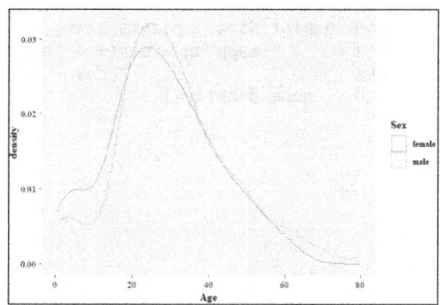

Ahora, si se desea solamente cambiar las características del título o algo en particular de la gráfica, por ejemplo, el título en negrilla y cambiarle a todo el texto el tipo de letra, para ello, en una nueva capa se utiliza la orden *plot.title*, como función adicional dentro de la capa del tema.

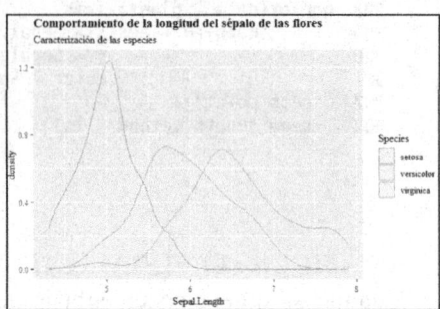

```
633  ### Gráfico cambiando solamente las características al título
634  ### y el tipo del textoS
635
636  ggplot(data = planta_iris,
637         mapping = aes(x = Sepal.Length,
638                      color = Species)) +
639  geom_density() +
640  labs(title = "Comportamiento de la longitud del sépalo de las flores",
641       subtitle = "Caracterización de las especies") +
642  theme(text = element_text(family = "serif"),
643        plot.title = element_text(face = "bold"))
```

Para obtener más información sobre los tipos de letras, ir a la orden *vignette("ggplot2-speces")* y en el sitio web: http://www.cookbook-r.com/Graphs/Fonts/, donde enseñan los diferentes tipos de leyendas que R puede utilizar para los gráficos.

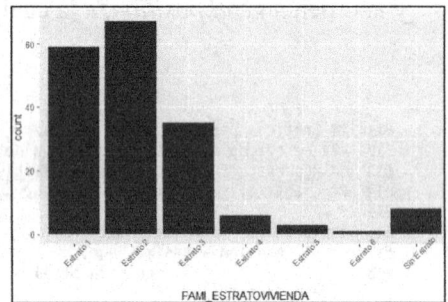

```
646  ### Cambio en la dirección del texto de la variable
647
648  ggplot(data = Saber_11_2019_2_muestra_complete,
649         mapping = aes(x = FAMI_ESTRATOVIVIENDA)) +
650  geom_bar() +
651  scale_x_discrete(na.translate = FALSE) +
652  theme(axis.text.x = element_text(angle = 45))
```

Ahora, se realiza un gráfico en donde se cambie la dirección del texto en el eje de las X. Para ello, se requiere adicionar una nueva capa con la orden *theme* y en ella la función *axis.text.x*:

Ahora se mostrará una secuencia de gráficos:

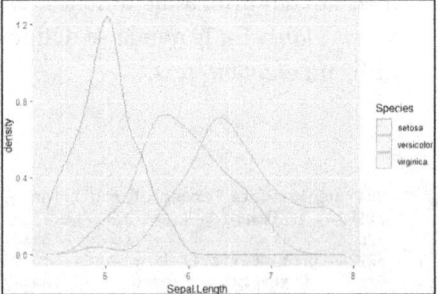

```
656  ggplot(data = planta_iris,
657         mapping = aes(x = Sepal.Length,
658                      color = Species)) +
659  geom_density()
```

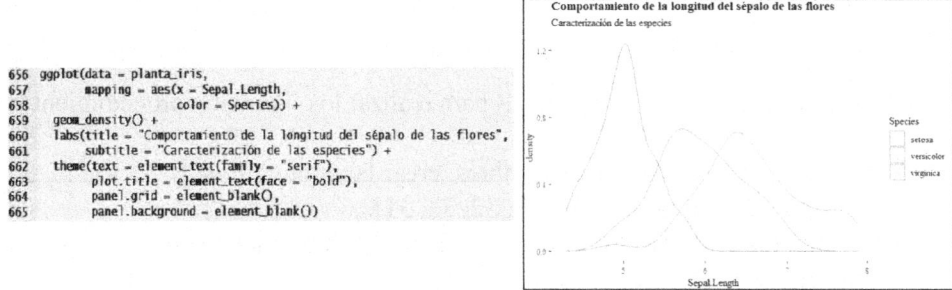

```
656  ggplot(data = planta_iris,
657        mapping = aes(x = Sepal.Length,
658              color = Species)) +
659  geom_density() +
660  labs(title = "Comportamiento de la longitud del sépalo de las flores",
661        subtitle = "Caracterización de las especies") +
662  theme(text = element_text(family = "serif"),
663        plot.title = element_text(face = "bold"),
664        panel.grid = element_blank(),
665        panel.background = element_blank())
```

Adicionalmente, existe una serie de ayudas complementarias en la web que permitirá profundizar en el uso de una diversidad de gráficos de acuerdo con el interés del investigador. Es así como, en el motor de búsqueda, se escribe: R-GRAPH-GALLERY y se ubica en una ventana en la cual se encuentra toda una galería de gráficos que podrán ser utilizados indiferentemente. Para ello, solamente basta con dar un clic sobre el tipo de gráfico de interés y se despliega una nueva ventana que muestra las diferentes clases de gráficos que se pueden tener y, finalmente, al ubicarse sobre uno de estos gráficos, se mostrará el código fuente que se debe utilizar con los datos que se estén trabajando para realizar el respectivo gráfico (Holtz, 2023).

Figura 4.9. Visualización de gráficos en The R Graph Gallery

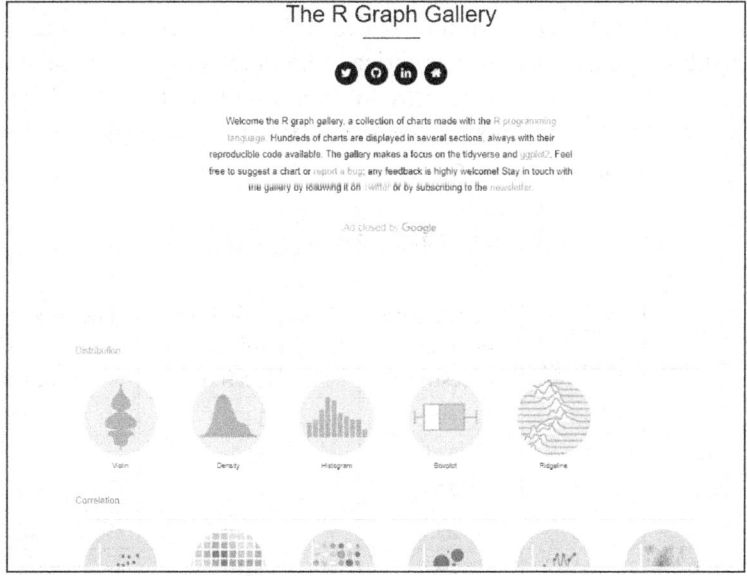

Otra ayuda con que se cuenta es el libro *R for Data Science* (ver referencias), el cual contiene todo un compendio sobre el análisis de datos, incluyendo procedimientos de visualización y otros temas de estadística.

Ejercicios

4.1. Utilice la consola del programa R para realizar los siguientes procedimientos:

a) Para la edad de un grupo de hombres, crear la variable EdadH = {45, 40, 35, 38, 34, 40, 36, 40, 35, 32, 30, 31, 32, 33, 31].
b) Calcular los descriptivos: la suma, la media, el valor máximo, el tercer cuartil, la media recortada y el rango intercuartil.
c) Para la edad de un grupo de mujeres, EdadM = {55, 44, 48, 54, 52, 50, 50, 56, 52, 50, 49, 48, 51, 53, 54} y EdadH, crear una base de datos llamada EDADGENERO.
d) Realizar los gráficos de histograma y de dispersión para las variables EdadH y EdadM y realizar el análisis respectivo.
e) De acuerdo con la información del ejercicio 3.1, copiar la base en un archivo de Excel e importarlo al programa R; luego realice un análisis de relación de variables de forma grupal e identifique el comportamiento y relación de las variables temperatura, velocidad del viento, porcentaje de humedad y precipitación involucradas en el ejercicio.
f) Para el mismo ejercicio del numeral e), realizar los gráficos de histogramas, diagrama de caja y bigotes y diagrama de puntos e indique la relevancia de cada uno de los gráficos con su correspondiente análisis.

4.2. Una empresa del sector automotriz desea llevar a cabo una reingeniería en sus dos plantas ubicadas en Latinoamérica. Para tal efecto, le solicita al departamento de control de calidad que registre los tiempos (en minutos) en los procesos más relevantes en la fabricación de sus carros y realice el análisis respectivo. A continuación, se enuncia la información correspondiente:

PLANTA A

No.	Tiempo de secado	Tiempo de pintado	Tiempo de enchape y accesorios	Tiempo de instalación del sistema eléctrico	Tiempo de instalación del sistema mecánico
1	290	55	190	113	370
2	260	50	211	119	410
3	280	51	205	115	400
4	295	53	225	117	405
5	260	65	227	120	400
6	260	70	190	129	401
7	290	73	180	125	410

No.	Tiempo de secado	Tiempo de pintado	Tiempo de enchape y accesorios	Tiempo de instalación del sistema eléctrico	Tiempo de instalación del sistema mecánico
8	298	61	210	120	407
9	290	56	22	120	430
10	281	66	210	117	400
11	278	73	240	100	390
12	290	58	210	108	380
13	290	66	205	118	410
14	299	55	208	125	420
15	300	61	190	126	410
16	300	58	190	130	390
17	296	62	285	100	375
18	298	64	177	110	290
19	299	68	179	123	402
20	289	65	185	116	405
21	299	69	180	113	410
22	299	59	183	114	410
23	301	66	189	115	400
24	292	56	200	110	390
25	295	53	200	120	400

PLANTA B

No.	Tiempo de secado	Tiempo de pintado	Tiempo de enchape y accesorios	Tiempo de instalación del sistema eléctrico	Tiempo de instalación del sistema mecánico
1	300	60	200	120	400
2	257	55	221	123	420
3	280	56	210	125	445
4	295	58	240	129	430
5	275	70	233	130	422
6	285	75	200	135	421
7	320	78	180	135	430
8	310	66	245	133	440
9	290	61	220	130	470
10	281	66	230	120	460
11	275	78	240	110	400
12	288		235	129	390

No.	Tiempo de secado	Tiempo de pintado	Tiempo de enchape y accesorios	Tiempo de instalación del sistema eléctrico	Tiempo de instalación del sistema mecánico
13	289	75	220	135	428
14	310	60	210	140	460
15	322	66		142	430
16	300	63	200	149	410
17	296	67	190	130	408
18	298	69	185	158	418
19	299	73	188	130	422
20	310	75	195	123	425
21	306	74	196	120	430
22	299	64	193	121	440
23	301	89	199	122	420
24	307	61	210	134	410
25	325	55	300	135	600

a) Utilizando el programa de Rstudio, realizar el estudio estadístico descriptivo que brinde la información necesaria para el departamento de calidad. Realizar el análisis de la empresa en general y por planta.

b) ¿Existe alguna relación entre los procesos de fabricación?

c) ¿Cuál planta presenta mejores tiempos en los procesos?

d) Realizar diagramas de caja y bigotes e identifique el comportamiento de los datos para cada planta y entre los procesos de la planta.

e) Identificar los registros que se consideran *outlayers*.

Capítulo 5

Estimación

Cuando se desea identificar o inferir el comportamiento de la población y se desconocen las características de la totalidad de sus elementos, se acude a la selección de una muestra representativa y a través de la estadística inferencial se infiere el comportamiento de los parámetros de la población.

En este capítulo, se hace énfasis en la estadística inferencial y en particular en los diferentes métodos existentes para realizar la inferencia de los parámetros, bien sea por estimación puntual o por intervalo, y si lo que se busca es rechazar o confirmar el comportamiento del parámetro de la población partiendo de un supuesto de un parámetro; esto es lo que se conoce como prueba de hipótesis, que será tratado en el próximo capítulo (Walpole *et al.*, 2012).

GENERALIDADES

En las investigaciones donde se requiere predecir o justificar comportamientos y tendencias de una población es necesario acudir a seleccionar un subconjunto de la población, de tal manera que sea representativo y se puedan realizar los estudios estadísticos respectivos. En otras palabras, cuando se desea estimar el valor de un parámetro desconocido de una población partiendo de un conjunto de datos de una muestra, es lo que se conoce como estimación (Walpole *et al.*, 2012).

Por ejemplo, un agrónomo está interesado en cualificar un campo determinado para conocer si cumple con los estándares de calidad propicios para el cultivo de una especie de grano de café. Para tal efecto, decide parcelar el área y seleccionar pequeños segmentos de tierra y analizar su composición y características, de esta manera puede concluir qué tipo de café sería el más propicio cultivar en esta tierra.

Esquemáticamente se representa como aparece en la figura 5.1. a continuación.

Figura 5.1. Datos de la muestra extraídos de la población

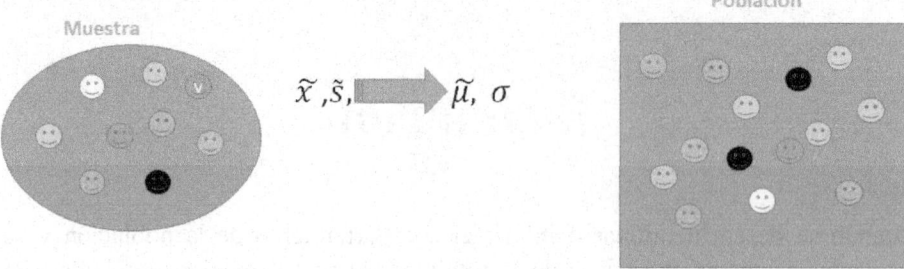

Es importante hacer énfasis en la forma adecuada en que se debe seleccionar la muestra; el método de selección debe ser el idóneo y lo suficientemente representativo para que la inferencia a los parámetros de la población sea lo más cercano posible a la realidad.

5.1 Formas de hacer inferencia acerca de los parámetros de una población

Existen dos métodos para realizar la inferencia:
1. Por medio de la estimación del valor de un parámetro desconocido.
2. Por medio de la toma de decisión acerca de un valor hipotético del parámetro.

Ejemplo 5.1

1. Estimación puntual y por intervalo
   Se puede estimar el valor μ de la edad de una población determinada. Por ejemplo, se está interesado en conocer si el promedio de edad de los estudiantes que ingresan a la universidad está en los 19 años o si se encuentra en el rango de los 17 a los 20 años.

2. Prueba de hipótesis
   Se puede afirmar: si la μ es igual, excede o es menor que un valor específico. Por ejemplo, bajo el supuesto de que el Ministerio de Educación afirma que la edad promedio de los estudiantes para ingresar a la universidad excede los 20 años contra la de un centro de educación, el cual afirma que la edad promedio es menor o igual a los 20 años.

5.2 Métodos para la inferencia sobre los parámetros de una población

1. **Inferencia puntual:** cuando se desea inferir el parámetro de una población $(\hat{\theta})$ por medio de un valor estadístico puntual tomado de una muestra. (Puede ser una regla o una fórmula).

2. **Inferencia por intervalo:** cuando se desea inferir el parámetro de una población $(\hat{\theta})$ por medio de dos valores estadísticos puntuales calculados de una muestra. (Es una regla que se expresa como una fórmula). Estos valores conforman un intervalo que incluye el parámetro (Mendenhall & Sincich, 2002).

5.3 Propiedades de los estimadores puntuales[1]

Partiendo de la afirmación: un estimador puntual se obtiene de los datos de una muestra, por ende, todo estimador posee una distribución de muestreo que describe por completo sus propiedades: la media y la desviación estándar de la distribución de muestreo.

Recordando la definición del teorema del límite central[2], en donde la distribución de muestreo de la media de la muestra:

- Se encuentra distribuida de forma aproximadamente normal: si el tamaño de la muestra es grande ($n \geq 30$), posee media $= \mu$ (media poblacional).
- Posee un error estándar $= \sigma/\sqrt{n}$

A continuación, se definen las propiedades de los estimadores puntuales (Wackerly *et al.*, 2010a):

1. La distribución de muestreo de un estimador debe estar centrada en el parámetro que se desea estimar:

$$E\,(\hat{\theta}) = \theta$$

Es decir, *la media de la distribución de muestreo de un estimador es igual al parámetro estimado, en otras palabras, se afirma que el estimador está insesgado.*

---

[1] Para una mayor conceptualización teórica, referirse al libro de George C. Canavos: *Probabilidad y estadística. Aplicaciones y métodos*, capítulo 9.

[2] Teorema del límite central: ver el Apéndice A.

Figura 5.2. Representación gráfica del estimador insesgado cuya media poblacional μ_A es igual al parámetro θ

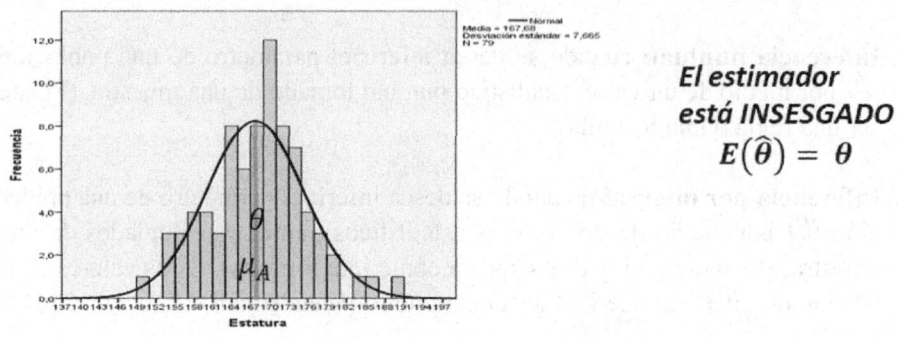

El estimador
está INSESGADO
$$E(\widehat{\theta}) = \theta$$

2. De lo contrario: $E(\widehat{\theta}) \neq \theta$

Se afirma que la media de la distribución de muestreo de un estimador es diferente al parámetro. Es decir, que el sesgo de un estimador es igual a la diferencia entre la media de la distribución de la muestra y el valor verdadero del parámetro.

Figura 5.3. Representación gráfica del estimador con sesgo cuya media poblacional μ_A es diferente al parámetro θ

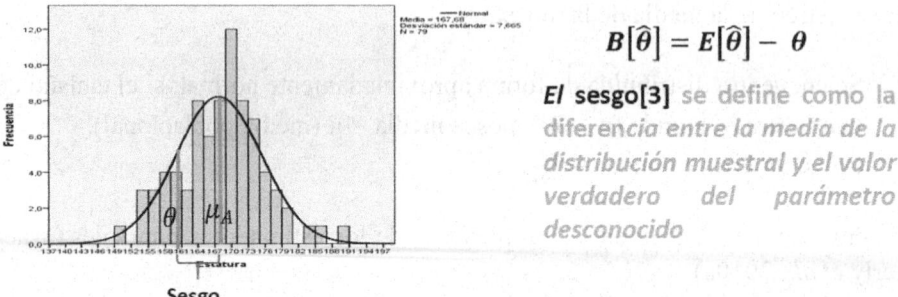

$$B[\widehat{\theta}] = E[\widehat{\theta}] - \theta$$

El sesgo[3] se define como la diferencia entre la media de la distribución muestral y el valor verdadero del parámetro desconocido

Sesgo

Un estimador se define como ***INSESGADO*** cuando el valor promedio de las estimaciones obtenidas para todas las muestras posibles es igual al verdadero parámetro poblacional. Es decir:

$$B[\widehat{\theta}] = 0$$

3. Consistencia: cuando el error cuadrado medio es igual a la suma de la varianza del estimador y el cuadrado del sesgo del estimador:

$$ECM[\widehat{\theta}] = VAR[\widehat{\theta}] + B^2[\widehat{\theta}]$$

También se define el error cuadrado medio como la media o valor esperado de la diferencia del cuadrado del estimador y el parámetro:

$$ECM[\hat{\theta}] = E\left[(\hat{\theta} - \theta)^2\right]$$

Si el estimador es *insesgado*, entonces su varianza es igual a su error cuadrado medio.

4. Varianza mínima

Se busca que la distribución de muestreo de un estimador tenga varianza mínima. Es decir, que la dispersión de la distribución de muestreo fuese lo más pequeña posible, de tal manera que las estimaciones se aproximen a θ.

Figura 5.4. Representación gráfica del estimador insesgado $f(A)$ con la varianza más pequeña y es el MVUE

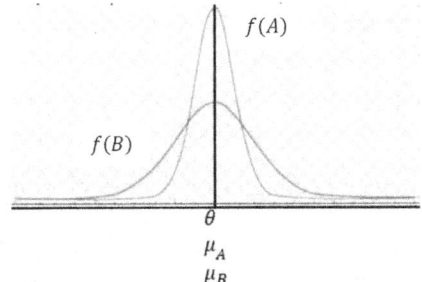

El estimador insesgado que tiene la varianza pequeña de todos los estimadores insesgados se llama Estimador insesgado con varianza mínima (**MVUE**- *mínimum variance umbiased estimator*)

Ejemplo 5.2

Sea y_1, y_2, ..., y_n una muestra aleatoria de n observaciones de una distribución normal con media μ y varianza σ^2. Demuestre que la varianza de la muestra s^2 es un estimador insesgado de la varianza de la población σ^2, si la población muestreada tiene una distribución normal (Mendenhall & Sincich, 2002).

De acuerdo con el teorema de la distribución de muestreo ji cuadrado se sabe que, al muestrear una distribución normal: si una muestra aleatoria de n observaciones y_1, y_2, ..., y_n, se selecciona de una distribución normal con media μ y varianza σ^2, la distribución de muestreo de

$$\chi^2 = \frac{(n-1)s^2}{\sigma^2}$$

X^2: es una variable aleatoria ji cuadrada con $v = (n - 1)$ grados de libertad.

Reordenándola:

$$\frac{(n-1)s^2}{\sigma^2} = \chi^2$$

$$s^2 = \frac{\sigma^2}{(n-1)}\chi^2$$

Hallando el valor esperado: $E(s^2) = E\left[\frac{\sigma^2}{(n-1)}\chi^2\right]$

Por definición se sabe que $E(kx) = kE(x)$:

$$E(s^2) = \frac{\sigma^2}{(n-1)}E[\chi^2]$$

Se sabe que $E(x^2) = v$; además, $v = n - 1$, luego:

$$E(s^2) = \frac{\sigma^2}{(n-1)}v = \frac{\sigma^2}{(n-1)}(n-1)$$

Simplificando, se tiene: $E(s^2) = \sigma^2$

En consecuencia, por el teorema anterior se llega a la conclusión de que s^2 es un estimador insesgado de σ^2.

5.4 Obtención de estimadores puntuales

Existen diferentes métodos para la obtención de estimadores puntuales de parámetros de población. Entre ellos se destaca el método de momentos y el de máxima verosimilitud.

5.4.1 Métodos de momentos

Con el uso de la estadística descriptiva se trabaja con una muestra con el propósito de estimar los parámetros de la población. Es el caso del uso de la media de la muestra $\bar{y}$ para estimar la media de la población μ.

Se tiene conocimiento que $E(Y) = \mu$: es el primer momento alrededor del origen o primer momento de la población.
El primer momento de la muestra es:

$$\bar{y} = \frac{\sum_{i=1}^{n}y_i}{n}$$

En general, el cálculo de:

k-ésimo momento de población: $E(y^k)$

Si se reemplaza $k = 1$, daría el momento de la población: $E(y) = \mu$

Y el cálculo de:
k-ésimo momento de la muestra: $m^k = \frac{\sum_{i=1}^{n} y_i^k}{n}$

Si se reemplaza $k = 1$, daría el momento de la muestra: $m = \bar{y}$

5.5 Estimadores de intervalo

El estimador de intervalo se define como una regla que afirma cómo utilizar los datos de una muestra para calcular dos números que definen un intervalo en donde estará incluido el parámetro estimado.

• Este intervalo será hallado con un alto grado de confianza y se llamará **intervalo de confianza**.
• La probabilidad antes de muestreo de que contenga el parámetro estimado se define como el **coeficiente de confianza**.

Ejemplo 5.3
Si se tiene:

Coeficiente de confianza	Intervalo de confianza
0,90	90 %
0,95	95 %
0,99	99 %

Para determinar *el intervalo de confianza* para un *parámetro θ*, se requiere una *estadística de pivote* en donde sea función de los valores de la muestra y del parámetro *θ*.

Debido a que muchas estadísticas tienen una distribución aproximadamente normal[3] y gracias al teorema del límite central[4], se puede construir el intervalo de confianza para los valores esperados.

---

[3] Distribuciones con tamaños de muestras mayores o iguales a 30 elementos.
[4] La definición del teorema del límite central se encuentra en el Apéndice A.

Para la construcción del intervalo se utiliza la variable aleatoria normal estándar z como estadística de pivote (Mendenhall & Sincich, 2002):

$$z = \frac{\hat{\theta} - \theta}{\sigma_{\hat{\theta}}}$$

Se requiere una expresión de probabilidad para la estadística de pivote; para tal efecto, se localizan los valores de $z_{\alpha/2}$ y $z_{-\alpha/2}$ que ubican una probabilidad de $\alpha/2$ en cada cola de la distribución de z (figura 5.5), así:

$$P(z > z_{\alpha/2}) = \alpha/2$$

Luego: $P(-z_{\alpha/2} \leq z \leq z_{\alpha/2}) = 1 - \alpha$

Figura 5.5. Ubicación de $z_{\alpha/2}$ y $z_{-\alpha/2}$ para un α determinado

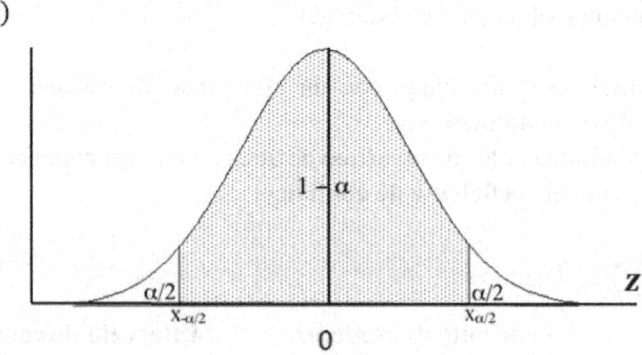

El paso siguiente consiste en reemplazar el valor de z en la expresión de probabilidad y al realizar operaciones algebraicas se tiene:

$$P\left(-z_{\alpha/2} \leq z \leq z_{\alpha/2}\right) = P\left(-z_{\alpha/2} \leq \frac{\hat{\theta} - \theta}{\sigma_{\hat{\theta}}} \leq z_{\alpha/2}\right)$$

$$= P\left(-z_{\alpha/2}\sigma_{\hat{\theta}} \leq \hat{\theta} - \theta \leq z_{\alpha/2}\sigma_{\hat{\theta}}\right)$$

$$= P\left(-\hat{\theta} - z_{\alpha/2}\sigma_{\hat{\theta}} \leq -\theta \leq -\hat{\theta} + z_{\alpha/2}\sigma_{\hat{\theta}}\right)$$

Cambia el sentido de la desigualdad al multiplicar por (-1) y ordenando queda:

$$= P\left(\hat{\theta} - z_{\alpha/2}\sigma_{\hat{\theta}} \leq \theta \leq \hat{\theta} + z_{\alpha/2}\sigma_{\hat{\theta}}\right) = 1 - \alpha$$

De donde se obtienen los límites de confianza:

$$LCI = \hat{\theta} - z_{\alpha/2}\sigma_{\hat{\theta}} \qquad\qquad LCS = \hat{\theta} + z_{\alpha/2}\sigma_{\hat{\theta}}$$

Límite de confianza inferior $\qquad\qquad$ Límite de confianza superior

De aquí se deduce que la probabilidad de que el intervalo conformado por el **LCS** y **LCI** incluirá a θ es igual a $1 - \alpha$.

Teorema

Si $\hat{\theta}$ tiene una distribución normal (para muestras grandes), con $E(\hat{\theta}) = \theta$ y con error estándar $\sigma_{\hat{\theta}}$, entonces un intervalo de confianza de $(1 - \alpha)100\ \%$ para θ es:

$$\hat{\theta} - z_{\alpha/2}\sigma_{\hat{\theta}} \quad a \quad \hat{\theta} + z_{\alpha/2}\sigma_{\hat{\theta}}$$

5.5.1 Cálculo de un intervalo de confianza del 95 % para μ, cuando el tamaño de la muestra es pequeño

Primer paso. Se tiene una muestra aleatoria pequeña de n observaciones ($n <$ *30),* con media $\bar{y}$ y desviación estándar $\sqrt{s^2}$, de una distribución normal con media μ y varianza σ^2.

Estadística de pivote para μ: *t:Student*

$t = \dfrac{z}{\sqrt{\chi^2/v}}$, en donde t y X^2 son variables aleatorias independientes.

X^2 se basa en v grados de libertad.

Como $\bar{y}$ tiene una distribución normal: $\quad z = \dfrac{\bar{y}-\mu}{\sigma/\sqrt{n}}$

Adicionalmente, se sabe que $\chi^2 = \dfrac{(n-1)s^2}{\sigma^2}$

Es la variable aleatoria *ji* cuadrada con $v = (n-1)$ grados de libertad.

Supuestos. Como $\bar{y}$ y s^2 son independientes cuando se basan en ***una muestra aleatoria seleccionada de una población con distribución normal,*** luego también lo son z y X^2.

Reemplazando

$$t = \frac{z}{\sqrt{\chi^2/v}} = \frac{\frac{\bar{y}-\mu}{\sigma/\sqrt{n}}}{\sqrt{\frac{(n-1)s^2}{\sigma^2}/(n-1)}} = \frac{\bar{y}-\mu}{s/\sqrt{n}}$$

Luego $t = f(\mu, \bar{y}, s^2)$

Segundo paso. Para el cálculo del intervalo de confianza para μ se debe conformar una expresión de probabilidad que involucre a la estadística del pivote t.

- Se seleccionan dos valores de t: $t_{\alpha/2}$ y $t_{-\alpha/2}$, correspondientes a las probabilidades de $\alpha/2$ en las colas superior e inferior de la distribución t. Luego:

$$P\left(-t_{\alpha/2} \leq t \leq t_{\alpha/2}\right) = 1 - \alpha$$

Figura 5.6. Ubicación de los valores de t: $t_{\alpha/2}$ y $t_{-\alpha/2}$, correspondientes a las probabilidades de $\alpha/2$ en las colas superior e inferior de la distribución t

$$P\left(-t_{\alpha/2} \leq t \leq t_{\alpha/2}\right) = 1 - \alpha$$

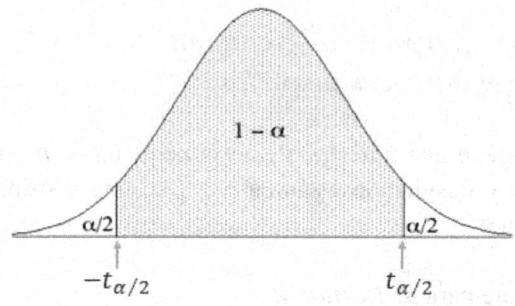

Al sustituir la expresión para **t** se tiene:

$$P\left(-t_{\alpha/2} \leq t \leq t_{\alpha/2}\right) = P\left(-t_{\alpha/2} \leq \frac{\bar{y} - \mu}{s/\sqrt{n}} \leq t_{\alpha/2}\right) = 1 - \alpha$$

Multiplicando la expresión por $s/\sqrt{n}$:

$$P\left(-t_{\alpha/2}\left(\frac{s}{\sqrt{n}}\right) \leq \bar{y} - \mu \leq t_{\alpha/2}\left(\frac{s}{\sqrt{n}}\right)\right) = 1 - \alpha$$

Se despeja el parámetro μ

$$P\left(-\bar{y}-t_{\alpha/2}\left(\frac{s}{\sqrt{n}}\right) \leq -\mu \leq -\bar{y} + t_{\alpha/2}\left(\frac{s}{\sqrt{n}}\right)\right) = 1 - \alpha$$

Multiplicando la desigualdad por (-1):

$$P\left(-\bar{y}-t_{\alpha/2}\left(\frac{s}{\sqrt{n}}\right) \leq -\mu \leq -\bar{y} + t_{\alpha/2}\left(\frac{s}{\sqrt{n}}\right)\right) = 1 - \alpha$$

$$P\left(\bar{y}-t_{\alpha/2}\left(\frac{s}{\sqrt{n}}\right) \leq \mu \leq \bar{y} + t_{\alpha/2}\left(\frac{s}{\sqrt{n}}\right)\right) = 1 - \alpha$$

Luego el intervalo de confianza de $(1 - \alpha)100\%$ para μ cuando n es pequeño es:

$$\bar{y} - t_{\alpha/2}\left(\frac{s}{\sqrt{n}}\right) \quad \text{y} \quad \bar{y} + t_{\alpha/2}\left(\frac{s}{\sqrt{n}}\right)$$

Resumiendo. Se aplica el método de intervalo de confianza para el cálculo de:

$$\mu, \mu_1 - \mu_2, \; p, p_1 - p_2$$

y de

$$\sigma^2, \; {\sigma_1}^2/{\sigma_2}^2$$

Esquemáticamente, se puede interpretar como se muestra en la siguiente figura.

Figura 5.7. Ubicación

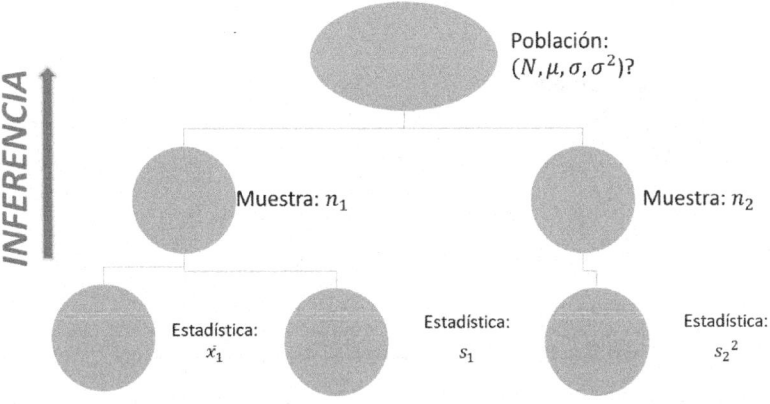

Ejemplo 5.4

Las empresas químicas colombianas deben controlar tanto las emisiones de tóxicos como sus vertimientos para evitar la contaminación de los ríos principales y sus afluentes, de esta manera se evitan las catástrofes de toxicidad o la muerte de los peces. Para este control, se mide la longitud de los peces adultos. Se realizó un seguimiento en un afluente contaminado del río Magdalena y se determinó si la longitud en los peces adultos de determinada especie (bagre) es menor que la longitud media de los adultos de la especie bagre normal de un río sin contaminación; este es un indicio de contaminación química en las aguas del río. En consecuencia, a un grupo de biólogos expertos se les encomendó realizar el estudio y hallar la media de longitud de los peces, para lo que seleccionaron una muestra de 23 peces recién nacidos de bagre que estaban expuestos a 20 microgramos de cloro por litro de agua contaminada; los criaron con esa concentración y estimaron su longitud media. Después de 10 semanas, midieron la longitud de los peces (en unidades de centímetros), en donde se encontraron las siguientes estadísticas:

26	32	29	28	32	30	28	28	35	28	27	32
31	26	34	36	30	29	30	28	28	33	30	

$$\bar{y} = 30 \qquad s = 2,75$$

Establezca un intervalo de confianza de 95 % para la verdadera longitud del bagre criados en agua contaminada con cloro.

Supuesto. Las longitudes de los peces bagres guardan una distribución aproximadamente normal. Como es una muestra pequeña ($n < 30$), se utiliza la distribución de muestreo de la estadística **t**. La prueba es $P(t \geq t_{\alpha}) = \alpha$, luego:

Figura 5.8. Área seleccionada

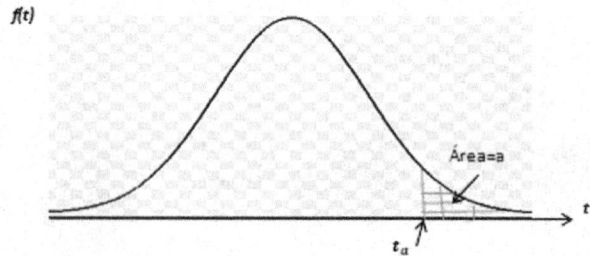

Uso de la tabla. Ejemplo: supóngase que una estadística t se basa en $v = 6$ grados de libertad (gl) y se requiere determinar el valor de $t\alpha$ que ubica la probabilidad $\alpha = ,025$ en la cola superior de la distribución t.

$$\text{El valor en la tabla es } t_{,025} = 2,447$$

Volviendo al ejercicio: $n = 23 \qquad v = (n-1) = 22$ gl

IC del 95% = $(1 - \alpha)100\%$ para la longitud media μ del bagre
$\alpha = 0,5$; en la tabla: $t_{\alpha/2} = t_{0,25} = 2,074$.

Luego el IC es:

$$\bar{y} \pm t_{0,25} \left(\frac{s}{\sqrt{n}}\right) = 30 \pm 2,074 \left(\frac{2,75}{\sqrt{23}}\right) = 30 \pm 2,074(0,573)$$
$$30 \pm 1,185 \text{ luego el intervalo es } (28,81 \quad 31,19)$$

Interpretación. Se tiene el 95 % de confianza en que el intervalo entre 28,81 y 31,19 centímetros contiene a la longitud media verdadera de μ, de bagre criados en aguas contaminadas con cloro.

Solución aplicando R. Lo primero que se realiza es el cargue de la base; se ha importado de un archivo en formato Excel (como ejemplo), también se había podido transcribir como un vector.

```
1   # Cálculo del intervalo de confianza para la media de una población
2
3   # 1. Se carga la base
4   library(readxl)
5   EJEMPLO_CAP_5 <- read_excel("C:/2_INGWICAVA/SEMINARIO ESTADÍSTICA INVESTIGACIÓN/:
6   View(EJEMPLO_CAP_5)   # Visualizar la base
```

Paso seguido, se realizan las estadísticas respectivas; en el resumen estadístico se evidencia que el valor promedio de la medida de los peces es de 30 cm y el número de grados de libertad es 22. Como el intervalo de confianza es del 95 %, su nivel de confianza es 0.95 y de aquí se deduce que el alfa medios es 0.025, como se evidencia en el siguiente *script*.

```
> # 2.  Realizar los cálculos
> peces <- EJEMPLO_CAP_5
> names(peces)
[1] "Longitud"
> summary(peces$Longitud)
   Min. 1st Qu.  Median    Mean 3rd Qu.    Max.
     26      28      30      30      32      36
> n <- 23        # Cantidad de datos
> gl <- n-1      # Grados de libertad
> nivel_confianza <- 0.95
> alpha_med <- (1-nivel_confianza)/2
> alpha_med
[1] 0.025
> media <- mean(peces$Longitud)
> media
[1] 30
> desv_est <- sd(peces$Longitud)
> desv_est
[1] 2.746899
```

Finalmente, se realiza el cálculo del valor de la distribución *t student* para el $\propto/2$, el cual da un valor negativo de -2.0738, que corresponde al valor negativo de la distribución, y por ser simétrica respecto al origen se puede tomar el valor de la cola del lado derecho, tomándose como valor positivo. El paso siguiente es el cálculo del error estándar, cuyo valor es de 0.57, seguido del margen de error, que es igual a 1.18. Con esta información se calculan los límites del intervalo, el cual es: (28,81 31,19). A continuación, se presenta el *script* con las sentencias respectivas.

```
> # Cálculo de t(alpha/2)
> t_alp_med <- qt(.025, 22)
> t_alp_med
[1] -2.073873
> t_alp_med <- 2.07      # Se le cambia el signo
> # Cálculo del error estandar
> err_stand <- desv_est / sqrt(n)
> err_stand
[1] 0.5727681
> margen_error <- t_alp_med * err_stand
> margen_error
[1] 1.18563
> # Cáculo de los límites del intervalo
> lim_inf <- media - margen_error
> lim_sup <- media + margen_error
> lim_inf
[1] 28.81437
> lim_sup
[1] 31.18563
```

5.6 Estimación de la media de una población

Cuando el tamaño de la muestra es grande, es decir, cuando se considera mayor que 30, $\tilde{y}$ se considera aproximadamente normal y se puede aplicar el siguiente cálculo de intervalo de confianza.

5.6.1 Intervalo de confianza de muestra grande de (1 - ∝)100% para la media de la población, μ

$$\bar{y} \pm z_{\alpha/2}\sigma_{\bar{y}} = \bar{y} \pm z_{\alpha/2}\left(\frac{\sigma}{\sqrt{n}}\right) \approx \bar{y} \pm z_{\alpha/2}\left(\frac{s}{\sqrt{n}}\right)$$

En donde $z_{\alpha/2}$ es el valor de z que ubica un área de $\alpha/2$ a su derecha, σ es la desviación estándar de la población, n es el tamaño de la muestra e $\bar{y}$ es la media de la muestra.

Consideraciones. Cuando se desconoce el valor de σ, se puede reemplazar por s. Esto se puede hacer siempre que n >> 30.

Supuestos. Ninguno, debido a que el teorema del límite central garantiza que $\bar{y}$ es aproximadamente normal, sin importar la distribución de la población.

Ejemplo 5.5
Supongamos que una empresa que fabrica elementos de cómputo, entre ellos el disco de memoria o USB, desea evaluar la eficiencia en el uso de estos elementos,

en donde le interesa el tiempo medio (horas) entre fallas de la unidad de disco. La empresa desea estimar este valor. Para tal efecto, realizó un seguimiento del tiempo de uso en prueba de 50 de estos discos y registró el tiempo de las fallas, con los siguientes resultados:

$$\bar{y} = 2.100 \; horas \qquad s = 230 \; horas$$

Estimar el verdadero tiempo medio entre fallas de la unidad de disco, con un intervalo de confianza de 90 %.

Solución:
Con un coeficiente de confianza de $1 - \alpha = ,90$, se tiene $\alpha = ,10$, luego $\alpha/2 = 0,05$. El intervalo de confianza de 90% para μ:

$$\bar{y} \pm z_{\alpha/2} \left(\frac{\sigma}{\sqrt{n}}\right) = \bar{y} \pm z_{0,05} \left(\frac{\sigma}{\sqrt{n}}\right) \approx \bar{y} \pm z_{0,05} \left(\frac{s}{\sqrt{n}}\right)$$

$$\approx 2100 \pm z_{,05} \left(\frac{230}{\sqrt{50}}\right)$$

El valor de $z_{,05}$ corresponde a un área de la cola superior en la distribución z de 0,05 y es: $z_{,05} = 1,645$

$$\text{El intervalo deseado es: } 2.100 \pm 1,645 \left(\frac{230}{\sqrt{50}}\right)$$

$$= 2.100 \pm 53,50$$

Interpretación. El verdadero tiempo estimado entre fallas μ con un intervalo de confianza de 90 % está entre 2.046,5 y 2.153,5 horas.
En otras palabras, con un 90 % de confianza en que el intervalo (2.046,5 2.153,5) contiene a la media de tiempo de todas las unidades de disco μ.

Solución aplicando R:
Se definen las variables involucradas en el cálculo; como el nivel de confianza es del 0,9, entonces el $\alpha/2 = 0,05$:

```
> n <- 50             # Cantidad de datos
> nivel_confianza <- 0.90
> alpha_med <- (1-nivel_confianza)/2
> alpha_med
[1] 0.05
> media <- 2100
> desv_est <- 230
```

Luego, es necesario realizar los cálculos de $z_{\alpha/2}$ y del error estándar. Como el $z_{\alpha/2}$ nos dio negativo, simplemente le cambiamos de signo; debido al cálculo del extremo izquierdo de la cola de la distribución z, es simétrica respecto al origen con el extremo de la cola derecha. Con estos datos se calcula el error estándar y el margen de error, tal como se muestra en el siguiente *script*.

```
> # Cálculo de z(alpha/2)
> z_alp_med <- qnorm(.05,0,1)
> z_alp_med
[1] -1.644854
> z_alp_med <-  z_alp_med*-1    # Se le cambia el signo
> z_alp_med
[1] 1.644854
> # Cálculo del error estándar
> err_stand <- desv_est / sqrt(n)
> err_stand
[1] 32.52691
> margen_error <- z_alp_med * err_stand
> margen_error
[1] 53.50201
```

Finalmente; se realiza el cálculo de los límites inferior y superior con relación a la media y la diferencia con el margen de error.

```
> # Cáculo de los límites del intervalo
> lim_inf <- media - margen_error
> lim_sup <- media + margen_error
> lim_inf
[1] 2046.498
> lim_sup
[1] 2153.502
```

5.7 Estimación de la diferencia entre las medias de dos poblaciones: muestras independientes

Caso: $\mu_1 - \mu_2$

Condición: las muestras se obtienen de forma independiente.

Ejemplo:

- Se puede comparar el efecto de un medicamento de dos marcas diferentes.
- Se puede comparar el efecto de un medicamento y un placebo en una muestra determinada.
- El resultado de desempeño en una prueba en dos grupos de estudiantes, por ejemplo, de diferente o del mismo curso, pero de diferente sexo.
- El rendimiento de dos máquinas que se encuentran produciendo el mismo producto bajo las mismas características.

5.7.1 Intervalo de confianza de muestra grande de (1 - ∝)100% para ($\mu_1 - \mu_2$)

5.7.1.1 Muestras independientes

$$(\bar{y}_1 - \bar{y}_2) \pm t_{\alpha/2}\sigma_{(\bar{y}_1 - \bar{y}_2)} = (\bar{y}_1 - \bar{y}_2) \pm z_{\alpha/2}\sqrt{\frac{\sigma^2_1}{n_1} + \frac{\sigma^2_2}{n_2}}$$

$$= (\bar{y}_1 - \bar{y}_2) \pm z_{\alpha/2}\sqrt{\frac{s^2_1}{n_1} + \frac{s^2_2}{n_2}}$$

Nota. Se utilizan las varianzas de las muestras s^2_1 y s^2_2 como aproximaciones a los parámetros de las poblaciones.

Supuestos:
- Las dos muestras se escogen de manera independiente de las poblaciones objetivo.
- Los tamaños de las muestras n_1 y n_2 son lo bastantes grandes, >>30, como para aplicar el teorema del límite central.

Ejemplo 5.6
Con un intervalo de confianza del 95 % se desea conocer la diferencia entre los salarios de los profesionales de ingeniería industrial y los de administración en la ciudad de Bogotá. Para tal efecto, se cuenta con la siguiente información:
- Se seleccionó una muestra aleatoria de los salarios de 70 profesionales recién egresados de Ingeniería Industrial, con una media de $2.100.000 y una desviación estándar de $200.000.
- Se seleccionó otra muestra aleatoria de los salarios de 35 recién egresados de Administración, con una media de $1.700.000 y una desviación estándar de $100.000.

Notación:
μ_1: Media de la población de los salarios iniciales de todos los recién graduados de Ingeniería Industrial.
μ_2: Media de la población de los salarios iniciales de todos los recién graduados de Administración.
De la misma manera se define para las muestras, tanto para $\bar{y}$, s y n.

Tabla resumen del ejercicio	Ing. Industrial	Administración
Tamaño de la muestra	$n_1 = 70$	$n_2 = 35$
Media de la muestra	$\bar{y}_1 = 2.100.000$	$\bar{y}_2 = 1.700.000$
Desviación estándar de muestra	$s_1 = 200.000$	$s_2 = 100.000$

Solución:
Con un intervalo de confianza del 95 % para $\mu_1 - \mu_2$:

$$(\bar{y}_1 - \bar{y}_2) \pm z_{\alpha/2} \sqrt{\frac{s^2_1}{n_1} + \frac{s^2_2}{n_2}}$$

Partiendo del supuesto de que las distribuciones de muestreo de las muestras tienen una distribución normal y siendo >>30, se utiliza la distribución z.

De acuerdo con la tabla de la distribución normal con $z_{,025} = 1,96$.
Reemplazando:

$$(2'100,000 - 1'700,000) \pm 1,96 \sqrt{\frac{200,000^2}{70} + \frac{100,000^2}{35}}$$

Análisis:
Con un intervalo de confianza del 95 %, el salario de los profesionales recién egresados de Ingeniería Industrial se encuentra entre $392.618 y $457.382 es **mayor** que el salario de los profesionales recién egresados de Administración de Empresas.
Esta afirmación se debe al tener el 95 % de certeza, es decir, de 100 muestras, existen 95 con estos resultados.

Solución aplicando R:
Se definen las variables de entrada del problema, como los tamaños de las muestras, los promedios salariales y desviaciones estándar de los recién egresados de los dos programas, como se muestra en el siguiente *script*:

```
2  # Cálculo del intervalo de confianza para la diferencia de medias de una población
3
4  # Variables de entrada
5
6  n1 <- 70; n2 <- 35
7  med_1 <- 2100000; med_2 <- 1700000
8  s1 <- 200000; s2 <- 100000
9  varianz1 <- s1^2
0  varianz2 <- s2^2
```

```
> varianz1
[1] 4e+10
> varianz2
[1] 1e+10
> nivel_conf <- 0.95
> alpha_med <- (1-nivel_conf)/2
> alpha_med
[1] 0.025
```

Es necesario el cálculo de las varianzas que se encuentran dentro de la raíz cuadrada; luego, con el nivel de confianza de 0.95, se calcula el *alpha medio*.

Con esta informa-
ción, se calcula el
$Z_{\alpha/2}$, que cambián-
dolo de signo es
1.9599. Se realizan
unos cálculos como
se muestra en el si-
guiente *script*.

```
> # Cálculo de z(alpha/2)
> z_alp_med <- qnorm(.025,0,1)
> z_alp_med
[1] -1.959964
> z_alp_med <-  z_alp_med*-1    # Se le cambia el signo
> z_alp_med
[1] 1.959964
> # Cálculo de la raiz
> raiz_cuad <- sqrt((varianz1/n1)+(varianz2/n2))
> raiz_cuad
[1] 29277
> product  <- z_alp_med * raiz_cuad
> product
[1] 57381.87
> # Diferencia de los promedios
> dif_med <- med_1 - med_2
> dif_med
[1] 4e+05
```

Finalmente, se realiza el cálculo del intervalo con el límite inferior = 342.618 y el
límite superior = 457.382, como se muestra
a continuación:

```
> Lim_inf <- dif_med - product
> Lim_sup <- dif_med + product
> Lim_inf
[1] 342618.1
> Lim_sup
[1] 457381.9
```

5.7.1.1.1 Intervalo de confianza de muestra pequeñas de (1 - ∝)100% para ($\mu_1 - \mu_2$)

Muestras independientes y $\sigma^2_{\,1} = \sigma^2_{\,2}$

$$(\bar{y}_1 - \bar{y}_2) \pm t_{\alpha/2}\sqrt{s_p{}^2\left(\frac{1}{n_1}+\frac{1}{n_2}\right)}$$

Donde: $s_p{}^2 = \dfrac{|(n_1-1)s_1{}^2+(n_2-1)s_2{}^2}{n_1+n_2-2}$

- Es una estimación conjunta debido a que las varianzas de las poblaciones son iguales.
- El valor de $t_{\alpha/2}$ se basa en ($n_1 + n_2$ - 2) grados de libertad.

Supuestos:
- Las poblaciones de las cuales se extrajeron las muestras tienen distribuciones de frecuencia relativa aproximadamente normal.
- Las varianzas $\sigma_1{}^2$ y $\sigma_2{}^2$ son iguales.
- Las variables aleatorias se escogieron de forma independiente de las dos poblaciones.

Ejemplo 5.7
Debido a las catástrofes recientes de los derrumbes de edificios y puentes vehicu-
lares en Colombia, se le solicitó a una universidad experta en el tema realizar los
estudios respectivos sobre la calidad del concreto que se utiliza. Para tal efecto,
la universidad realizó en sus laboratorios las pruebas destructivas al concreto que
es utilizado en las construcciones y que es elaborado por dos empresas diferentes.
De la empresa A, seleccionó una muestra de 6 bloques de concreto y de la B,
seleccionó 4 bloques. A ambas se les realizaron las pruebas a la compresión y se
midió su resistencia a la fractura. Ver tabla:

Empresa A	psi	20.000	23.000	18.000	21.000	24.000	22.000
Empresa B	psi	19.000	17.500	18.000	17.000		

Con un intervalo de confianza del 95 %, defina la diferencia entre la resistencia a
la compresión media de los dos tipos de concretos. Interprete la diferencia.

Solución:
Se realiza el cálculo de la estadística descriptiva. Ver tabla:

Variable	Tamaño	Media	Varianza	Desv. estándar
Empresa A	6	21.333	4.666.667	2.160,2
Empresa B	4	17.875	729.167	853,9

Supuesto:
Como el tamaño de las dos muestras es pequeño, el procedimiento requiere que
se consideren que fueron seleccionadas de manera independiente y aleatoria y que
provienen de poblaciones con distribución normal y que poseen varianzas iguales.

$$(\bar{y}_1 - \bar{y}_2) \pm t_{\alpha/2} \sqrt{s_p^2 \left(\frac{1}{n_1} + \frac{1}{n_2}\right)}$$

$$= (21333 - 17875) + t_{,025} \sqrt{s_p^2 \left(\frac{1}{6} + \frac{1}{4}\right)}$$

De acuerdo con la tabla de distribución t, $t_{,025} = 2{,}306$ con base en $n_1 + n_2 - 2 = 6$
$+ 4 - 2 = 8$ grados de libertad.

La varianza conjunta:

$$s_p^2 = \frac{(n_1-1)s_1^2 + (n_2-1)s_2^2}{n_1+n_2-2} = \frac{5(4666667)+3(729167)}{8} = 3190104{,}5$$

Reemplazando:

$$(21333 - 17875) \pm 2{,}306\sqrt{3190104{,}5 \, (0{,}4166)}$$
$$= 3458 \pm 2658{,}406$$
$$(799{,}6 \quad 6116{,}4)$$

Interpretación:
Se tiene una certeza del 95% de que el intervalo (799,6   6.116,4) contiene la verdadera diferencia entre las resistencias medias a la compresión de los dos tipos de concreto.

Nota: si el intervalo contiene al cero, no se puede afirmar que exista una verdadera diferencia entre las medias de las dos poblaciones.

Solución aplicando R:
Para construir el intervalo de confianza para la diferencia de medias $(\mu_1 - \mu_2)$ de muestras independientes, se usa la función de distribución *t-student* (Walpole *et al.*, 2012) cuando el número de datos es menor a 50.

Sin embargo, primero es necesario comprobar el comportamiento de normalidad de los datos; se realiza un gráfico QQplot[5] acompañado de un histograma. La curva QQplot muestra qué tan cerca o sobre la línea recta se encuentran los datos para ambas muestras; no así ocurre con los histogramas, de los cuales no da suficiente información por la poca cantidad de los datos. A continuación, se presenta el *script* con los diagramas para cada variable:

```
28   library(car)  # Debe instalar antes el paquete car
29
30   par(mfrow=c(2,2))
31   qqPlot(bloques_emp_a, pch = 6, las = 1, main = 'QQplot compesión bloque A',
32         xlab = 'Cuantiles teóricos', ylab = 'Cuantiles muestrales')
33
34   hist(bloques_emp_a, las = 1, xlab ='Compresión', ylab = 'Frecuencia',
35         main = 'Histograma compresión bloque A')
36
37
38   qqPlot(bloques_emp_b, pch = 4, las = 1, main = 'QQplot compesión bloque B',
39         xlab='Cuantiles teóricos', ylab='Cuantiles muestrales')
40
41   hist(bloques_emp_b, las = 1, xlab = 'Altura', ylab = 'Frecuencia',
42         main = 'Histograma compesión bloque B')
```

---

[5] Gráfico QQplot: este tipo de gráficos se utilizan en diversos estudios con el propósito de identificar el origen de la distribución normal del comportamiento de los datos. La gráfica cuantil-cuantil normal aprovecha lo que se conoce sobre los cuantiles de la distribución normal y su representación gráfica relaciona los cuantiles recién analizados contra el cuantil correspondiente de la distribución normal..

A continuación, se presenta la salida correspondiente.

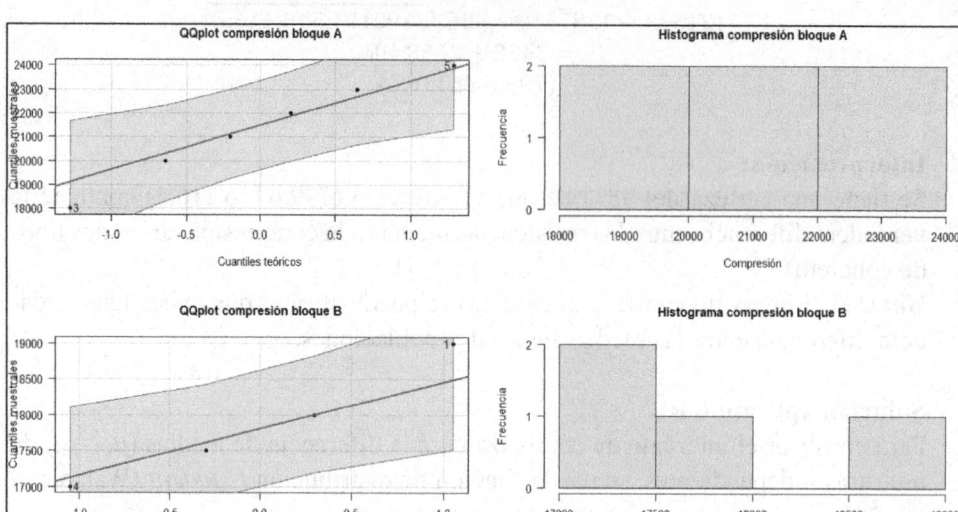

Luego, es necesario la prueba de normalidad Shapiro-Wilks[6], la cual se aplica cuando se desea analizar muestras pequeñas (menos de 50 elementos); la prueba consiste en la aplicación de una prueba de hipótesis que se realiza para la prueba, la cual evalúa dos condiciones:

H_0: La variable guarda una distribución normal
H_1: La variable no guarda una distribución normal

La toma de la decisión depende del p-valor encontrado:

p-valor > α: No se rechaza la hipótesis nula H_0
p-valor < α: Se rechaza la hipótesis nula H_1

Siendo α un valor que representa el valor significativo o la significancia y que para el ejemplo es igual a 0,05, que corresponde a un nivel de confianza del 95 %, aplicando la prueba se tiene:

---

[6] Prueba Shapiro-Wilks es un test estadístico que evalúa si una muestra proviene de una población que guarda una distribución normal. Su uso se fundamenta en el poder estadístico que tiene para detectar desviaciones de normalidad.

```
> shapiro.test(bloques_emp_a)

        Shapiro-Wilk normality test

data:  bloques_emp_a
W = 0.98259, p-value = 0.9637

> shapiro.test(bloques_emp_b)

        Shapiro-Wilk normality test

data:  bloques_emp_b
W = 0.97137, p-value = 0.85
```

Para el ejercicio se tiene: para el *bloque_emp_a*, un p-valor = 0.9637 y para el *bloque_emp_b*, un p-valor = 0.85, los cuales son >> 0.05, luego no se rechaza la H_0. Es decir, los datos guardan una distribución normal; esto es lo que se desea para las condiciones del ejercicio.

Ahora, es necesario comparar las varianzas poblacionales de las dos empresas y comprobar si son iguales o no lo son. Para ello, es necesario plantear la siguiente hipótesis:

H_0: El ratio de las varianzas = 1 (Las varianzas poblacionales son iguales)
H_1: El ratio de las varianzas ≠ 1 (Las varianzas poblacionales son diferentes)

```
> var.test(bloques_emp_a, bloques_emp_b)

        F test to compare two variances

data:  bloques_emp_a and bloques_emp_b
F = 6.4, num df = 5, denom df = 3, p-value = 0.1575
alternative hypothesis: true ratio of variances is not equal to 1
95 percent confidence interval:
  0.4299682 49.6869727
sample estimates:
ratio of variances
        6.4
```

Por medio de la prueba *var. test*, se comprueba la validez de la hipótesis anterior: Como el *p-valor >> 0.05*, entonces no se rechaza la hipótesis nula. Es decir, las varianzas poblacionales son iguales.

Finalmente, se procede a realizar la prueba de *t-student* para encontrar el intervalo de confianza. Se observa primero que el *p-valor << 0.05*. Luego, se rechaza la hipótesis nula, que afirma que la diferencia entre las medias es igual a cero. Luego sí existe diferencia entre las medias. Ahora bien, si se observa el intervalo de confianza del 95 % se aprecia que la diferencia de las medias se encuentra en el intervalo de [799.7 6.116.9], como se observa en el siguiente *script*.

```
> t.test(bloques_emp_a, bloques_emp_b, var.equal = T)

        Two Sample t-test

data:  bloques_emp_a and bloques_emp_b
t = 2.9996, df = 8, p-value = 0.01708
alternative hypothesis: true difference in means is not equal to 0
95 percent confidence interval:
  799.7095 6116.9572
sample estimates:
mean of x mean of y
 21333.33  17875.00
```

5.7.1.1.2 Intervalo de confianza de muestra pequeñas de (1-∝)100% para (μ1 - μ2). Muestras independientes y σ21 ≠ σ22

- $n_1 = n_2 = n; \quad v = n_1 + n_2 - 2 = 2(n-1) \quad \hat{\sigma}_{\bar{y}_1 - \bar{y}_2} = \sqrt{\frac{1}{n}(s_1{}^2 + s_2{}^2)}$

- $n_1 \neq n_2; \quad v = \dfrac{\left(s_1{}^2/n_1 + s_2{}^2/n_2\right)^2}{\dfrac{\left(s_1{}^2/n_1\right)^2}{n_1-1} + \dfrac{\left(s_2{}^2/n_2\right)^2}{n_2-1}}; \qquad \hat{\sigma}_{\bar{y}_1 - \bar{y}_2} = \sqrt{\dfrac{s_1{}^2}{n_1} + \dfrac{s_2{}^2}{n_2}}$

Nota. En el caso en que $n_1 \neq n_2$, si el valor de v tiene parte decimal, utilizar el entero más cercano para usar la tabla de distribución *t*.

Supuestos:
- Ambas poblaciones de las que se extrajeron las muestras tienen distribuciones de frecuencia relativa aproximadamente normales.
- Las muestras aleatorias se escogen de forma independiente de las dos poblaciones.

Ejemplo 5.8
Una entidad que se especializa en medir la capacidad de aprendizaje que tienen los adolescentes en determinadas disciplinas realizó un test a dos grupos de 20 estudiantes provenientes de dos colegios que se han caracterizado por obtener los mejores resultados en los últimos cinco años en las pruebas de Estado.

Puntajes obtenidos en la prueba por los jóvenes de los dos colegios														
Colegio A	95	98	90	97	100	95	97	92	94	95	90	99	93	95	94
Colegio B	75	87	74	87	77	72	83	95	96	98	95	90	95	93	92

Calcule el intervalo de confianza aproximado para el 95 % para la diferencia media entre los resultados del test en los dos colegios.

Solución:
Dado que los tamaños de las muestras se obtuvieron de poblaciones independientes, muestras pequeñas e iguales: $n_1 = n_2 = n$

Supuestos:
Las dos poblaciones de las que se extrajeron las muestras tienen distribuciones de frecuencia relativa aproximadamente normales y las muestras aleatorias se escogen de forma independiente de las dos poblaciones.

$$n = 15, v = n_1 + n_2 - 2 = 2(n - 1) = 28$$

Cálculo del error estándar estimado: $s_1^2 = 8{,}7809$ $s_2^2 = 79{,}7809$

$$\hat{\sigma}_{\bar{y}_1 - \bar{y}_2} = \sqrt{\frac{1}{n}(s_1^2 + s_2^2)} = \sqrt{\frac{1}{15}(9{,}524 + 3{,}838)} = 2{,}429841$$

El valor de $t_{,025}$ basado en $v = n_1 + n_2 - 2 = 2(n - 1) = 28$ grados de libertad, según la tabla de distribución *t-student*, es:

$$t_{,025} = 2{,}0484$$

Con intervalo del 95%, se tiene:

$$(\bar{y}_1 - \bar{y}_2) \pm t_{\alpha/2}\sqrt{\frac{1}{n}(s_1^2 + s_2^2)}$$

Reemplazando:
$$(94{,}93 - 87{,}26) \pm 2{,}0484(2{,}429841)$$
$$7{,}67 \pm 4{,}9772 = (2{,}69 \quad 12{,}6472)$$

Análisis:
Se tiene la certeza del 95 % de que el intervalo (2,69   12,6472) contiene la verdadera diferencia entre las medias entre los resultados del test en los dos colegios. Es decir, la diferencia en el promedio del puntaje del colegio A es mayor en el intervalo (2,69   12,6472) que la del colegio B.

Solución aplicando R:
Para construir el intervalo de confianza para la diferencia de medias $(\mu_1 - \mu_2)$ se aplica el mismo procedimiento del ejercicio anterior; solamente hay que tener en cuenta que las varianzas poblacionales son diferentes, las muestras son independientes y se usa la función de distribución *t-student* cuando el número de datos es menor a 50.

En el gráfico cuantil-cuantil no se aprecia con claridad el comportamiento normal de los datos; existe una tendencia a alejarse los puntos de la línea recta y, por otra parte, los histogramas no definen con claridad el comportamiento de los datos, como se muestra en la siguiente figura.

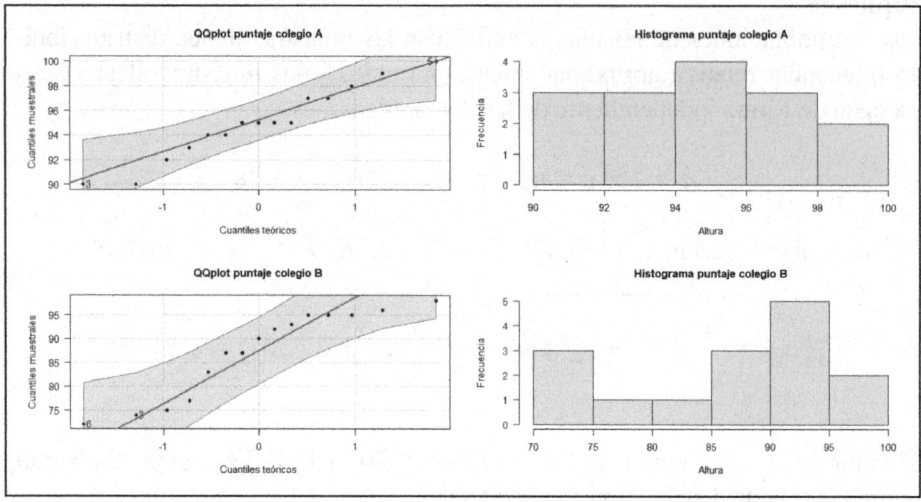

Es necesario aplicar la prueba de normalidad Shapiro-Wilks, la cual evalúa la condición de normalidad de los datos:

H_0: La variable guarda una distribución normal
H_1: La variable no guarda una distribución normal

```
> ## Prueba de normalidad: Shapiro Wilk
> shapiro.test(coloegio_A)

        Shapiro-Wilk normality test

data:  coloegio_A
W = 0.96078, p-value = 0.7059

> shapiro.test(coloegio_B)

        Shapiro-Wilk normality test

data:  coloegio_B
W = 0.88289, p-value = 0.0524
```

La prueba presenta un p-valor = 0.7 >> 0.005, lo que conduce a no rechazar la H_0. Es decir, los datos guardan un comportamiento normal.

Ahora es importante comprobar que las varianzas sean iguales. Es decir, la prueba es:
H_0: El ratio de las varianzas = 1 (Las varianzas poblacionales son iguales)
H_1: El ratio de las varianzas ≠ 1 (Las varianzas poblacionales son diferentes)

```
> ## Prueba de las varianzas iguales
> var.test(coloegio_A, coloegio_B)

        F test to compare two variances

data:  coloegio_A and coloegio_B
F = 0.11006, num df = 14, denom df = 14, p-value = 0.000188
alternative hypothesis: true ratio of variances is not equal to 1
95 percent confidence interval:
 0.0369515 0.3278331
sample estimates:
ratio of variances
        0.1100633
```

La prueba muestra un p-valor = 0.000188 << 0.05, lo que conduce a rechazar la H_0, lo que implica afirmar que las varianzas son diferentes.

Como último paso, se realiza la prueba de *t-student*[7] para encontrar el intervalo de confianza. Se observa primero que el *p-valor = 0.00576 << 0.05*. Luego se rechaza la hipótesis nula, que afirma: la diferencia entre las medias es igual a cero. Luego sí existe diferencia entre las medias. Ahora bien, si se observa el intervalo de confianza al 95 %, se aprecia que la diferencia de las medias de las pruebas de las poblaciones de los dos colegios se encuentra en el intervalo de [2.5411 12.7921], como se observa en el siguiente *script*.

```
> ## intervalo de confianza: prueba t-student
> t.test(coloegio_A, coloegio_B, var.equal = F)

        Welch Two Sample t-test

data:  coloegio_A and coloegio_B
t = 3.1552, df = 17.045, p-value = 0.005763
alternative hypothesis: true difference in means is not equal to 0
95 percent confidence interval:
  2.541179 12.792155
sample estimates:
mean of x mean of y
 94.93333  87.26667
```

---

[7] La prueba *t-student*, cuando se aplica en R, es necesario tener en cuenta la forma en que se entran las variables a relacionar. Puede ser que estén separadas como en el ejercicio: *colegio_A* y *colegio_B*. También pueden encontrarse como categorías de una variable. Es decir, las categorías de *colegio_A* y *colegio_B* pueden pertenecer a la variable *colegio*. Luego, para aplicar la prueba *t-student* en R, el comando sería *t.test(puntaje ~ colegio, data = datos)*, debido a que los datos provienen de un *data.frame*.

5.7.1.2 Estimación de la diferencia entre las medias de dos poblaciones. Pares coincidentes

Pares coincidentes hace referencia a muestras relacionadas o apareadas. Por ejemplo, se requiere medir la eficacia de dos tipos de medicamentos que tienen las mismas propiedades y son de marcas diferentes al seleccionar un grupo de 10 pacientes con la misma enfermedad. A los primeros cinco se les suministra el medicamento A y a los otros cinco el medicamento B.

- Se desea encontrar la diferencia $(\mu_1 - \mu_2)$ de la eficacia de los medicamentos.
- Esto es simplemente un muestreo aleatorio simple.
- Se aplica la diferencia poblacional teniendo en cuenta los tamaños de las muestras.

Medicamento A	Medicamento B
Juan	César
Carlos	David
José	Julián
María	Gloria
Ana	Sonia

Se podría aplicar un mejor método de muestreo apareando las reacciones según el tipo de medicamento. De cada par con el mismo paciente, en donde cada uno de ellos se selecciona de manera aleatoria.

Paciente	Medicamento A	Medicamento B
Juan	Reacción 1	Reacción 2
María	Reacción 2	Reacción 1
Ana	Reacción 1	Reacción 2
David	Reacción 1	Reacción 2
José	Reacción 2	Reacción 1

La diferencia de pares coincidentes para cada paciente daría un mejor resultado cuando se quiere visualizar la efectividad de los medicamentos.

Sea μ_d: la diferencia media entre pares coincidentes de mediciones.

$$\mu_d = (\mu_1 - \mu_2)$$

El intervalo de confianza para μ_d es el mismo que el IC para la media de una sola población.

5.7.1.2.1 Intervalo de confianza de $(1 - \alpha)100\%$ para $\mu_d = (\mu_1 - \mu_2)$. Pares coincidentes

- Sea $d_1, d_2, ..., d_n$: diferencias entre las observaciones por pares en una muestra aleatoria de n pares coincidentes.
- Sea $\bar{d}$: la media de las n diferencias de muestra.
- Sea $s_{\bar{d}}$: la desviación estándar de las n diferencia de muestra.

Muestra grande	**Muestra pequeña**
$$\bar{d} \pm z_{\alpha/2} \left(\frac{\sigma_d}{\sqrt{n}}\right)$$	$$\bar{d} \pm t_{\alpha/2} \left(\frac{s_d}{\sqrt{n}}\right)$$

σ_d: es la desviación estándar de las diferencias de la población.

Supuesto: n >> 30
Nota: si se desconoce σ_d, utilice s_d para aproximar σ_d.

$t_{\alpha/2}$: Se basa en $(n - 1)$ grados de libertad.

Supuesto: la población de diferencias apareadas tiene distribución normal.

Ejemplo 5.9

Los medios de control de la calidad del agua propenden por ofrecer agua con óptimas condiciones de consumo. Para tal efecto, se ha realizado un seguimiento sobre la cantidad de cloro presente a la entrada y salida del sistema en la planta de tratamiento de aguas. Se utiliza un sistema de tubería en PVC; se midieron los niveles de cloro del agua que sale de la planta y de la estación local durante un periodo de 12 semanas, con los siguientes resultados:

Lugar	1	2	3	4	5	6	7	8	9	10	11	12
Planta principal	1,8	2	2,2	1,9	2,1	1,7	2,1	2,1	2	1,7	2,1	1,9
Estación local	2,1	1,9	2,1	2,2	1,8	1,9	2	1,8	2	1,9	2	2
Diferencia	-0,3	0,1	0,1	-0,3	0,3	-0,2	0,1	0,3	0	-0,2	0,1	-0,1

Con un intervalo de confianza del 95 %, establezca un intervalo para la diferencia media en el contenido medio semanal de cloro entre los dos puntos.

Solución:

Dado que las mediciones de cloro fueron tomadas en los mismos tiempos, los datos son tenidos en cuenta como pares coincidentes.

Se busca estimar : $\mu_d = (\mu_1 - \mu_2)$
Siendo: μ_1: Nivel medio semanal de cloro en la planta
        μ_2: Nivel medio semanal de cloro en la estación local
d: (Nivel de cloro en la planta) – (Nivel de cloro en la estación local)

Desarrollo: $\bar{d} = -0,0083$ $\qquad$ $s_d = 0,2108$

El valor de $t_{,025}$ basado en $(n - 1) = (12 - 1) = 11$ grados de libertad
$$t_{,025} = 2,2010$$
Reemplazando:
$$\bar{d} \pm t_{\alpha/2}\left(\frac{s_d}{\sqrt{n}}\right) = -0,0083 \pm 2,2010\left(\frac{0,2108}{\sqrt{12}}\right)$$
$$= -0,0083 \pm 0,1339$$
El intervalo es (-0,1422 $\quad$ 0,1256)

Interpretación:
Se estima con un 95 % de confianza que la diferencia entre los niveles medios semanales de cloro en el agua en los dos lugares está dentro del intervalo -0,1422 a 0,1256.
Debido a que el **0** está contenido en este intervalo, no hay suficientes pruebas para concluir que existe una diferencia entre las dos medias.

Solución aplicando R:
Para construir el intervalo de confianza para la diferencia de medias $(\mu_1 - \mu_2)$ con pares coincidentes, se aplica el mismo procedimiento del ejercicio anterior. Se verifica el comportamiento normal de la población proveniente de la base Diferencia, es necesario realizar el gráfico cuantil-cuantil y la curva de densidad y se observa un no muy claro comportamiento normal de los datos, como se aprecia en los siguientes gráficos.

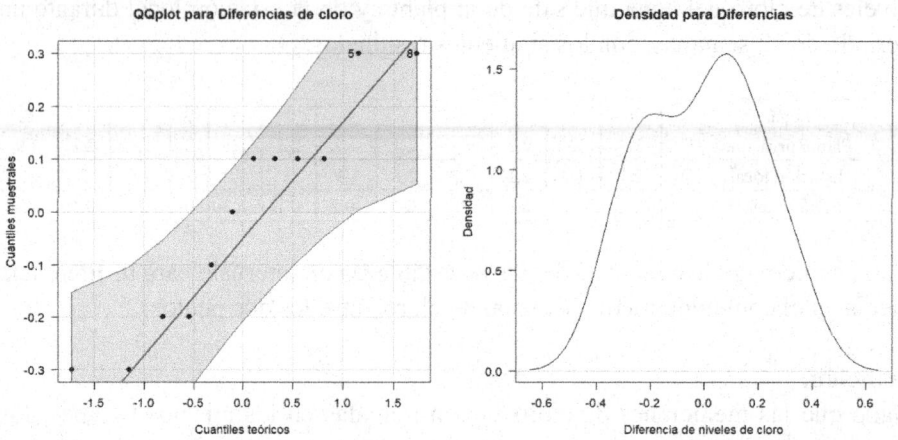

Por consiguiente, para la validación de la normalidad de donde provienen los datos de la variable Diferencia es necesario aplicar la prueba de Shapiro-Wilk. Se observa en el siguiente *script* que se obtienen un p-valor = 0.2196 >> 0.05, luego no se rechaza la Ho. Es decir, los datos provienen de una distribución normal; esto es lo que se desea para las condiciones del ejercicio.

```
> shapiro.test(Diferencia)

          Shapiro-Wilk normality test

data:  Diferencia
W = 0.91097, p-value = 0.2196
```

Finalmente, se construye el intervalo de confianza al 95 %, en el cual se evidencia que la diferencia entre los niveles medios semanales de cloro en el agua en los dos lugares está dentro del intervalo -0,1422 a 0,1256. Debido a que el 0 está contenido en este intervalo, no hay suficientes pruebas para concluir que existe una diferencia entre las medias de las concentraciones de cloro de la planta principal y la estación local, como se presenta en el siguiente *script*.

```
> ## Constucción del intervalo de confiamza
> diferencia_test <- t.test(x = Planta_principal, y = Estacion_local,
+               paired = TRUE, conf.level = 0.95)
> diferencia_test$conf.int
[1] -0.1423191  0.1256524
attr(,"conf.level")
[1] 0.95
```

5.8 Estimación de la proporción de una población

El interés está en encontrar la proporción de elementos con la característica específica de estudio (***distribución binomial***). Es decir, se centra el estudio en encontrar la probabilidad del número de éxitos encontrados, entendiéndose como éxitos los unos y como ceros los fracasos en las respectivas bases (Canavos, 1988).

Por ejemplo:
- Identificar la proporción de elementos defectuosos en un proceso de control de calidad en producción.
- La proporción de citas cumplidas en medicina general por los afiliados de una EPS.
- El porcentaje de estudiantes que cumplen con los niveles mínimos en una prueba de conocimiento.

Un estimador puntual de la proporción de la población **p** es:

La proporción de la muestra: $\hat{p} = \dfrac{y}{n}$

Donde y: número de observaciones de una muestra de tamaño n con la característica de interés (ejemplo: sea y el número de éxitos).

Consideración: cuando n es grande, $\hat{p}$ se considera aproximadamente normal, con media $E(\hat{p}) = p$.

Demostración:

Como $\hat{p} = \frac{y}{n}$, entonces $E\left(\frac{y}{n}\right) = p = \frac{1}{n}E(y) = \frac{np}{n} = p$

Varianza: $V(\hat{p}) = \frac{pq}{n}$

Luego $\hat{p}$ es un estimador insesgado de p.

Como $V(\hat{p}) = V\left(\frac{y}{n}\right) = \frac{\sigma^2}{n^2} = \frac{npq}{n^2} = \frac{pq}{n}$

Luego $\hat{p}$ es un estimador insesgado de p y tiene la varianza más pequeña entre todos los estimadores insesgados (Lohr, 2000).

Como $\hat{p}$ se puede considerar que tiene una distribución aproximadamente normal, se utiliza como estadística de pivote.

5.8.1 Intervalo de confianza de (1-α) 100% con muestra grande para una proporción de población p

$$\hat{p} \pm z_{\alpha/2} \sqrt{\left(\frac{\hat{p}\hat{q}}{n}\right)}$$

Sea $\hat{p}$ la proporción en la muestra de observaciones con la característica de interés. Luego $\hat{q} = 1 - \hat{p}$

Supuesto: se considera el tamaño de la muestra n lo bastante grande para considerar válida la aproximación.

El tamaño de la muestra grande debe cumplir (Mendenhall & Sincich, 2002): $n\hat{p} \geq 4$ y $n\hat{q} \geq 4$.

Ejemplo 5.10
Para que un terreno sea propicio para el cultivo de la papa, se requiere que tenga una acidez inferior al 40 %. Se selecciona una muestra de 50 porciones de una extensión de 10 hectáreas de una tierra y se encontró que 35 de ellas tienen la

acidez deseada. Establezca un intervalo del 95 % y del 99 % para la verdadera proporción de áreas propicias para el cultivo de la papa.

Solución:
La proporción de la muestra de áreas propicias para el cultivo es:

$$\hat{p} = \frac{Número\ de\ éxitos}{número\ de\ total\ de\ posibilidades}$$

$$\hat{p} = \frac{número\ de\ porciones\ de\ tierra\ con\ acidez < 40\%}{número\ total\ de\ porciones\ de\ tierra\ muestreada}$$

$$\hat{p} = \frac{35}{50} = 0{,}70 \ \ Luego: \ \ \ \hat{q} = 1 - 0{,}70 = 0{,}30$$

La condición del tamaño de la muestra de que sea suficientemente grande se satisface debido a que $n\hat{p} \geq 4$ y $n\hat{q} \geq 4$.

Para el ejemplo: $n\hat{p} = 35$ y $n\hat{q} = 15$

El intervalo de confianza del 95 % es aproximadamente:

$$\hat{p} \pm z_{,025} \sqrt{\left(\frac{\hat{p}\hat{q}}{n}\right)} = 0{,}70 \pm 1{,}96 \sqrt{\frac{(0{,}70)(0{,}30)}{50}} = 0{,}70 \pm 0{,}127$$

El intervalo deseado es $(0{,}573 \quad 0{,}827)$.

Interpretación: con una confianza del 95 % de que el intervalo entre 0,58 y 0,82 contiene la verdadera proporción de áreas de tierra apta para el cultivo de la papa.

Solución aplicando R:

Para construir el intervalo de confianza para la proporción de terreno propicio para el cultivo, se tiene:

```
> ## Estimación de la proporción de una población
> int_prop <- prop.test(x = 35, n = 50, conf.level = 0.95)
> int_prop$conf.int
[1] 0.5521660 0.8171438
attr(,"conf.level")
[1] 0.95
```

Para el caso del intervalo del 99 %, se deja como ejercicio. ¿El intervalo será mayor o menor?

5.8.2 Estimación de la diferencia entre las proporciones de dos poblaciones

El propósito es analizar e identificar el comportamiento de una característica específica de dos poblaciones que tienen una característica en común, es decir, se desea estimar la diferencia entre dos proporciones binomiales.

Por ejemplo:
- Comparar la proporción de artículos defectuosos producidos por dos máquinas diferentes.
- Comparar la proporción de estudiantes de dos programas de una universidad que aprobaron una prueba académica.

Para el desarrollo de estos ejemplos, se debe tener en cuenta:
- Se deben definir y_1 e y_2 como los números de éxitos en los dos experimentos binomiales.
- Las muestras n_1 y n_2 deben ser independientes.
- La proporción de éxitos de cada una de las muestras es:

$$\hat{p}_1 = \frac{y_1}{n_1} \quad y \quad \hat{p}_2 = \frac{y_2}{n_2}$$

Se espera que $(\hat{p}_1 - \hat{p}_2)$ proporcione una estimación adecuada de $(p_1 - p_2)$.

Como $(\hat{p}_1 - \hat{p}_2)$ es una función línea de las variables aleatorias binomiales y_1 y y_2, tal que $E(y_i) = n_i p_i$ y $V(y_i) = n_i p_i q_i$

$$E(\hat{p}_1 - \hat{p}_2) = (p_1 - p_2)$$
$$V(\hat{p}_1 - \hat{p}_2) = \frac{p_1 q_1}{n_1} + \frac{p_2 q_2}{n_2}$$

Luego se deduce que $(\hat{p}_1 - \hat{p}_2)$ es un estimador insesgado de $(p_1 - p_2)$ y posee varianza mínima.

5.8.2.1 Intervalo de confianza de (1-α) 100% con muestras grandes para (p1 - p2)

El intervalo para la diferencia entre las proporciones de dos poblaciones se define de la siguiente manera:

$$(\hat{p}_1 - \hat{p}_2) \pm z_{\alpha/2} \sigma_{(\hat{p}_1 - \hat{p}_2)} \approx (\hat{p}_1 - \hat{p}_2) \pm z_{\alpha/2} \sqrt{\frac{\hat{p}_1 \hat{q}_1}{n_1} + \frac{\hat{p}_2 \hat{q}_2}{n_2}}$$

En donde $\hat{p}_1$ y $\hat{p}_2$ son las proporciones de observaciones de la muestra con las características deseadas.

Supuesto: el tamaño de la muestra debe ser lo bastante grande para que su aproximación sea válida.
Debe cumplir que: $n_1\hat{p}_1 \geq 4$, $n_1\hat{q}_1 \geq 4$, $n_2\hat{p}_2 \geq 4$ y $n_2\hat{q}_2 \geq 4$, condición definida en el apartado 5.8.1.

Ejemplo 5.11.
En las carreteras de la costa Atlántica de Colombia, la mayoría de los accidentes obedecen al exceso de velocidad vehicular. En consecuencia, las autoridades viales han decidido realizar un estudio para identificar la cantidad de vehículos que exceden los límites de velocidad. Para ello, contrató a una empresa que buscó identificar: ¿cuántos vehículos sobrepasaron la velocidad de 80 km/h? Es así como, en un primer momento, tomó una muestra aleatoria de 100 vehículos, identificando a 60 que violaron el límite de velocidad; en otro momento, tomó el registro de otros 100 vehículos e identificó cuántos sobrepasaron el límite de 100 km/h, encontrando que 25 violaron este límite. Con un intervalo del 95 %, establezca la verdadera diferencia $(p_1 - p_2)$ entre las proporciones de los vehículos que exceden los límites de velocidad.

Solución:
Sea p_1: es la verdadera proporción de vehículos que excedieron el límite de velocidad de 80 *km/h*.
Sea p_2: es la verdadera proporción de vehículos que excedieron el límite de velocidad de 100 *km/h*.

Supuesto: las muestras son lo suficientemente grandes >>30 para que su aproximación sea válida.

$$n_1\hat{p}_1 \geq 4, n_1\hat{q}_1 \geq 4, n_2\hat{p}_2 \geq 4 \text{ y } n_2\hat{q}_2 \geq 4$$

Luego: $\hat{p}_1 = \frac{60}{100} = 0{,}6$ y $\quad \hat{p}_2 = \frac{25}{100} = 0{,}25$

Entonces: $n_1\hat{p}_1 = 60; n_1\hat{q}_1 = 40; \ n_2\hat{p}_2 = 25; n_2\hat{q}_2 = 75 \gg 4$

Luego se puede utilizar la aproximación del intervalo de confianza con muestra grande para $(p_1 - p_2)$.
Para el intervalo de confianza del 95 % se tiene: $(1 - \alpha) = 0{,}95$, se tiene $\alpha = 0{,}05$
$z_{\alpha/2} = z_{,025} = 1{,}96$.

Sustituyendo:

$$(\hat{p}_1 - \hat{p}_2) \pm z_{\alpha/2} \sqrt{\frac{\hat{p}_1 \hat{q}_1}{n_1} + \frac{\hat{p}_2 \hat{q}_2}{n_2}}$$

$$(\hat{p}_1 - \hat{p}_2) = (,6 - ,25) \pm 1,96 \sqrt{\frac{(0,6)(0,4)}{100} + \frac{(0,25)(0,75)}{100}}$$

$$(\hat{p}_1 - \hat{p}_2) = 0,35 \pm 0,1281516$$

De donde se deduce que el intervalo es: (0,2219   0,478).

Interpretación:
Con un intervalo de confianza del 95 %, existe una verdadera diferencia entre las proporciones de las poblaciones que exceden los límites de velocidad respectivo $(p_1 - p_2)$ entre el intervalo (0,222   0,278).

Solución aplicando R:
Para construir el intervalo de confianza para la proporción de terreno propicio para el cultivo, se tiene:

```
> ##PROPORCIÓN PARA LA DIFERENCIA DE MEDIAS
> prop_medias <- prop.test(x=c(60, 25), n=c(100, 100), conf.level=0.95)
> prop_medias$conf.int
[1] 0.2118507 0.4881493
attr(,"conf.level")
[1] 0.95
```

5.9 Estimación de la varianza de una población

Esta sección trata de la estimación de la varianza de una población que guarda un comportamiento de distribución normal, en donde la distribución z o la t no serán de utilidad; en cambio, se hará uso de las distribuciones X^2 o la prueba F como estadísticas de pivote, lo que conducirá a hacer ciertos supuestos, independiente del tamaño de la muestra.

La pregunta que se debe realizar es: ¿cuál es el intervalo de confianza para la varianza de una población?
Es necesario tener presente que los intervalos de confianza para σ^2 se basan en la estadística de pivote X^2 (*ji* cuadrada).

Es necesario recordar que, para la tabulación de la distribución *ji*, es representada con el área de la cola superior, como se evidencia en el siguiente gráfico.

Figura 5.9. Representación de la curva X^2 para diferentes k. La segunda representa el área de la cola superior

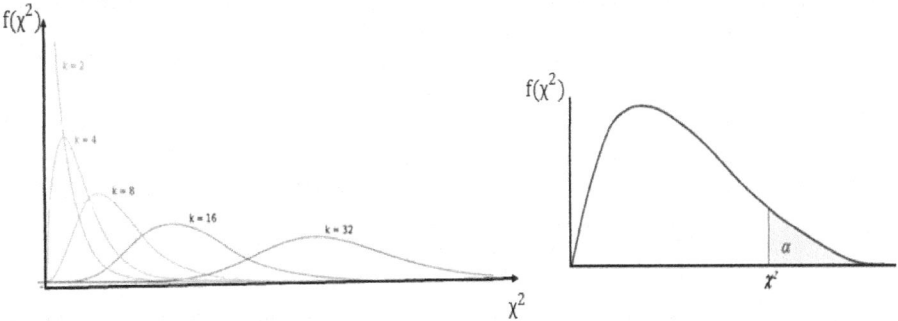

Demostración:

Sea y_1, y_2... y_n una muestra aleatoria de n observaciones, se selecciona de una distribución normal con media μ y varianza σ^2.

Entonces la distribución de muestreo de:

$$\chi^2 = \frac{(n-1)s^2}{\sigma^2}$$ tiene una función de densidad ji cuadrada con $v = (n - 1)$ grados de libertad.

- Siendo los intervalos de confianza función de la estadística de pivote X^2.
- El área de la cola superior de la función ji cuadrada está tabulada.
- Una característica de esta función es que no está centrada alrededor del cero, comienza en él.
- Si se desea un valor X^2 que seleccione un área en la cola inferior, se debe encontrar $X_l - \alpha^2$, tal que $P(X^2 > X_l - \alpha^2) = 1 - \alpha$.

Ejemplo 5.12

¿Cuál es el valor de X^2 que ubica un área $\alpha = ,05$ en la cola inferior de la distribución cuando los grados de libertad (gl) es igual a 16?

$$\chi^2_{1-a} = \chi^2_{,95} = 7,9616 \quad [\text{Según tabla } ji \text{ cuadrado}]$$

Figura 5.10. Área de la función X^2 que ubica un área $\alpha = ,05$ en la cola inferior

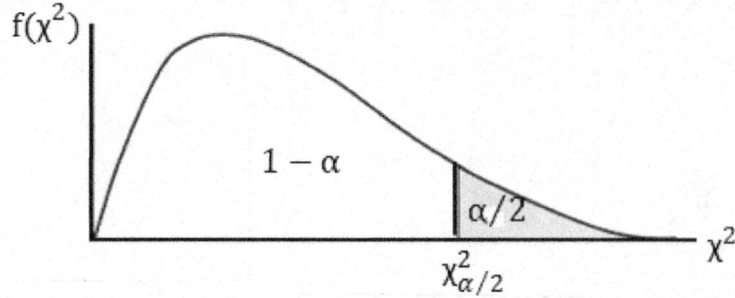

La expresión de probabilidad para la estadística de pivote X^2 se representa de la siguiente manera:

$$P(\chi^2_{1-\alpha/2} \leq \chi^2 \leq \chi^2_{\alpha/2}) = 1 - \alpha$$

Gráficamente, su representación es como se muestra a continuación:

Figura 5.11. Región del área seleccionada

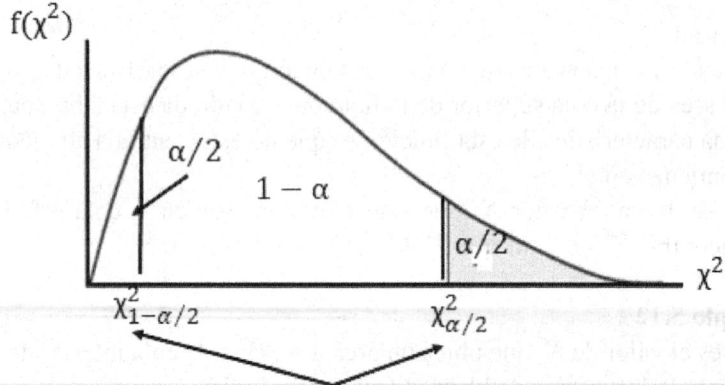

Son valores encontrados en las tablas de χ^2 que ubican la probabilidad $\alpha/2$ en las colas de la distribución

Sustituyendo la expresión de X^2 en la de probabilidad, se tiene:

$$P(\chi^2_{1-\alpha/2} \leq \frac{(n-1)s^2}{\sigma^2} \leq \chi^2_{\alpha/2}) = 1 - \alpha$$

Se divide toda la expresión por el factor (n - 1) y el resultado es:

$$P\left(\frac{\chi^2_{(1-\alpha/2)}}{(n-1)s^2} \leq \frac{1}{\sigma^2} \leq \frac{\chi^2_{\alpha/2}}{(n-1)s^2}\right) = 1 - \alpha$$

Nota: al invertir la expresión $1/\sigma^2$, se invierte la desigualdad:

$$P\left(\frac{(n-1)s^2}{\chi^2_{\alpha/2}} \leq \sigma^2 \leq \frac{(n-1)s^2}{\chi^2_{(1-\alpha/2)}}\right) = 1 - \alpha$$

5.9.1 Intervalo de confianza de (1 - α) 100% para la varianza de una población σ^2

$$P\left(\frac{(n-1)s^2}{\chi^2_{\alpha/2}} \leq \sigma^2 \leq \frac{(n-1)s^2}{\chi^2_{(1-\alpha/2)}}\right) = 1 - \alpha$$

En donde $\chi^2_{\alpha/2}$ y $\chi^2_{(1-\alpha/2)}$ son valores que ubican el área de $\alpha/2$ a la derecha y a la izquierda de la distribución *ji* cuadrada con (n - 1) grados de libertad.

Supuesto:
- La población de donde fue seleccionada la muestra posee una distribución normal.
- No importa el tamaño de la muestra.
- Siempre es necesario suponer normalidad.

Ejemplo 5.13
En una fábrica de jugos, el ingeniero de control de calidad se encuentra verificando el proceso de llenado de las cajas de jugos. Para tal efecto, periódicamente verifica la cantidad de jugo de las cajas; si sobrepasa ciertos límites, detiene el proceso y envía la máquina a mantenimiento. Más que el llenado medio, le interesa la variación del llenado. Toma al azar 15 cajas de jugo y les mide su capacidad, obteniendo la siguiente información:

Caja jugo	1	2	3	4	5	6	7	8	9	10	11	12	13	14	15
Mililitros	300	295	305	304	297	298	304	301	302	300	298	304	297	296	299

Usted, como ingeniero de control de calidad, desea establecer un intervalo de confianza del 95 % para la verdadera variación del llenado de las cajas de jugo de la fábrica.

Supuestos:
La población de donde se extrajeron las muestras tiene un comportamiento normal.
Cálculos realizados previamente sin presentar su deducción:

$$n = 15 \quad \bar{y} = 300, s = 3{,}229 \quad s^2 = 10{,}428$$

Como $(1 - \alpha) = 0,95$: $\alpha/2 = 0,05/2 = 0,025$.

De acuerdo con la tabla *ji* cuadrado, para $(n - 1) = 14$ gl:

$$\chi^2_{,025} = 26,1189 \qquad \chi^2_{,975} = 5,6287$$

Reemplazando se tiene:

$$\frac{(15 - 1)10,428}{26,1189} \leq \sigma^2 \leq \frac{(15 - 1)10,428}{5,6287}$$

$$5,59 \leq \sigma^2 \leq 25,93$$

Interpretación:

Con un coeficiente de confianza del 95 % existe una variabilidad entre 5,59 ml y 25,93 ml en el llenado de las cajas de jugo que la fábrica produce.

Solución aplicando R:

Para construir el intervalo de confianza para el verdadero intervalo de llenado de las cajas de jugo de la fábrica, primero es necesario comprobar la normalidad de la población de donde proviene la muestra. En consecuencia, se aplica la prueba de Shapiro-Wilk:

En la prueba se observa que se obtienen un p-valor = 0.3623 >> 0.05, luego no se rechaza la Ho. Es decir, los datos provienen de una población con distribución normal, lo que se desea para las condiciones del ejercicio.

```
> shapiro.test(cajas)

        Shapiro-Wilk normality test

data:  cajas
W = 0.93837, p-value = 0.3623
```

El siguiente paso consiste en encontrar el intervalo de confianza para la verdadera variación de llenado de las cajas de jugo de la empresa. Se aplica la función *var. test* para encontrar el intervalo.

```
> interv_cajas <- var.test(x = cajas, conf.level = 0.95)
> ## Utilizando la función del paquete por defecto de R "stats"
> interv_cajas <- var.test(x = cajas, conf.level = 0.95)
> interv_cajas$conf.int
[1]  5.589812 25.938374
attr(,"conf.level")
[1] 0.95
```

Luego con un nivel de confianza del 95 % se afirma que el llenado de las cajas de jugo de la empresa se encuentra en el intervalo [5,5898 25,9383] mililitros.

5.10 Estimación de la razón de las varianzas de dos poblaciones

Cuando el interés se centra en la comparación de alguna característica específica que muestre variabilidad entre dos poblaciones, se acude a la estimación de la razón de la varianza de dos poblaciones. Para tal efecto, se deben tener en cuenta los siguientes aspectos:

- Se comparan dos varianzas de población: σ_1^2 y σ_2^2.

- Hacer inferencia sobre el cociente de σ_1^2 / σ_2^2.

- Las muestras se seleccionan aleatoriamente y son independientes de dos poblaciones normales.

Se usa la estadística de pivote:

$$F = \frac{\chi_1^2 / v_1}{\chi_2^2 / v_2}$$

Siendo X_1^2 y X_2^2 variables aleatorias ji cuadrada con: $v_1 = (n_1 - 1)$ y $v_2 = (n_2 - 1)$ grados de libertad.

Reemplazando la equivalencia de X^2 se tiene:

$$F = \frac{\chi_1^2 / v_1}{\chi_2^2 / v_2} = \frac{\frac{(n_1 - 1)s_1^2}{\sigma_1^2} / (n_1 - 1)}{\frac{(n_2 - 1)s_2^2}{\sigma_2^2} / (n_2 - 1)}$$

$$F = \frac{s_1^2 / \sigma_1^2}{s_2^2 / \sigma_2^2}$$

$$F = \left(\frac{s_1^2}{s_2^2}\right)\left(\frac{\sigma_2^2}{\sigma_1^2}\right)$$

Consideraciones:
- La prueba F tiene una distribución F con $v_1 = (n_1 - 1)$ grados de libertad del numerador y $v_2 = (n_2 - 1)$ grados de libertad del denominador.
- La distribución F puede ser simétrica respecto a su media, sesgada a la derecha o izquierda.
- La forma de la distribución depende de los grados de libertad asociados a s_1^2 y s_2^2. En otras palabras, a $(n_1 - 1)$ y $(n_2 - 1)$.

Figura 5.12. Áreas respectivas de la función de Fisher

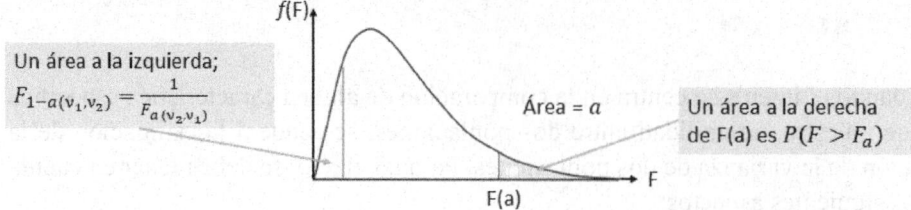

Reemplazando en la ecuación el valor de F, se tienen los intervalos:

$$P\left(\frac{s_1^2}{s_2^2}\frac{1}{F_{\alpha/2(v_1,v_2)}} \leq \frac{\sigma_1^2}{\sigma_2^2} \leq \frac{s_1^2}{s_2^2}F_{\alpha/2(v_2,v_1)}\right) = 1 - \alpha$$

5.10.1 Intervalo de confianza de (1 - α) 100% para el cociente de dos varianzas de poblaciones σ_1^2 / σ_2^2

$$\left(\frac{s_1^2}{s_2^2}\frac{1}{F_{\alpha/2(v_1,v_2)}} \leq \frac{\sigma_1^2}{\sigma_2^2} \leq \frac{s_1^2}{s_2^2}F_{\alpha/2(v_2,\backslash}\right.$$

Siendo:

$F_{\alpha/2(v1, v2)}$: Es el valor de F que ubica un área $\alpha/2$ en la cola inferior de la distribución F con $v_1 = (n_1 - 1)$ grados de libertad del numerador y $v_2 = (n_2 - 1)$ grados de libertad del denominador.

$F_{\alpha/2(v2, v1)}$: Es el valor de F que ubica un área $\alpha/2$ en la cola superior de la distribución F con $v_2 = (n_2 - 1)$ grados de libertad del numerador y $v_1 = (n_1 - 1)$ grados de libertad del denominador.

Supuestos:
- Las dos poblaciones de donde se extraen las muestras tienen distribución de frecuencia relativa aproximadamente normales.
- Las muestras aleatorias se han seleccionado de forma independiente de las poblaciones.
- Se suponen las poblaciones normales independientes del tamaño de las muestras.

Ejemplo 5.14

Un metal es producido bajo condiciones estándar (sin aleación); un nuevo proceso es asignado a una aleación de acero; el proceso es avalado para cumplir con las características deseadas. El metal debe poseer propiedades especiales; una de ellas es la resistencia a la tensión a la ruptura. Se seleccionan dos metales; a uno se le aplica el proceso con aleación y al otro no. Para cada metal se seleccionan muestras de 12 y 15 piezas respectivamente y se les realiza una prueba a la tensión hasta que se rompan, como se enuncia en la tabla (unidades en kg/cm^2). El muestreo se realizó sobre dos poblaciones independientes con distribución normal y varianzas iguales. Con un intervalo del 95 % para el cociente de las varianzas, en donde σ_1^2 es la varianza del proceso sin aleación y σ_2^2 es la varianza del proceso de aleación. De acuerdo al resultado, ¿es aceptable suponer que las varianzas son iguales?

Proceso sin aleación	425	412	460	440	450	465	470	436	442	452	448	470			
Proceso con aleación	458	436	435	426	465	452	491	418	432	472	455	450	450	460	458

Supuestos:
- Las dos poblaciones de donde se extraen las muestras tienen distribución de frecuencia relativa aproximadamente normales.
- Las muestras aleatorias se han seleccionado de forma independiente de las poblaciones.
- Se suponen las poblaciones normales independiente del tamaño de las muestras.

Estadísticas:

Estadísticas	Proceso sin aleación 1	Proceso con aleación 2
n	12	15
Media	447,5	450,5
Desviación estándar	17,8	18,9
Varianza	317	356,3

Para un intervalo de confianza del 95 %, el valor de $\alpha/2$ es 0,025:

$$v_1 = (n-1) = (12-1) = 11 \; gl \qquad\qquad v_2 = (n-1) = (15-1) = 14 \; gl$$

- $F_{,025(v1,\,v2)}$ = se basa en v_1 gl del numerador y v_2 del denominador:
- $F_{,025(v1,\,v2)} = 3,095$
- $F_{,025(v1,\,v2)}$ = se basa en v_2 gl del numerador y v_1 del denominador:
- $F_{,025(v1,\,v2)} = 3,36$

Reemplazando en la fórmula del intervalo de confianza:

$$\frac{317}{356,3} * \frac{1}{3,095} \le \frac{\sigma_1^2}{\sigma_2^2} \le \frac{317}{356,3}(3,36)$$
$$\{0,29 \quad 2,99\}$$

Interpretación:

Se estima con un 95 % de confianza que la razón σ_1^2/σ_2^2 de la verdadera varianza de la población se encuentra entre 0,29 y 2,99. Como este intervalo incluye al 1, no podemos afirmar con exactitud que el metal con aleación esté con mayor varianza que el de sin aleación.

Solución aplicando R:

Para construir el verdadero intervalo de confianza para la resistencia a la ruptura de las dos clases de metales, primero es necesario comprobar la normalidad de la población de donde provienen las muestras. Para ello, se aplica la prueba de Shapiro-Wilk, la cual enuncia que para las muestras del metal sin aleación se obtiene un p-valor = 0,69 >> 0,05 y lo mismo para la muestra del metal con aleación, el cual presenta un p-valor = 0,88 >> 0,05, lo que significa el no rechazo de la Ho, es decir, los datos de las muestras que provienen de las respectivas poblaciones guardan un comportamiento normal, como se muestra en el siguiente *script*.

```
> ## Prueba de normalidad
> shapiro.test(no_aleacion)

        Shapiro Wilk normality test

data:  no_aleacion
W = 0.95414, p-value = 0.6981

> shapiro.test(con_aleacion)

        Shapiro-Wilk normality test

data:  con_aleacion
W = 0.97209, p-value = 0.8877
```

El siguiente paso consiste en encontrar el intervalo de confianza; para ello, se aplica la función de R *var.test*, la cual muestra el intervalo de confianza al 95 % de la razón σ_1^2/σ_2^2 y cómo la verdadera varianza de la población se encuentra en el intervalo [0,287 - 2,988]

```
> razon_var <- var.test(no_aleacion, con_aleacion, conf.level = .95)
> razon_var$conf.int
[1] 0.2875286 2.9886120
attr(,"conf.level")
[1] 0.95
```

EJERCICIOS

5.1. Un estudio realizado por una universidad prestigiosa sobre las condiciones de salubridad en que se encuentran los bebes recién nacidos de una comunidad campesina carente de los servicios de salubridad básicos llevó a cabo un seguimiento en el control del peso de los bebés. De esta manera, logra identificar la manera en que las madres gestantes se han alimentado de manera adecuada para que el feto tenga un excelente desarrollo y pretende definir el verdadero peso en que se encuentran los bebes recién nacidos de esta región. Por consiguiente, llevó a cabo el seguimiento a 25 madres gestantes y realizó la lectura de los pesos de los bebés recién nacidos. Encontró que el peso promedio de los bebés fue de 2.150 gramos con una desviación estándar de 150 gramos. Es decir:

$$\bar{y} = 2150 \qquad s = 150$$

Establezca un intervalo de confianza del 95 % para el verdadero peso de los bebés de esta región en estudio.

5.2. En el deporte del tenis de campo, la rapidez con que sale la bola en el servicio es fundamental para que exista una buena ventaja en el jugador que se encuentra sirviendo. En un torneo de profesionales femenino, se consideran servicios muy rápidos aquellos que estén por encima de los 169 km/h. En una muestra aleatoria de 30 servicios seleccionados en una final de un torneo profesional se encontró que el promedio del servicio fue de 166,5 km/h, con una desviación estándar de 3 km/h. Con un intervalo de confianza del 95 %, estimar la verdadera velocidad de la pelota en el primer servicio.

5.3. Durante una investigación realizada en la creación de un material resistente al desgaste, cuyo propósito es ser utilizado en la fabricación de pavimento para las autopistas, se considera un excelente material si su vida útil antes de desgastarse o fracturarse se estima en 2 años en promedio. Se utilizó dicho material en la construcción de cinco carreteras con tráfico pesado y estos fueron los tiempos que permanecieron sin la aparición de alguna fractura:

Tiempos: 26 meses, 2 años y 2 meses, 20 meses, 19 meses y 18 meses.

Con un intervalo de confianza del 90 % para el verdadero tiempo de durabilidad del material antes de la existencia de algún tipo de falla por desgaste o fractura, encuentre el verdadero rango de tiempo de utilidad del material.

5.4. Una universidad se encuentra interesada en mejorar la calidad en la formación de sus estudiantes. Por esta razón, realiza el seguimiento en los resultados obtenidos por sus estudiantes en las pruebas de Estado Saber Pro en los dos últimos periodos.

Periodo	n	$\bar{y}$	s
2017	100	168	5
2018	140	164	9

¿Existe alguna diferencia entre los resultados obtenidos por los estudiantes en los dos periodos en comparación?

5.5. Una entidad gubernamental encargada de controlar la calidad en la prestación del servicio para los niños que asisten a los jardines infantiles de una zona departamental se encuentra interesada en el seguimiento del control de la obesidad de los niños. Por este motivo, lleva a cabo el control del peso de los niños en dos jardines. El jardín de la ciudad cuenta con todos los servicios, controles y regulaciones respecto al suministro del alimento y el otro carece de los controles y regulaciones y cuenta con un suministro de alimentación proveniente de la naturaleza de manera directa: jugos naturales, verduras recién cosechadas, no uso de preservativos, ni tampoco conservantes en los alimentos. A continuación, se esboza la información recopilada de ambos jardines.

Jardín citadino						Jardín fuera de la ciudad				
30	29	27	27	29		22	25	26	24	27
29	27	26	27	28		24	25	28	28	25
27	25	26	25	27		28	26	25	27	25
26	30	27	26	27		26	24	25	25	24
24	26	27	29	29						

Establezca un intervalo de confianza del 95 % para la diferencia entre los pesos medios de los niños de las dos clases de prestadoras de servicios de jardines. Explicar la respuesta encontrada.

5.6. Una empresa de seguros en el área automotriz se encuentra interesada en verificar la calidad de los dispositivos de seguridad, tales como las bolsas de aire (airbag) en el volante del conductor de los automóviles. Para el caso, puso a prueba dos marcas diferentes y midió el tiempo que demoró el dispositivo en activarse al momento del impacto del carro. A continuación, se muestra la tabla resumen con la información recopilada.

Tiempos en activarse los airbags de las dos marcas

Tipo A	27	34	30	35	37	32
Tipo B	35	29	32	34	30	

Los tiempos fueron tomados en milisegundos. Establezca un intervalo de confianza del 95 % para la verdadera diferencia entre los tiempos medios de los dos tipos de airbags. Explicar la respuesta.

5.7. Una entidad del sector agrícola quiere averiguar entre dos regiones específicas del departamento de Boyacá la zona que más produce papa. Para ello, realiza el conteo de los bultos producidos en estos lugares durante los meses de producción, tal como se enuncia a continuación:

Periodo	Región Alta	Región Baja
Enero	2.500	2.450
Marzo	2.600	2.670
Mayo	2.570	2.550
Julio	2.680	2.700
Septiembre	2.460	2.400
Noviembre	2.640	2.700

5.8. El Departamento Administrativo Nacional de Estadística (DANE) es la entidad estatal encargada de realizar las estadísticas oficiales en Colombia. Una de ellas fue la realizada sobre la Gran Encuesta Integrada de Hogares (GEIH) 2019 (DANE, 2019), en la cual uno de sus intereses se centró en la situación socioeconómica de los colombianos. En uno de sus apartes del estudio se le realizó una pregunta a 7.965 encuestados sobre si se sentían satisfechos con el tipo de contrato que tenían en el trabajo en que se encontraban, de los cuales 6.896 contestaron de manera afirmativa. Para efectos del ejercicio, si se toma como tamaño de la muestra a las personas a las que se les realizó la pregunta y con un nivel de confianza del 95 %, identifique la verdadera proporción de la población que se sentía satisfecha con el trabajo que tenía.

5.9. El departamento de control de calidad de una empresa se encarga de clasificar el café tipo exportación como suave y no suave. El ingeniero de calidad desea conocer si existe alguna diferencia en la producción de café suave de las dos regiones (alta y baja) más productoras. De la región alta obtiene una muestra de 2.500 bultos y de la baja obtiene 2.000 bultos. La clasificación como café suave alcanza en la región alta 2.100 bultos y 1.800 bultos de la región baja. Con un intervalo del 95 %, identifique si existe diferencia entre la verdadera proporción de producción de café suave de las dos regiones.

5.10. La Secretaría de Gobierno Distrital se encuentra preocupada por los constantes reclamos que los ciudadanos realizan por el mal servicio que prestan las estaciones de gasolina de la ciudad respecto a las diferencias existentes en la cantidad de suministro. Esta entidad pretende que la variabilidad en la cantidad sea mínima en cada estación. A continuación, se enuncian las mediciones realizadas en 10 estaciones seleccionadas aleatoriamente, a las cuales se les midió la cantidad de suministro cuando el indicador daba la lectura de un litro.

$$980 \quad 996 \quad 1.003 \quad 1.000 \quad 1.001 \quad 990 \quad 970 \quad 990 \quad 960 \quad 1.005$$

Estas lecturas fueron tomadas en unidades de mililitros. Con un intervalo de confianza del 95 % y del 99 %, la entidad pretende encontrar la verdadera variación en el suministro de la gasolina por litro de venta en las estaciones de gasolina de la ciudad.

5.11. En un gran número de países del mundo, los accidentes de tránsito son considerados la segunda causa de muerte violenta en los seres humanos. "Durante el año 2004, el Instituto Nacional de Medicina Legal y Ciencias Forenses (INML y CF) valoró 41.397 personas lesionadas en eventos de tránsito" (Hector Wilson Hernández, 2019). Se extrajo información de la investigación del presente artículo, en donde se seleccionaron dos departamentos de Colombia, los cuales muestran los accidentes de tránsito ocurridos en las poblaciones con más de 10.000 habitantes. A continuación, se dan a conocer dos muestras independientes, en donde se tabula el número de accidentes de tránsito presentes en el 2004:

ANTIOQUIA				CUNDINAMARCA			
Pueblo	No. accidentes	Pueblo	No. accidentes	Pueblo	No. accidentes	Pueblo	No. accidentes
Amagá	3	Chigorodó	76	Anapoima	4	Cota	13
Andes	5	Carepa	31	Arbelaez	3	Facativá	116
Angostura	3	Cocorná	8		4	Fusagasugá	158
Apartadó	112	Itaguì	195	Cajicá	39	Girardot	135
Barbosa	79	Envigado	262	Caqueza	113	Guaduas	19
Bello	226	Puerto Naré	442	Chía	174	Guayabetal	17
Caldas	8	Sonsón	32	Chipaque	28	La Mesa	37
Càceres	3	Venecia	217	Chocontá	81	La Vega	22
Caucasia	68	Yarumal	13	Cogua	27	Madrid	25

Establezca un intervalo de confianza del 95 % para el cociente de la variabilidad poblacional de los accidentes de los dos departamentos (Cundinamarca/Antioquia). De acuerdo al resultado encontrado, ¿se puede afirmar que existe un departamento con mayor variabilidad en la accidentalidad de tránsito?

Capítulo 6

Prueba de hipótesis

La prueba de hipótesis es otro método que se utiliza para hacer inferencia acerca del comportamiento de los parámetros de una población. Con base en los datos obtenidos de una muestra se busca probar la validez de una afirmación o hipótesis del comportamiento del parámetro de una población. Es un procedimiento que se fundamenta en la evidencia que se obtiene de una muestra y en la teoría de la probabilidad. En esta prueba existen dos tipos de hipótesis: la nula o la alternativa. A partir del análisis estadístico que se lleva a cabo, sirve para rechazar o aceptar la hipótesis nula. Los intervalos de confianza, la estimación puntual y la prueba de hipótesis se relacionan para la toma de decisiones.

Por ejemplo: el Ministerio del Medio Ambiente se encuentra en la tarea de controlar la contaminación del río Bogotá por causa de los químicos que arrojan las curtiembres al río. En consecuencia, busca que la concentración de los ácidos sea mayor que determinado valor específico, por ejemplo, $\mu > 4$ partículas por millón para sancionar a estas empresas. En otras palabras, busca que la . Si logra demostrar que la media es mayor que este valor, podrá poner en cintura a estas empresas que estarían violando los parámetros permisibles.

6.1 Elementos de una prueba de hipótesis

Se pueden sintetizar en cuatro elementos los que son necesarios para realizar una prueba de hipótesis (Mendenhall & Sincich, 2002):

1. Hipótesis nula: es la que se plantea acerca de uno o varios parámetros de la población. Es la hipótesis que se desea probar. Tiene dos decisiones: se rechaza o no se rechaza, pero nunca se debe afirmar que se "acepta".
2. Hipótesis alternativa: es la que se acepta cuando es rechazada la nula, también se llama hipótesis de investigación. Representa la pregunta que se responde o la teoría a probar.
3. Estadística de prueba: se calcula con los datos de la muestra y su valor conlleva a rechazar o no la hipótesis nula.
4. Región de rechazo: es la región que implica el rechazo de la hipótesis nula.

6.2 Evaluación de una prueba estadística

- La prueba estadística tiene dos resultados: rechazar o no la hipótesis nula.
- La conclusión de la prueba está sujeta a dos tipos de error.
- Siempre se contrasta la hipótesis nula contra la alternativa, por ejemplo: $H_0 \leq 4$ contra $H_1 > 4$.

Para el caso del ejemplo anterior, se caracterizan los dos tipos de error que se pueden cometer si se toma la decisión equivocada:

Tabla 6.1. Tipos de error que el ministerio puede cometer si se toma la decisión equivocada

Decisión del MMA	La compañía cumple (verdadera)	La compañía no cumple (falsa)
La compañía no cumple (Rechazar la)	Error tipo I	Decisión correcta
La compañía cumple (No Rechazar la)	Decisión correcta	Error tipo II

La medida de riesgo se define como la probabilidad de cometer alguno de estos dos errores:

- **Error tipo I, α:** nivel de significancia; rechazar la H_0 cuando esta es verdadera.
- **Error tipo II, β:** aceptar la H_0 cuando esta es falsa.

Otro término utilizado hace referencia a encontrar **la potencia de la prueba** y está relacionada con el rechazo de la hipótesis nula:

Potencia de una prueba: es la probabilidad de rechazar la H_0 cuando en realidad H_0 es falsa:

$$\text{Potencia de una prueba} = 1 - P\ (\text{Aceptar } H_0 \text{ cuando } H_0 \text{ es falsa})$$
$$= 1 - P\ (\text{Error tipo II})$$
$$= \mathbf{1 - \beta}\ (\text{Se calcula si se cuenta con } H_1)$$

Propiedades de una prueba de hipótesis:

- Para un tamaño de muestra fijo, la disminución en la probabilidad de un error conduce al incremento del otro.
- Sin embargo, la reducción de cometer ambos tipos de errores se puede realizar aumentando el tamaño de la muestra.
- Específicamente, reducir el error tipo I implica aumentar el tamaño de la muestra o ampliar la región de no rechazo.

6.3 Prueba estadística de un solo extremo

Se utiliza cuando se desea encontrar valores de θ mayores que θ_0 o con valores de θ menores que θ_0 ; aquí es donde se define la hipótesis alternativa H_1 de un solo extremo. En la gráfica se puede detallar en la distribución normal estándar la región de rechazo para cada una de las condiciones a partir del Z_α conocido.

Figura 6.1. Región de rechazo en la distribución normal cuando se tiene un $\theta > \theta_0$ y cuando se tiene un $\theta < \theta_0$

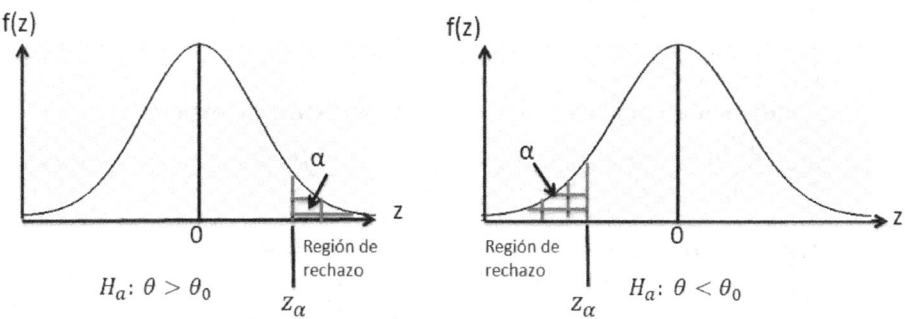

6.4 Prueba estadística de dos extremos

Cuando la prueba estadística es a dos extremos, se define la hipótesis alternativa como aquella cuya estadística θ es diferente al parámetro poblacional θ_0, se definen dos áreas iguales $\alpha/2$ a cada extremo de las colas de la distribución normal estándar y delimitadas por los respectivos valores de $Z_{\alpha/2}$ y $-Z_{\alpha/2}$.

Figura 6.2. Región de rechazo en la distribución normal cuando se tiene un $\theta \neq \theta_0$

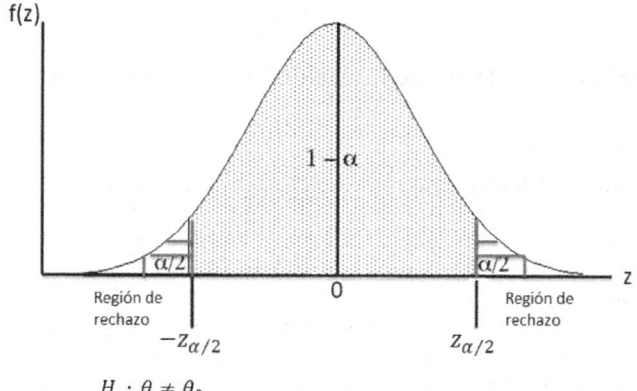

6.5 Prueba estadística para muestra grande con respecto a la distribución normal estándar z

Esta prueba se utiliza cuando se tienen tamaños de muestras grandes y se fundamenta en la estadística normal estándar[1]. Es importante recordar el concepto de tamaño grande, por el cual se define a muestras con tamaños iguales o mayores a 30, de tal manera que su distribución se asemeja a una distribución normal estándar.

Prueba de un extremo

$H_0 : \theta = \theta_0$

$H_1 : \theta > \theta_0$

ó $(H_a : \theta < \theta_0)$

Estadística de prueba

$$z = \frac{\hat{\theta} - \theta_0}{\sigma_{\hat{\theta}}}$$

Región de rechazo

$z > z_\alpha$ ó $z < - z_\alpha$

Siendo: $P(z > z_\alpha) = \alpha$

Prueba de dos extremos

$H_0 : \theta = \theta_0$

$H_1 : \theta \neq \theta_0$

Estadística de prueba

$$z = \frac{\hat{\theta} - \theta_0}{\sigma_{\hat{\theta}}}$$

Región de rechazo

$|z| > z_{\alpha/2}$

Siendo: $P(z > z_{\alpha/2}) = \alpha/2$

Ejemplo 6.1

La Alcaldía Mayor de Bogotá está preocupada por la accidentalidad debido al exceso de velocidad que existe en un tramo de la autopista norte en horario nocturno (entre la calle 170 y el peaje). La Secretaría de Tránsito y Transporte le informa que el promedio de vehículos diarios en la noche que exceden la velocidad de los k0 es de 150 vehículos. La alcaldía considera que esta cifra es mucho mayor. Con el propósito de comprobar la validez de su teoría, la alcaldía monitorea la autopista seleccionando 45 días aleatoriamente en un periodo de 3 meses. Suponga que la media y la desviación estándar de los vehículos muestreados que sobrepasan la velocidad es: $\bar{y} = 155 \quad s = 14$

¿Estos valores apoyan la teoría de la alcaldía? Utilizar un $\alpha = ,10$.

Solución:

El parámetro de interés es μ el número medio de vehículos que exceden la velocidad de 60 *km/h*.

---

[1] Teniendo presente el teorema del límite central, el cual establece que para cualquier variable X, sin importar su distribución, la variable aleatoria $\bar{X}$ tiene una distribución normal con media μ y varianza $\sigma_{\bar{X}}^2 = \sigma^2/n$. Si el tamaño de la muestra es suficientemente grande, se cumple por la estandarización que: $Z = \frac{\bar{X} - \mu}{\sigma/\sqrt{n}} \approx N(0,1)$.

Como n es grande, $\bar{y}$ tiene una distribución de muestreo aproximadamente normal.
Se utiliza $\bar{y}$ para estimar μ.
La prueba de hipótesis es: $H_0 : \mu = 150$
$$H_1 : \mu > 150$$

Estadística de prueba: $z = \dfrac{\hat{\theta} - \theta_0}{\bar{y} - 150} = \dfrac{\bar{y} - 150}{\sigma/\sqrt{n}}$

Estadística de prueba: $z = \dfrac{\bar{y} - 150}{s/\sqrt{n}}$

De acuerdo con la tabla de distribución, para un $\alpha = ,10$ se tiene un $z_1 = 1{,}28$
La región de rechazo es: $z > 1{,}28$.

Sustituyendo: $z = \dfrac{155 - 150}{14/\sqrt{45}} = 2{,}39$

Análisis:
Como el valor encontrado de z cae en la región de rechazo, se rechaza la H_0 y se
toma la afirmación dada por la Alcaldía Mayor de Bogotá.

Solución aplicando R:
Se definen las variables
involucradas en el cálculo;
como el nivel de confianza
= 0.9, entonces el $\alpha = 0{,}1$.

```
4   n <- 45
5   media_poblac <- 150
6   med_muestra <- 155
7   desvestand_muest <- 14
8   alpha <- 0.1
9   error_estand <- desvestand_muest / sqrt(n)
```

Cálculo del estadístico de
prueba z para
un $\alpha = 0.1$.
Cálculo de la región de rechazo, para un $z_\alpha = 1.28$.

```
> z_alpha <- qnorm(0.9,0,1)
> z_alpha
[1] 1.281552
```

Se calcula el z crítico y se compara con el calculado, verificando que se encuentre
en la zona o no de rechazo.

```
> ### Región de Rechazo es para
> #### z_alpha > 1.28
> z <- (med_muestra - media_poblac)/ error_estand
> z
[1] 2.395787
> ### Cálculo del z
> z > (media_poblac - med_muestra)/ (desvestand_muest/sqrt(n))
[1] TRUE
> z
[1] 2.395787
```

Análisis:

Como el valor de z se encuentra en la región de rechazo, se rechaza H_0 y se tiene en cuenta la afirmación dada por la Alcaldía Mayor de Bogotá, la cual afirma que existe un promedio mayor de 150 vehículos que exceden la velocidad de los 60 km/h.

6.6 Prueba de hipótesis con muestra grande (n > 30) relativa a una media de población μ

Prueba de un extremo	**Prueba de dos extremos**
$H_0 : \mu = \mu_0$	$H_0 : \mu = \mu_0$
$H_1 : \mu > \mu_0$	$H_1 : \mu \neq \mu_0$
ó $(H_a : \mu < \mu_0)$	
Estadística de prueba	**Estadística de prueba**
$z = \dfrac{\bar{y}-\mu_0}{\sigma_{\hat{y}}} = \dfrac{\bar{y}-\mu_0}{s/\sqrt{n}}$	$z = \dfrac{\bar{y}-\mu_0}{\sigma_{\hat{y}}} = \dfrac{\bar{y}-\mu_0}{s/\sqrt{n}}$
Región de rechazo	**Región de rechazo**
$z > z_\alpha$ ó $z < -z_\alpha$	$|z| > z_{\alpha/2}$

En donde z_α es el valor de z tal que $P(z > z_\alpha) = \alpha$ y $z_{\alpha/2}$ es el valor de z tal que $P(z > z_{\alpha/2}) = \alpha/2$

Supuestos:

Ninguno, debido a que el teorema del límite central garantiza que $\bar{y}$ sea normal sin importar la distribución de la población.

Ejemplo 6.2

El ICFES[2] realiza las pruebas de Estado Saber Pro en el dominio de las competencias generales que todo profesional debe poseer. Entre ellas se encuentran las competencias ciudadanas: inglés, razonamiento cuantitativo, comunicación escrita y lectura escrita. Esta prueba se les realizó a estudiantes que se graduaron en el nivel profesional para el periodo 2017; con relación a la competencia ciudadana, el resultado promedio a nivel nacional de los estudiantes que la presentaron fue de 150 puntos. Una universidad selecciona una muestra de 50 estudiantes para evaluar específicamente el resultado de esta competencia, ya que considera

---

[2] ICFES: Instituto Colombiano para la Evaluación de la Educación que realiza pruebas a los estudiantes recién graduados. Ofrece el servicio de evaluación de la educación en todos sus niveles y adelanta investigaciones sobre factores que inciden en la calidad educativa, con la finalidad de ofrecer información para mejorar su calidad.

que el valor promedio obtenido por la universidad es diferente del nacional. Utilice un intervalo de confianza de 95 %.

Tabla 6.2. Resultados de la prueba en competencias ciudadanas

187	148	159	155	134	147	172	147	151	165
139	146	155	140	150	145	164	146	147	163
154	145	182	154	155	155	150	164	101	169
145	133	134	135	151	160	159	163	174	152
149	153	157	142	149	152	156	155	152	162

Solución:
El parámetro poblacional a evaluar es la media poblacional, luego la hipótesis queda formulada de la siguiente manera:

$$H_0 : \mu = 150$$
$$H_1 : \mu \neq 150$$

Supuesto:
Como el tamaño de la muestra es grande[3], n = 50, se asume por el teorema del límite central que guarda un comportamiento normal sin importar la distribución de la población muestreada.
Región de rechazo: con un nivel de significancia de , se rechaza la hipótesis nula para esta prueba de los dos extremos si:

Es decir: si z < -1,96 o si z > 1.96, corresponden a la región de rechazo, como se muestra en la gráfica siguiente:

Figura 6.3. Región de rechazo para un $z = 1,96$ al lado y lado de la distribución normal

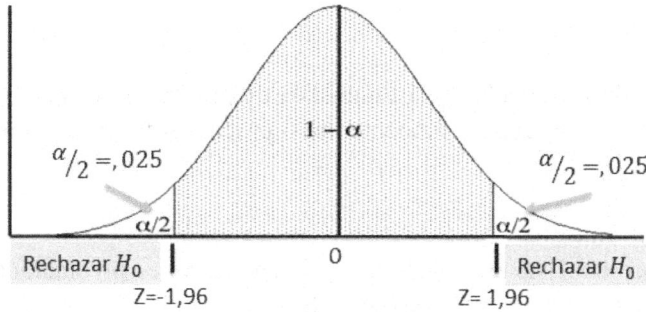

---

[3] Toda muestra se considera grande cuando su tamaño es igual o superior a 30.

Solución:

Tabla con las estadísticas requeridas para los respectivos cálculos:

n	50
Media	152,4
Desviación estándar	13,5
Varianza	183,5

Estadística de prueba:

$$z = \frac{\bar{y} - \mu_0}{s/\sqrt{n}} = \frac{152,4 - 150}{13,5/\sqrt{50}} = \frac{2,4}{1,91} = 1,26$$

Este valor de $z = 1,26$ se ubica al lado izquierdo del área correspondiente al coeficiente de confianza de $\alpha/2 = 0,025$, cuyo valor de z corresponde a 1,96, como se aprecia en la siguiente gráfica:

Figura 6.4. Valor de z = 1,96 a cada lado de distribución normal estándar

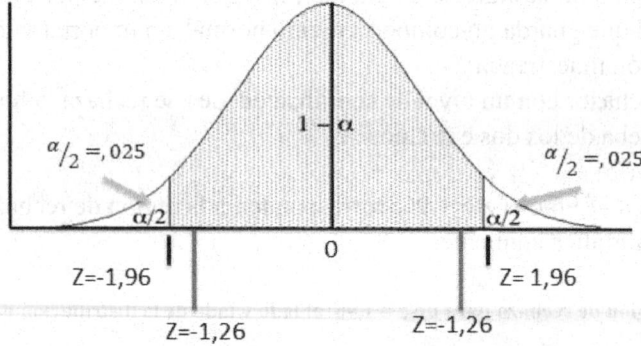

Análisis:

Como este valor observado de la estadística de prueba se encuentra fuera de la región de rechazo, no existen fundamentos o pruebas suficientes para rechazar la hipótesis nula H_0.

Solución aplicando R:

El primer paso consiste en la definición de las variables involucradas; como el nivel de confianza = 0.95, por consiguiente, el $\alpha = 0.05$.

Inicialmente se define el vector de datos correspondiente a la muestra de los resultados en la competencia respectiva.

```
46  x <- c(187,148,159,155,134,147,172,147,151,165,
47        139,146,155,140,150,145,164,146,147,163,
48        154,145,182,154,155,155,150,164,101,169,
49        145,133,134,135,151,160,159,163,174,152,
50        149,153,157,142,149,152,156,155,152,162)
51
52  mu_poblac <- 150
53  n <- 50
54  alpha <- 0.05
```

El paso siguiente consiste en el cálculo de los estadísticos.

```
> data.frame(n,mu_muestra, sd_muestra, var_muestra)
  n mu_muestra sd_muestra var_muestra
1 50     152.44    13.54834    183.5576
```

Cálculo de valor z crítico, el cual permite la toma de decisión sobre la prueba de hipótesis. Con un $Z_{0.025} = 1.9599$

```
> ### Cálculo del z crítico
> #### Nota: se toma "lower.tail = F" para obtener
> #### un valor positivo.
> qnorm(0.025,0,1,lower.tail = F)
[1] 1.959964
```

Se calcula la estadística de prueba, obteniéndose un $Z = 1.27347$.

```
> ### Estadística de prueba
> z <- (mu_muestra - mu_poblac) / (sd_muestra/sqrt(n))
> z
[1] 1.27347
```

Este valor de z = 1,27 se ubica al lado izquierdo del área correspondiente al Z_{crit} = 1.96. Como este valor observado de la estadística de prueba se encuentra fuera de la región de rechazo (ver figura 6.4), se concluye que no existen fundamentos o pruebas suficientes para rechazar la hipótesis nula . En otras palabras, no hay pruebas suficientes para afirmar que el promedio en la prueba de Estado en la competencia de conocimiento sea igual a 150 puntos.

6.7 Prueba de hipótesis con muestra pequeña relativa a una media de población μ

La única diferencia que se tiene respecto a la sección anterior es la consideración del tamaño de la muestra. Aquí se considera pequeña a aquella muestra cuyo tamaño es menor a 30. La estadística de prueba que se utiliza es la t de *student*.

Prueba de un extremo

$H_0 : \mu = \mu_0$
$H_1 : \mu > \mu_0$
ó $(H_a : \mu < \mu_0)$

Prueba de dos extremos

$H_0 : \mu = \mu_0$
$H_1 : \mu \neq \mu_0$

Estadística de prueba

$$t = \frac{\bar{y} - \mu_0}{\sigma_{\hat{y}}} = \frac{\bar{y} - \mu_0}{s / \sqrt{n}}$$

Región de rechazo	Región de rechazo
$t > t_\alpha$ ó $t < -t_\alpha$	$\|t\| > t_{\alpha/2}$

Nota: la distribución t se basa en $(n - 1)$ grados de libertad.

En donde:
t es el valor de t tal que $P(t > t_\alpha) = \alpha$
$t_{\alpha/2}$ es el valor de t tal que $P(t > t_{\alpha/2}) = \alpha/2$

Supuesto:
Se considera a la población de la cual se extrajo la muestra para tener una distribución de frecuencia relativa normal.

Consideración:
Si los datos se apartan de la normalidad de manera considerable, se puede incurrir en un error en los cálculos. En consecuencia, se debe acudir a los métodos no paramétricos para la solución del problema.

Ejemplo 6.3
Uno de los graves problemas por los cuales atraviesan las metrópolis del mundo es la contaminación causada por la generación de CO_2 de los automotores y la contaminación producida por la industria, en particular. Teniendo presente que se consideran peligrosas las partículas que se suspenden en el aire con tamaño igual o inferior de 10 μm, debido a que pueden ser aspiradas por las vías respiratorias del ser humano, para el caso específico de Colombia (Medellín), el ministerio monitoreó la ciudad en 20 puntos clave de contaminación y tomó la medida de las partículas que se encontraban suspendidas en el aire (ver tabla). Con un $\alpha = ,05$, el Ministerio considera que la ciudad se encuentra en alerta naranja debido a que las partículas de emisión están por debajo de 10 μm. Luego, ¿la ciudad en general está violando los límites permitidos de contaminación?

Sitios claves	1	2	3	4	5	6	7	8	9	10
Tamaño de las partículas (μm)	10,8	11	10,5	9,6	9,7	9,5	6,4	5,5	12	9,8
Sitios claves	11	12	13	14	15	16	17	18	19	20
Tamaño de las partículas (μm)	9	7,5	8,8	12	11	6,2	5,5	6,1	7,5	8,4

Solución:
Para el caso de la muestra:

Muestra	
n	20
Media	8,84
Desviación	2,11
Varianza	4,48

Prueba de hipótesis: $H_0 : \mu = 10$
$$H_0 : \mu < 10$$

Estadística de prueba: $t = \dfrac{\bar{y} - \mu_0}{s/\sqrt{n}}$

Supuesto:
La distribución de frecuencia relativa de la población de los niveles de contaminación de la ciudad se considera aproximadamente normal.

Región de rechazo:
Con un $\alpha = 0,05$ y $gl = (n - 1) = 19$, se rechazará si H_0 si $t < t_{,05} = -1,729$.

Con la estadística de prueba: $t = \dfrac{\bar{y} - \mu_0}{s/\sqrt{n}} = \dfrac{8,84 - 10}{2,11/\sqrt{20}} = \dfrac{-1,16}{0,471} = -2,45$

Figura 6.5. Región de rechazo para *t* en la prueba de hipótesis

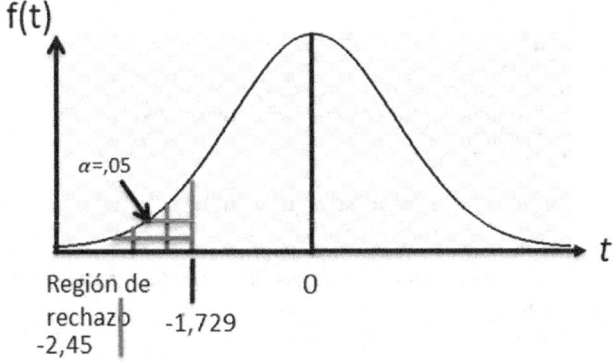

Análisis:
Como el valor calculado de t cae dentro de la región de rechazo, se rechaza la H_0 y se concluye que el ministerio tiene razón al declarar la ciudad como zona naranja, es decir, con alta contaminación para los ciudadanos; con emisión de partículas de tamaño menor a 10 μm.
Finalmente, se tiene un $\alpha = ,05$, que sería el error que se cometería si se rechaza equívocamente la H_0 en un 5 %.

Solución aplicando R:
Se definen las variables involucradas; como el nivel de confianza $= 0.95$, por consiguiente, el $\alpha = 0,05$.

Inicialmente se define el vector de datos correspondiente a la muestra de las medidas del material particulado en unidades de μm.

```
> mu_tam_part <- c(10.8,11,10.5,9.6,9.7,9.5,6.4,5.5,12,9.8,
+                  9,7.5,8.8,12,11,6.2,5.5,6.1,7.5,8.4)
> media_pobla <- 10
> n <- length(mu_tam_part)
> media_part <- mean(mu_tam_part)
> desvest_part <- sd(mu_tam_part)
```

El paso siguiente consiste en el cálculo de los estadísticos.

```
> #### Agrupación de estadísticos en un data.frame
> data.frame(n, media_part, desvest_part, var_part)
   n media_part desvest_part var_part
1 20       8.84     2.116701 4.480421
```

Cálculo del estadístico t crítico, el cual conduce a la toma de decisión sobre la prueba de hipótesis. Con un $t_{0.05} = -1.729133$.

```
> ### Estadística de prueba: "t"
> ### Región de rechazo:
> #### Con un α = 0,05 y gl = (n-1) = 19,
> alpha <- 0.05
> gl <- n-1
> gl
[1] 19
> ### Cálculo del t(alpha)
> t alpha <- qt(alpha, gl, lower.tail = T)
> t alpha
[1] -1.729133
```

Se prosigue con el cálculo del estadístico de prueba, el cual es $t_{estd} = -2.450832$.

```
> ### Cálculo con el estadístico de prueba
> t_estad <- (media_part - media_pobla) / (desvest_part/sqrt(n))
> t_estad
[1] -2.450832
```

Finalmente, el valor calculado de $t_{estd} = -2.450832$, el cual se encuentra dentro de la región de rechazo (ver figura 6.5); se rechaza la H_0 y se concluye que el Ministerio tiene razón al declarar la ciudad como zona naranja, es decir, con alta contaminación para la comunidad, con emisión de partículas de tamaño menor a $10\ \mu m$.

6.8 Nivel de significancia de una prueba

Un valor p es el nivel (de significancia) más bajo en donde el valor observado del estadístico de prueba es significativo (Walpole *et al.*, 2012). De otra manera, se puede afirmar: el nivel de significancia observado o *valor p* de una prueba estadística es la probabilidad de observar un valor de la estadística de prueba que contradice la H_0 y acepta la H_1.

Muchas investigaciones son publicadas en revistas con el uso de una prueba de hipótesis utilizando el valor p en vez de usar el valor de α y realizar una prueba. Se basa en el valor p para rechazar o no la H_0 y favorecer la H_1. En una investigación, la decisión que se toma es rechazar la H_0 si el nivel de significancia observado es menor que el nivel de significancia fijo α tenido o propuesto por el investigador.

En consecuencia, se puede definir el nivel de significancia o *p-valor* como el nivel de significancia más pequeño que conduce al rechazo de la hipótesis nula y, por consiguiente, aceptar la hipótesis alternativa H_1. Es el investigador quien tomará la decisión de rechazar o no la H_0 con base en el resultado obtenido en el **valor p**.

Ejemplo 6.4
Volvamos al ejemplo 6.1 de la accidentalidad en la Autopista Norte en las horas nocturnas debido al exceso de velocidad.

El parámetro de interés es μ: el número medio de vehículos que exceden la velocidad de 60 *km/h*.
Como n es grande, se supone que $\bar{y}$ tiene una distribución de muestreo aproximadamente normal.
Se utiliza $\bar{y}$ para estimar μ.
La prueba de hipótesis es: $H_0 : \mu = 150$
$$H_\alpha : \mu > 150$$

Se rechaza H_0 si se encuentran valores grandes de z. El valor de z encontrado fue $z = 2,39$.

El valor probabilístico que corresponde a este z se obtiene de la siguiente manera:

Se calcula el ***Valor p*** $= P(z \geq 1,28)$.
Luego el ***Valor p*** $= P(z \geq 1,28)$ es 0,0084. Este valor es el encontrado en la tabla de la distribución z que corresponde al valor de $z = 2,39$.

Análisis:
Utilizando como decisión el valor de z, se observa claramente que este valor (2,39) es mucho mayor que el de 1,28 y si utilizamos el correspondiente valor p de 0,0084, se aprecia que este valor es mucho menor que el valor de $\alpha = ,10$ que se utilizó en el ejercicio como el nivel de confianza. Luego se toma la decisión de rechazar la H_0. Respuesta que concuerda con el resultado del ejercicio desarrollado 6.1. Finalmente, es importante recordar que el $\alpha = ,10$ es la probabilidad de cometer el error tipo I.

Figura 6.6. Representación gráfica del *Valor p* = $P(z \geq 1{,}28)$ es 0,0084

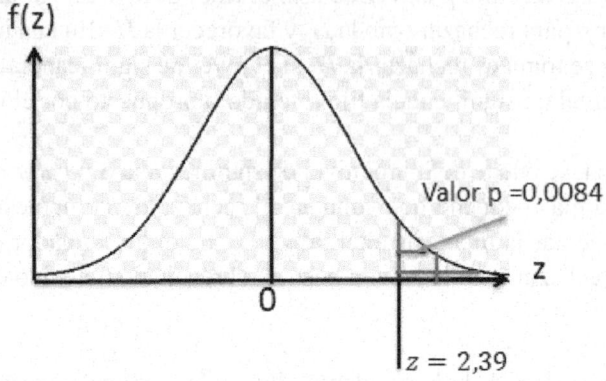

Solución aplicando R:

Se definen las variables involucradas para el cálculo del error estándar:

$$err.std = {}^s\!/\!\sqrt{n}$$

```
> n <- 45           # Número de días, tamaño de la muestra
> med_muest <- 155  # Promedio de la muestra
> mu <- 150         # Media de referencia de la población
> desv_muest <- 14  # Desaviación estándar de la muestra
> alpha <- 0.1
> # Para obtener el valor del estadístico
> error_estand <- desv_muest / sqrt(n)
> error_estand
[1] 2.086997
```

El paso siguiente consiste en el cálculo del cuantil correspondiente de la distribución normal, es decir, la región de rechazo para un $z_\alpha = 1.28$, seguido del estadístico de prueba.

```
> ## Cálculo de la región de rechazo
> z_alpha <- qnorm(.9, 0,1)
> z_alpha
[1] 1.281552
> est_prueb <- (med_muest - mu) / error_estand
> est_prueb
[1] 2.395787
```

En el paso siguiente, dado el valor del estadístico de prueba, se calcula el área que corresponde al valor de z (de la distribución normal estándar).

```
R 4.2.2 · F/
> ### Cálculo del p_valor
> p_valor <- pnorm(est_prueb, mean = 0, sd = 1, lower.tail = F)
> p_valor
[1] 0.00829236
```

Finalmente se obtiene un p-valor = 0.0083, valor que es mucho menor que el valor de α = ,10 que se utilizó en el ejercicio como el nivel de confianza. Luego se toma la decisión de rechazar la H_0 y se tiene en cuenta la afirmación dada por la Alcaldía Mayor de Bogotá, la cual afirma que existe un promedio mayor de 150 vehículos que exceden la velocidad de los 60 km/h.

Otra forma de realizar el ejercicio es la siguiente. Primero se emula el conjunto de datos que cumplen la condición.

```
> set.seed(120224)
> x <- 45
> nu_aleat <- round(rnorm (x, mean = 155, sd = 14), 0)
> nu_aleat
 [1] 156 158 155 164 153 153 175 146 165 178 151 162 151 148 138 140 150 133 161 186 172
[22] 165 140 178 171 162 166 150 121 174 158 156 129 140 143 146 152 162 131 162 147 147
[43] 160 170 165
```

Luego, se aplica la prueba *t.test*, definiendo la condición de la H_1 a una cola. Se aprecia un p-valor = 2.2e-16 $\ll$ que el α, conduciendo a la decisión de rechazar la H_0, y se tiene en cuenta la afirmación dada por la Alcaldía Mayor de Bogotá.

```
> ### Aplicación de la prueba t-student para validar la prueba de Hipótesis
> t.test(vel_car, mean =155, alternative = "greater",
+          conf.level = 0.9)

          One Sample t-test

data: vel_car
t = 78.737, df = 44, p-value < 2.2e-16
alternative hypothesis: true mean is greater than 0
90 percent confidence interval:
 152.0016       Inf
sample estimates:
mean of x
 154.5556
```

Ahora, si se desea obtener el valor específico del *p_valor*, una vez calculada la prueba *t.student*, se llama específicamente el *p.value*.

```
> ### Aplicación de la prueba t-student para validar la prueba de Hipótesis
> result <- t.test(vel_car, mean =155, alternative = "greater",
+          conf.level = 0.9)
> p_valor <- result$p.value
> print(p_valor)
[1] 2.720457e-49
```

Ahora considérese el mismo ejemplo con el análisis a dos colas, es decir:

$$H_0 : \mu = 150$$
$$H_\alpha : \mu \neq 150$$

La representación gráfica muestra los valores de p a cada lado de la cola que está limitada por los valores de $z \pm 2{,}39$:

Figura 6.7. Representación gráfica de los valores de p a dos colas

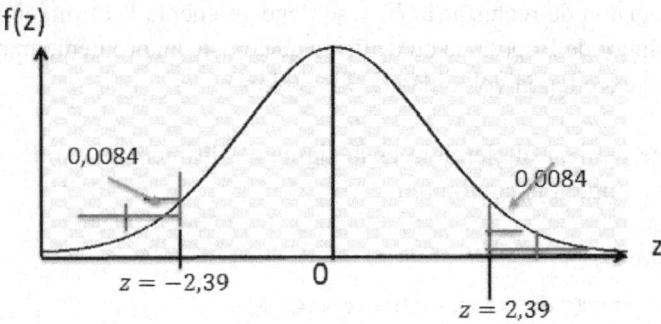

Para este caso, los valores de z muy grandes y los muy pequeños refutarían la H_0.

Es decir: los valores de $z \geq 2{,}39$ y los $z \leq -2{,}39$.
Luego el nivel de significancia observado para la prueba es:

$$\text{Valor } p = P(z \geq 2{,}39) + P(z \leq -2{,}39)$$
$$\text{Valor } p = 2(0{,}0084) = 0{,}0168$$

Al realizar la prueba a dos colas (extremos) con un $\alpha = 0{,}1$ y un *valor p* más pequeño que el de α, se toma la decisión de rechazar la H_0 y de aceptar la decisión dada por la Alcaldía Mayor.

```
> set.seed(120224)
> x <- 45
> nu_aleat <- round(rnorm (x, mean = 155, sd = 14), 0)
> nu_aleat
 [1] 156 158 155 164 153 153 175 146 165 178 151 162 151 148 138 140 150 133
[19] 161 186 172 165 140 178 171 162 166 150 121 174 158 156 129 140 143 146
[37] 152 162 131 162 147 147 160 170 165
```

Solución aplicando R: Primero es necesario generar los valores de la muestra; para ello, se generan números aleatorios que mantengan una $\bar{x} = 155$ y $sd = 14$.

Luego se lleva a cabo la prueba a dos colas; se utiliza la prueba *t-student*, definiendo la hipótesis alternativa a dos colas, como se muestra en el siguiente *script*.

```
> nu_muest <- 150
> # Realizar la prueba t de dos colas
> result <- t.test(nu_aleat, nu = nu_muest, alternative = "two.sided")
> # Obtener el valor p
> p_value <- result$p.value
> p_value
[1] 0.01486429
```

Al realizar la prueba a dos colas (extremos) con un $\alpha = 0,1$ y un *valor p* más pequeño que el de α, se toma la decisión de rechazar la H_0 y de aceptar la decisión dada por la Alcaldía Mayor.

Nota: observe que los dos p-valor encontrados difieren muy poco, el primero se trabajó con la distribución normal, mientras que el segundo se hizo con la distribución *t-student*.

6.9 Prueba de la diferencia entre las medias de dos poblaciones. Muestras independientes

Cuando se desea comprobar la existencia de alguna diferencia o no entre las medias de dos poblaciones que no tienen o no se encuentran relacionadas, se realiza la prueba de hipótesis relativa a la diferencia entre las medias de las muestras; solamente hay que tener presente si las muestras son grandes o pequeñas.

6.9.1 Prueba con muestra grande de hipótesis relativas a $(\mu_1 - \mu_2)$. Muestras independientes

Para este caso, se desea comprobar la existencia de alguna diferencia entre las medias de dos poblaciones, teniendo presente la existencia de muestras grandes y además considerando su independencia.

Prueba de un extremo	Prueba de dos extremos
$H_0 : (\mu_1 - \mu_2) = D_0$	$H_0 : (\mu_1 - \mu_2) = D_0$
$H_a : (\mu_1 - \mu_2) > D_0$	$H_0 : (\mu_1 - \mu_2) \neq D_0$
$[H_\alpha : (\mu_1 - \mu_2) < D_0]$	

$$\text{Estadística de prueba: } z = \frac{(\bar{y}_1 - \bar{y}_2) - D_0}{\sigma_{(\bar{y}_1 - \bar{y}_2)}} = \frac{(\bar{y}_1 - \bar{y}_2) - D_0}{\sqrt{\frac{s^2_1}{n_1} + \frac{s^2_2}{n_2}}}$$

Región de rechazo

$o z > z_\alpha$ ó $(z < - z_\alpha)$

Región de rechazo

$|z| > z_{\alpha/2}$

Supuestos:
1. Se consideran los tamaños de las muestras lo suficientemente grandes, es decir: $n_1 \geq 30$ y $n_2 \geq 30$.
2. Las dos muestras se seleccionan al azar y de forma independiente de las poblaciones objetivo.

Ejemplo 6.5

Un grupo de científicos está interesado en comprobar la efectividad en el tiempo de respuesta que tienen dos medicamentos diferentes frente a una sintomatología como la hipertensión arterial al ser suministrados a dos poblaciones de ratones provenientes de laboratorios diferentes. Para tal efecto, se selecciona una muestra de los ratones de cada población que poseen la sintomatología y les tomaron el tiempo en que comenzó a cambiar su presión arterial. Los científicos están interesados en verificar si el tiempo de respuesta del medicamento A es menor que el de B. Utilice un $\alpha = ,05$.

Tiempo de respuesta del medicamento A (segundos)								
240	259	245	260	265	270	280	277	273
260	270	256	265	270	276	265	268	270
250	250	255	260	280	256	255	270	268
270	260	245	250	260	266	280	256	276
256	280	259	255	280	272	276	268	270

Tiempo de respuesta del medicamento B (segundos)					
250	265	245	245	270	240
255	255	240	250	260	260
245	250	255	260	270	255
272	270	264	272	270	260
260	250	269	260	255	
270	260	263	265	250	

Solución:

Supuesto: Los tamaños de las muestras n_1 y n_2 son >>30 y las 2 muestras se escogen de manera independiente de las poblaciones objeto.

A continuación, se resumen las estadísticas de cada medicamento:

Estadísticas	A	B
n	45	35
Media	264,3	258,3
Desviación	10,5	9,3
Varianza	110,1	86,5

μ_1 es el tiempo medio de reacción del medicamento A y μ_2 es el tiempo medio de reacción del medicamento B. Luego se desea probar que $\mu_2 > \mu_1$, lo que significa que $(\mu_1 - \mu_2) < 0$.

Prueba de hipótesis:
$$H_0 : (\mu_1 - \mu_2) = 0 \ \text{(Es decir, } D_0 = 0 \text{)}$$
$$H_a : (\mu_1 - \mu_2) < 0 \ \text{(Es decir, } \mu_1 < \mu_2 \text{)}$$

Estadística de prueba:
$$z = \frac{(\bar{y}_1 - \bar{y}_2) - D_0}{\sigma_{(\bar{y}_1 - \bar{y}_2)}} = \frac{(\bar{y}_1 - \bar{y}_2) - 0}{\sigma_{(\bar{y}_1 - \bar{y}_2)}}$$

Región de rechazo: $z < -z_\alpha = -1,645$ (ver figura)

Reemplazando:
$$z = \frac{(\bar{y}_1 - \bar{y}_2) - 0}{\sigma_{(\bar{y}_1 - \bar{y}_2)}} = \frac{(264,3 - 258,3)}{\sqrt{\frac{s^2_1}{n_1} + \frac{s^2_2}{n_2}}} = \frac{6}{\sqrt{\frac{110,1}{45} + \frac{86,5}{35}}} = 2,7$$

Figura 6.8. Región de rechazo para z $< -z_\alpha = -1,645$

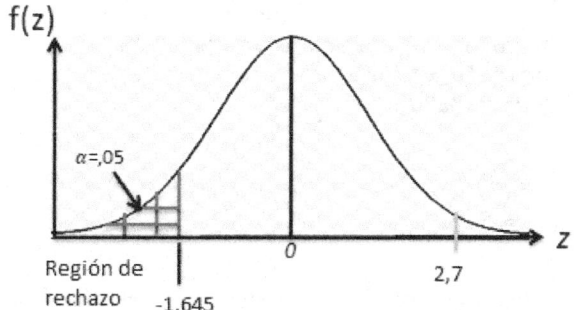

Como se evidencia en el gráfico, el valor de la estadística de prueba está muy por fuera de la región de rechazo.

Conclusión:
Las muestras seleccionadas para el estudio con $\alpha = ,05$ no proporcionan suficientes pruebas para verificar si el tiempo de respuesta del medicamento A es menor que el de B (no existe suficiente prueba para rechazar H_0).

Solución aplicando R:
Primero se definen las dos muestras y, a manera de ejemplo, se generan a partir de números aleatorios provenientes de una distribución normal con las características especificadas en el ejercicio.

```
> ### Ejemplo 6.5
> ### simulación del tiempo de respuesta del medicamento A
> set.seed(120224)
> x1 <- 45
> x2 <- 35
> medic_A <- round(rnorm (x1, mean = 264.3, sd = 10.5), 0)
> print(medic_A)
 [1] 265 266 264 271 263 263 279 258 272 282 262 270 262 259 251 253 260 248
[19] 269 288 277 272 253 282 276 270 273 261 239 278 266 265 245 253 255 257
[37] 262 270 247 270 258 258 268 275 272
> medic_B <- round(rnorm (x2, mean = 258.3, sd = 9.3), 0)
> print(medic_B)
 [1] 249 245 263 259 257 251 253 265 262 249 257 268 261 266 269 275 254 272
[19] 250 264 258 268 261 258 262 266 265 265 248 267 279 248 259 259 280
```

El siguiente paso consiste en aplicar la prueba *t.test* para dos muestras, con la condición de tener varianzas diferentes e hipótesis alternativa condicionada a ser menor. Se obtiene un p-valor $>>$ que el $\alpha = ,05$. Luego este resultado conduce al no rechazo de la H_0. Las muestras seleccionadas para el estudio con $\alpha = ,05$ no proporcionan suficientes pruebas para verificar si el tiempo de respuesta del medicamento A es menor que el de B (no existe suficiente prueba para rechazar H_0).

```
> prueba <- t.test(medic_A, medic_B,
+                        alternative = "less",
+                        var.equal = F,
+                        conf.level = .95)
> p_valor <- prueba$p.value
> print(p_valor)
[1] 0.9538802
```

6.9.2 Prueba con muestra pequeña de hipótesis relativas a $(\mu_1 - \mu_2)$ cuando $\sigma_1^2 = \sigma_2^2$ y las muestras son independientes

Para este caso, se desea comprobar la existencia de alguna diferencia entre las medias de dos poblaciones con varianzas iguales, teniendo presente la existencia de muestras pequeñas y además considerando la independencia de la selección de las muestras de poblaciones diferentes.

Prueba de un extremo

$H_0 : (\mu_1 - \mu_2) = D_0$
$H_a : (\mu_1 - \mu_2) > D_0$
$[H_a : (\mu_1 - \mu_2) < D_0]$

Prueba de dos extremos

$H_0 : (\mu_1 - \mu_2) = D_0$
$H_\alpha : (\mu_1 - \mu_2) \neq D_0$

Estadística de prueba: $t = \dfrac{(\bar{y}_1 - \bar{y}_2) - D_0}{\sigma_{(\bar{y}_1 - \bar{y}_2)}} = \dfrac{(\bar{y}_1 - \bar{y}_2) - D_0}{\sqrt{s_p^2 \left(\frac{1}{n_1} + \frac{1}{n_2}\right)}}$

Región de rechazo   **Región de rechazo**

$t > t_\alpha$ ó $(t < -t_\alpha)$ $|t| > t_{\alpha/2}$

El valor de $\quad s_p^2 = \dfrac{(n_1-1)s_1^2 + (n_2-1)s_2^2}{n_1+n_2-2}$

En donde la distribución t se basa en $n_1 + n_2 - 2$ grados de libertad.

Supuestos:
1. Las poblaciones de las que se extrajeron las muestras se consideran con distribuciones de frecuencia relativa aproximadamente normales.
2. Las varianzas se consideran iguales.
3. Las muestras son escogidas de manera aleatoria de las poblaciones.

Nota: si se viola el supuesto de poblaciones normales, la inferencia puede ser errónea. Para evitar este percance, se deben aplicar los métodos para pruebas no paramétricas.

Ejemplo 6.6
Un grupo de médicos especialistas en medicina del deporte (médicos deportólogos) desea investigar sobre la influencia de la actividad física como medio para la prevención de muerte por infarto cardiaco del ser humano. Se seleccionan dos muestras de dos grupos de personas. Un grupo pertenece a una comunidad que por tradición practica deporte tres o más veces a la semana y el otro proviene de un grupo de personas que lo hace una o no lo practica. es el ritmo cardiaco medio de la comunidad que practica regularmente deporte y es el ritmo cardiaco medio de la comunidad que no practica regularmente deporte, por lo tanto, se quiere probar si existe diferencia en la frecuencia cardiaca media entre las personas que practican regularmente deporte y los que no. Utilizar un $\alpha = ,05$.

Se han seleccionado muestras aleatorias independientes, como se muestra:

(Frecuencia cardiaca/minuto) Practica regularmente deporte				(Frecuencia cardiaca/minuto) No practica regularmente deporte		
60	62	61		69	66	75
66	64	62		71	69	77
64	65	61		75	70	78
65	64	58		70	72	
61	62	58		68	74	

Supuestos:
1. Las poblaciones de las que se extrajeron las muestras se consideran con distribuciones de frecuencia relativa aproximadamente normales.

2. Las varianzas de las poblaciones se consideran iguales.
3. Las dos muestras son escogidas de manera aleatoria de las poblaciones.

A continuación, se resumen las estadísticas de cada muestra de personas:

Estadísticas	Practican regularmente deporte [1]	No practican regularmente deporte [2]
n	15	13
Media	62,20	71,85
Desviación estándar	2,46	3,67
Varianza	6,03	13,47

Prueba estadística:

$$H_0 : (\mu_1 - \mu_2) = 0 \qquad (\mu_1 = \mu_2) \text{ No hay diferencias}$$
$$H_a : (\mu_1 - \mu_2) \neq 0 \qquad (\mu_1 \neq \mu_2) \text{ Sí hay diferencias}$$

Estadística de prueba $t \quad = \dfrac{(\bar{y}_1 - \bar{y}_2) - D_0}{\sigma_{(\bar{y}_1 - \bar{y}_2)}} = \dfrac{(\bar{y}_1 - \bar{y}_2) - D_0}{\sqrt{s_p^2 \left(\frac{1}{n_1} + \frac{1}{n_2} \right)}}$

Reemplazando:

$$s_p^2 = \frac{(n_1 - 1)s_1^2 + (n_2 - 1)s_2^2}{n_1 + n_2 - 2} = \frac{(15 - 1)6,03 + (13 - 1)13,47}{15 + 13 - 2}$$

$$s_p^2 = \frac{246,06}{26} = 9,46$$

$$\text{Ahora: } t = \frac{(62,20 - 71,85)}{\sqrt{9,464 \left(\frac{1}{15} + \frac{1}{13} \right)}} = \frac{-9,65}{1,166} = -8,27$$

Grados de libertad: $n_1 + n_2 - 2 = 15 + 13 - 2 = 26$

Región de rechazo: $|t| > t_{\alpha/2} = t_{,025}$

Se rechaza H_0 si: $t < -t_{,025} = -2,055$ y $t >= 2,055$

Análisis:
Como el valor encontrado $-8,27 \ll -2,055$, entonces se rechaza H_0. En consecuencia, hay pruebas suficientes para afirmar que existen diferencias entre la frecuencia cardiaca media de las personas que practican regularmente deporte y los que no. Como el rechazo se dio en el extremo izquierdo de la distribución, se puede inferir que la frecuencia cardiaca media de los que no practican deporte es mayor de los que practican deporte (ver figura 6.9).

Figura 6.9. Región de rechazo con $t = -8,27 \ll 2,0055$

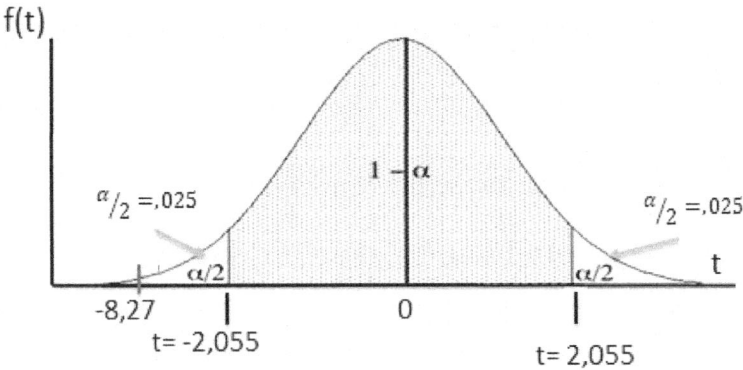

Solución aplicando R:

```
> ### Prueba de Hipótesis muestras independietes,
> ### con varianzas poblacionales iguales
> #### Definición de las muestras
> x1 <- c(60,66,64,65,61,62,64,65,64,62,61,62,61,58,58)
> x2 <- c(69,71,75,70,68,66,69,70,72,74,75,77,78)
> ### Resumen estadístico
> data.frame(length(x1),mean(x1),sd(x1),var(x1))
  length.x1. mean.x1.   sd.x1.  var.x1.
1         15    62.2 2.455315 6.028571
> data.frame(length(x2),mean(x2),sd(x2),var(x2))
  length.x2. mean.x2.   sd.x2.  var.x2.
1         13 71.84615 3.670744 13.47436
```

El primer paso es definir las variables de interés y obtener los estadísticos descriptivos más relevantes.

```
74 ### Prueba de Normalidad de las muestras
75 install.packages("car")
76 library(car)
77 par(mfrow=c(2,2))
78 #require(car)  # Debe instalar antes el paquete car
79 qqPlot(x1, pch=19, las=1, main='QQplot frecuen Pract deporte',
80        xlab='Cuantiles teóricos', ylab='Cuantiles muestrales')
81
82 hist(x1, las=1, xlab='Frecuencia cardiaca', ylab='Frecuencia',
83      main='Histograma Frecuen - Practican deporte')
84
85 |
86 qqPlot(x2, pch=19, las=1, main='QQplot frecuen No Pract deporte',
87        xlab='Cuantiles teóricos', ylab='Cuantiles muestrales')
88
89 hist(x2, las=1, xlab='Frecuencia cardiaca', ylab='Frecuencia',
90      main='Histograma Frecuen - No practican deporte')
```

Es importante la comprobación de la normalidad de donde provienen los datos. Inicialmente, se realiza el gráfico QQplot acompañado de su histograma. Se evidencia en el gráfico QQplot que los datos guardan un comportamiento normal, no así es claro en los histogramas; esto debido a la existencia de pocos datos. A continuación, se presenta el *script* con su gráfico correspondiente.

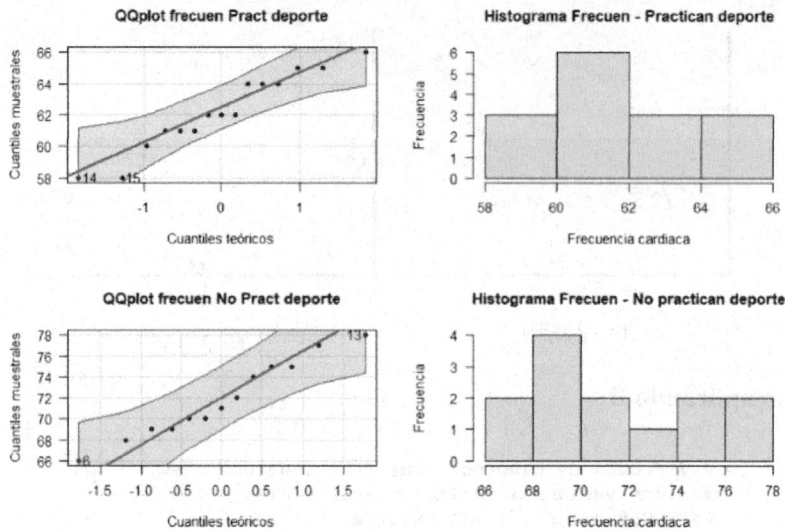

Ahora se aplica la prueba de normalidad de Shapiro-Wilk (Faraway, 2005), teniendo presente el planteamiento de la prueba de hipótesis para esta prueba:

H_0: La variable guarda una distribución normal
H_1: La variable no guarda una distribución normal

La toma de la decisión depende del p-valor encontrado:

p-valor $>$ α: No se rechaza la hipótesis nula H_0
p-valor $<$ α: Se rechaza la hipótesis nula H_0

De acuerdo con los resultados encontrados, se encuentra que los dos p-valor son $\gg$ α (0.05), luego en la prueba no se rechaza la H_0; se comprueba que las dos variables *x1* y *x2* provienen de distribuciones normales.

```
> #### Prueba Shapiro Wilks
> shapiro.test(x1)

        Shapiro-Wilk normality test

data:   x1
W = 0.9418, p value = 0.4056

> shapiro.test(x2)

        Shapiro-Wilk normality test

data:   x2
W = 0.95747, p-value = 0.7143
```

El siguiente paso consiste en aplicar la prueba *t.test* para las dos muestras, con la condición de tener sus poblaciones varianzas iguales y con la hipótesis alternativa condicionada a ser cero, es decir, no existe diferencia entre las medias. Es decir:

$$H_0 : (\mu_1 - \mu_2) = 0 \qquad (\mu_1 = \mu_2) \text{ No hay diferencias}$$
$$H_a : (\mu_1 - \mu_2) \neq 0 \qquad (\mu_1 \neq \mu_2) \text{ Sí hay diferencias}$$

```
#### Prueba t.test
prueba <- t.test(x1,x2, alternative = "two.sided",
                 paired = F, var.equal = T,
                 conf.level = 0.95)
```

Se obtiene un p - *valor* $<< 0.05$, que corresponde a $9,346e - 09$. Luego este resultado conduce al rechazo de la H_0, es decir, existen pruebas suficientes para afirmar, con las muestras seleccionadas para el estudio con $\alpha = 0.05$, la existencia de diferencias entre la frecuencia cardiaca de los que practican deporte con los que no. En otras palabras, la frecuencia cardiaca de los que practican deporte es menor de los que no. Esto se comprueba con el signo negativo del intervalo de confianza.

```
> prueba

        Two Sample t-test

data:  x1 and x2
t = -8.2743, df = 26, p-value = 9.347e-09
alternative hypothesis: true difference in means is
not equal to 0
95 percent confidence interval:
 -12.042490  -7.249818
sample estimates:
mean of x mean of y
 62.20000  71.84615
```

6.9.3 Prueba con muestra pequeña de hipótesis relativas a $(\mu_1 - \mu_2)$ cuando $\sigma_1^2 \neq \sigma_2^2$. Para muestras independientes

En este caso se desea comprobar la existencia de alguna diferencia entre las medias de dos poblaciones con varianzas desiguales, teniendo presente la existencia de muestras pequeñas y además considerando la independencia de la selección de las muestras de poblaciones diferentes.

Caso 1: $n_1 = n_2 = n$

$$\text{Estadística de prueba: } t = \frac{(\bar{y}_1 - \bar{y}_2) - D_0}{\sqrt{\frac{s_1^2}{n_1} + \frac{s_2^2}{n_2}}} = \frac{(\bar{y}_1 - \bar{y}_2) - D_0}{\sqrt{\frac{1}{n}(s_1^2 + s_2^2)}}$$

Grados de libertad: $v = n_1 + n_2 - 2 = 2(n - 1)$

Caso 2: $n_1 \neq n_2$

Estadística de prueba: $t = \dfrac{(\bar{y}_1 - \bar{y}_2) - D_0}{\sqrt{\dfrac{s_1^2}{n_1} + \dfrac{s_2^2}{n_2}}}$

Grados de libertad: $v = \dfrac{\left(s_1^2/n_1 + s_2^2/n_2\right)^2}{\left[\dfrac{\left(s_1^2/n_1\right)^2}{n_1 - 1} + \dfrac{\left(s_2^2/n_2\right)^2}{n_2 - 1}\right]}$

Si el valor de v da con decimales, este valor se debe acercar al entero más cercano.

Ejemplo 6.7

Para mitigar el crecimiento de los cultivos de coca encontrados en las regiones de los campos colombianos, en décadas pasadas el gobierno aprobó el uso de fungicidas para quemar y destruir la mata. Esto trajo como consecuencia la aparición de enfermedades respiratorias en las comunidades que se encontraban en contacto con estos químicos. A un determinado grupo de científicos se le encomendó la tarea de identificar el impacto producido por estos químicos en la comunidad; es así como tomaron medidas de muestras de aire durante el periodo de rociado en un área específica en donde se utilizaban estos químicos de manera frecuente en épocas de lluvia y días soleados. La siguiente tabla evidencia los niveles de toxicidad de dos elementos A y B posiblemente cancerígenos para el ser humano encontrados en las muestras en (mg/m^3). Utilice un $\alpha = ,05$ para determinar si las razones (B/A) en condiciones de lluvia y soleado son iguales o diferentes.

No.	Condición	A	B	Razón B/A		No.	Condición	A	B	Razón B/A
1	Lluvioso	40	38	0,95		9	Lluvioso	38	37	0,974
2	Soleado	45	30	0,667		10	Soleado	55	35	0,636
3	Lluvioso	35	28	0,8		11	Lluvioso	36	34	0,944
4	Lluvioso	37	33	0,892		12	Soleado	50	45	0,9
5	Soleado	48	40	0,833		13	Lluvioso	46	44	0,957
6	Lluvioso	38	30	0,789		14	Soleado	48	47	0,979
7	Lluvioso	39	-	--		15	Soleado	53	50	0,943
8	Soleado	46	35	0,761						

Supuestos:

- Las poblaciones de las que se extrajeron las muestras se consideran con distribuciones de frecuencia relativa aproximadamente normales.
- Se supone que las varianzas poblacionales son diferentes.

- Las muestras son escogidas de manera aleatoria de las poblaciones.

A continuación, se muestra el resumen estadístico de las razones:

Estadísticas	Soleado [2]	Lluvioso [1]
n	7	7
Media	0,817	0,901
Desviación estándar	0,134	0,0768
Varianza de la muestra	0,018	0,0059

Prueba estadística:

$$H_0 : (\mu_1 - \mu_2) = 0 \qquad (\mu_1 = \mu_2) \text{ No hay diferencias}$$
$$H_\alpha : (\mu_1 - \mu_2) \neq 0 \qquad (\mu_1 \neq \mu_2) \text{ Sí hay diferencias}$$

Como $n_1 = n_2 = n = 7$

Estadística de prueba: $\qquad t = \dfrac{(\bar{y}_1 - \bar{y}_2) - D_0}{\sqrt{\frac{s_1^2}{n_1} + \frac{s_2^2}{n_2}}} = \dfrac{(\bar{y}_1 - \bar{y}_2) - 0}{\sqrt{\frac{1}{n}(s_1^2 + s_2^2)}}$

Grados de libertad: $v = n_1 + n_2 - 2 = 2(n - 1) = 2(7 - 1) = 12$
Región de rechazo: $|t| > t_{\alpha/2} = t_{,025}$
Se rechaza H_0 si: $t > t_{,025} = 2,1788$ y $t < -2,1788$

Análisis:
Como el valor encontrado $2,106 < 2,1788$, no se encuentra en la región de rechazo. En consecuencia, se afirma que no existe pruebas suficientes para rechazar la H_0. Es decir, no hay pruebas suficientes para rechazar que no existen diferencias entre las medias de las razones de los químicos en momentos lluviosos y soleados (ver figura).

Método del *p-value*:
Valor $p = P(t \geq 2,106) + P(t \leq -2,106)$

Como el valor de para 12 *gl* se encuentra entre los valores de probabilidad de 0,05 y 0,025, se interpola para encontrar el valor p exacto. Aproximando, se puede tomar el valor de 0,03.

Luego: *Valor* $p = 2(0,03) = 0,06$
Valor $p >> 0,05$: no existen pruebas suficientes para rechazar H_0.

Comportamiento:

Figura 6.10. Valor calculado de t = 2,106 se encuentra por fuera de la región de rechazo

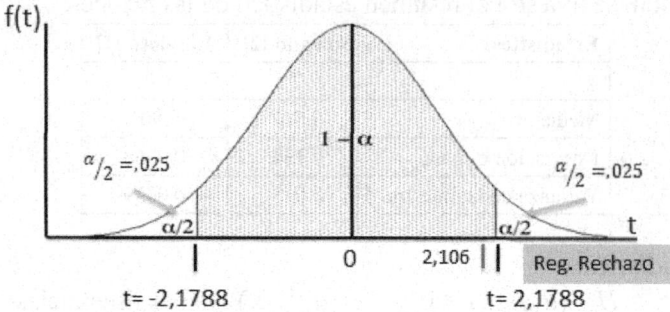

Solución aplicando R:

Se llaman las variables en R y luego se construye el *data frame* con ellas.

```
Condicion <- c("Lluvioso","Soleado","Lluvioso","Lluvioso",
               "Soleado","Lluvioso","Lluvioso","Soleado",
               "Lluvioso","Soleado","Lluvioso","Soleado",
               "Lluvioso","Soleado","Soleado")
A <- c(40,45,35,37,48,38,39,46,38,55,36,50,46,48,53)
B <- c(38,30,28,33,40,30,NA,35,37,35,34,45,44,47,50)
#data.frame(Condicion,A,B)
Razon <- round((B*1/A),2)
Razon
toxicidad <- data.frame(Condicion,A,B,Razon)
```

El siguiente paso consiste en crear las subbases respecto a las categorías: *Lluvioso* y *Soleado* de la variable *Condición*. Es necesario remover los datos faltantes existentes. Por ejemplo, en la subbase de *Lluvioso*.

```
toxi_lluvia <- toxicidad[toxicidad$Condicion == "Lluvioso", ]
toxi_soleado <- toxicidad[toxicidad$Condicion == "Soleado", ]

### Remover datos faltantes
toxi_lluvia_sin_NA <- toxi_lluvia[complete.cases(toxi_lluvia),]
toxi_lluvia_sin_NA
```

Ahora, se visualiza la nueva subbase de la condición de *Lluvioso* sin datos o registros NA. Aparecen 7 registros con la información completa.

Para el caso de la condición de *Soleado*, no contiene datos NA.

```
> dim(toxi_lluvia_sin_NA)
[1] 7 4
> toxi_lluvia_sin_NA
   Condicion  A  B Razon
1   Lluvioso 40 38  0.95
3   Lluvioso 35 28  0.80
4   Lluvioso 37 33  0.89
6   Lluvioso 38 30  0.79
9   Lluvioso 38 37  0.97
11  Lluvioso 36 34  0.94
13  Lluvioso 46 44  0.96
```

Comprobación de la normalidad de donde provienen los datos:
Inicialmente, se realiza el gráfico QQplot acompañado de su histograma. Se evidencia en el gráfico QQplot que los datos guardan un comportamiento normal, no así es claro en los histogramas; esto debido a la existencia de pocos datos. A continuación, se presenta el *script* con su gráfico correspondiente.

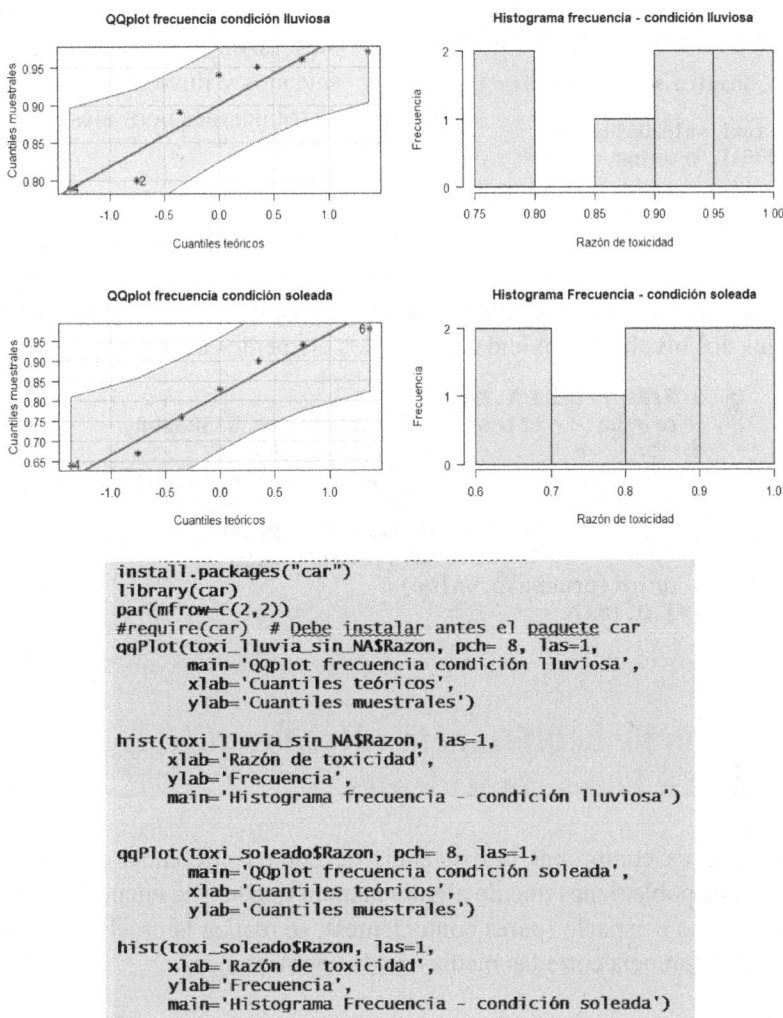

```
install.packages("car")
library(car)
par(mfrow=c(2,2))
#require(car)   # Debe instalar antes el paquete car
qqPlot(toxi_lluvia_sin_NA$Razon, pch= 8, las=1,
       main='QQplot frecuencia condición lluviosa',
       xlab='Cuantiles teóricos',
       ylab='Cuantiles muestrales')

hist(toxi_lluvia_sin_NA$Razon, las=1,
     xlab='Razón de toxicidad',
     ylab='Frecuencia',
     main='Histograma frecuencia - condición lluviosa')

qqPlot(toxi_soleado$Razon, pch= 8, las=1,
       main='QQplot frecuencia condición soleada',
       xlab='Cuantiles teóricos',
       ylab='Cuantiles muestrales')

hist(toxi_soleado$Razon, las=1,
     xlab='Razón de toxicidad',
     ylab='Frecuencia',
     main='Histograma Frecuencia - condición soleada')
```

Ahora se aplica la prueba Shapiro-Wilk, teniendo presente el planteamiento de la prueba de hipótesis:

H_0: La variable guarda una distribución normal

H_1: La variable no guarda una distribución normal

```
> #### Prueba de normalidad Shapiro Wilk
> #### a las dos variables
> shapiro.test(toxi_lluvia_sin_NA$Razon)

        Shapiro-Wilk normality test

data:  toxi_lluvia_sin_NA$Razon
W = 0.82179, p value = 0.06681

> shapiro.test(toxi_soleado$Razon)

        Shapiro-Wilk normality test

data:  toxi_soleado$Razon
W = 0.93611, p-value = 0.604
```

De acuerdo con los resultados encontrados, se encuentra que los dos p-valor son $\gg \alpha$ (0.05), luego en la prueba no se rechaza la H_0; se comprueba que las dos variables razón de toxicidad en días soleados y lluviosos provienen de distribuciones normales.

Finalmente, se aplica la prueba *t.test* para las dos muestras. Se tiene un $p-valor$ = 0.1827 $\gg \alpha$. Luego se toma la decisión de no rechazo de la H_0. En conclusión, no existen pruebas suficientes para afirmar que existan diferencias entre las medias de los dos niveles de toxicidad de los dos elementos en estudio.

```
> #### Prueba t.test
> prueba <- t.test(toxi_lluvia_sin_NA$Razon,
+                   toxi_soleado$Razon,
+                   alternative = "two.sided",
+                   mu = 0,
+                   paired = F, var.equal = F,
+                   conf.level = 0.95)
> print(prueba$p.value)
[1] 0.1827
```

6.10 Prueba de la diferencia entre las medias de dos poblaciones. Pares coincidentes

Cuando se desea comprobar la existencia de alguna diferencia o no entre las medias de dos poblaciones que de alguna manera tienen o se encuentran relacionadas en tiempo o espacio (pares coincidentes), se realiza la prueba de hipótesis relativa a la diferencia entre las medias de dos poblaciones.

6.10.1 Prueba con muestra grande de hipótesis acerca de $(\mu_1 - \mu_2)$. Pares coincidentes

Este método se aplica a muestras grandes en donde las poblaciones de donde se extraen las muestras guardan algún tipo de coincidencia relacionada con el objeto de estudio.

Prueba de un extremo   **Prueba de dos extremos**

$H_0 : (\mu_1 - \mu_2) = D_0$ $H_0 : (\mu_1 - \mu_2) = D_0$

$H_a : (\mu_1 - \mu_2) > D_0$ $H_a : (\mu_1 - \mu_2) \neq D_0$

$$[H_a: (\mu_1 - \mu_2) < D_0]$$

Estadística de prueba: $\quad Z = \dfrac{\bar{d}-D_0}{\sigma_d/\sqrt{n}} = \dfrac{\bar{d}-D_0}{s_d/\sqrt{n}}$

$\bar{d}, \ s_d$: Media y desviación de la diferencia de las medias

Región de rechazo   **Región de rechazo**

$z > z_\alpha$ $|z| > z_{\alpha/2}$

$[z < -z_\alpha]$

Nota: D_0 puede tomar el valor de cero cuando quiero afirmar en la H_0 que las medias poblacionales son iguales o diferente de cero.

6.10.2 Prueba con muestra pequeña de hipótesis acerca de ($\mu_1 - \mu_2$). Pares coincidentes

Para este caso, se contempla la existencia de muestras pequeñas y, al igual que en el anterior, las poblaciones de donde se extraen las muestras guardan algún tipo de coincidencia relacionada con el objeto de estudio.

Prueba de un extremo   **Prueba de dos extremos**

$H_0 : (\mu_1 - \mu_2) = D_0$ $H_0 : (\mu_1 - \mu_2) = D_0$

$H_a : (\mu_1 - \mu_2) > D_0$ $H_a : (\mu_1 - \mu_2) \neq D_0$

$$[H_a: (\mu_1 - \mu_2) < D_0]$$

Estadística de prueba: $\quad t = \dfrac{\bar{d}-D_0}{\sigma_d/\sqrt{n}} = \dfrac{\bar{d}-D_0}{s_d/\sqrt{n}}$

$\bar{d}, \ s_d$: Media y desviación de la diferencia de las medias

Región de rechazo   **Región de rechazo**

$t > t_\alpha$ $|t| > t_{\alpha/2}$

$[t < -t_\alpha]$

Nota: D_0 puede tomar el valor de cero cuando quiero afirmar en la H_0 que las medias poblacionales son iguales o diferente de cero.

Supuestos:
1. Las poblaciones de donde se extraen las muestras tienen una distribución de frecuencia relativa normal (aproximadamente).
2. Las muestras son seleccionadas de forma aleatoria; de la misma forma las apareadas.
3. Si se viola el supuesto de normalidad, es necesario aplicar pruebas no paramétricas (por ejemplo, la de Wilcoxon).

Ejemplo 6.8

Para mejorar la calidad en el tamaño de grano de arroz, se quiere experimentar con la utilización de un producto químico durante el proceso de siembra. Para observar el efecto, se puso a prueba en dos fincas en la misma región, a una se le aplicó el producto y a la otra simplemente se le realizó el proceso convencional. El propósito es encontrar si existe alguna diferencia en el tamaño de grano de arroz producido por estos dos métodos: el convencional y el tecnificado. Utilice un $\alpha = ,05$. Los datos de la tabla proporcionan la información en unidades de milímetros *ee-1*.

Muestra	1	2	3	4	5	6	7	8
Tecnificado	526	490	491	490	475	512	483	507
Convencional	454	490	483	469	499	478	491	446
Diferencia	72	0	8	21	-24	34	-8	61

Supuestos:
1. Las poblaciones de donde se extraen las muestras tienen una distribución de frecuencia relativa normal (aproximadamente).
2. Las muestras son seleccionadas de forma aleatoria; de la misma forma las apareadas.

Resumen estadístico:

n	8
Media	20,5
Desviación estándar	33,47
Varianza	1.120,57

Prueba estadística:

$$H_0 : (\mu_1 - \mu_2) = 0 \qquad (\mu_1 = \mu_2) \text{ No hay diferencias}$$
$$H_\alpha : (\mu_1 - \mu_2) \neq 0 \qquad (\mu_1 \neq \mu_2) \text{ Sí hay diferencias}$$

Estadística de prueba: $\quad t = \dfrac{\bar{d} - D_0}{\sigma_d/\sqrt{n}} = \dfrac{\bar{d} - D_0}{s_d/\sqrt{n}}$

$$D_0: 0 \qquad n = 8$$

Reemplazando: $\quad t = \dfrac{20.5}{33.47 \big/ \sqrt{8}} = 1{,}73$

Grados de libertad: la distribución t se basa en $(n-1)\text{gl} = v = 7$.
Región de rechazo: $|t| > t_{\alpha/2} = t_{,025}$ con gl $= 7$.
Según la tabla de distribución $t\_student$:
Se rechaza H_0 si: $t > t_{,025} = 2{,}3646$ y $t < -2{,}3646$

Análisis:
Como el valor encontrado $1.73 < 2.36$, se encuentra en la región de no rechazo, en consecuencia, se afirma que no existen pruebas suficientes para rechazar la H_0. Es decir, no hay pruebas suficientes para afirmar que existan diferencias entre las medias de los tamaños del arroz producido en condiciones convencionales y tecnificadas.

Figura 6.11. El valor de $t = 1.73$ es menor a $t_{,025} = 2.36$, luego no se encuentra en la región de rechazo

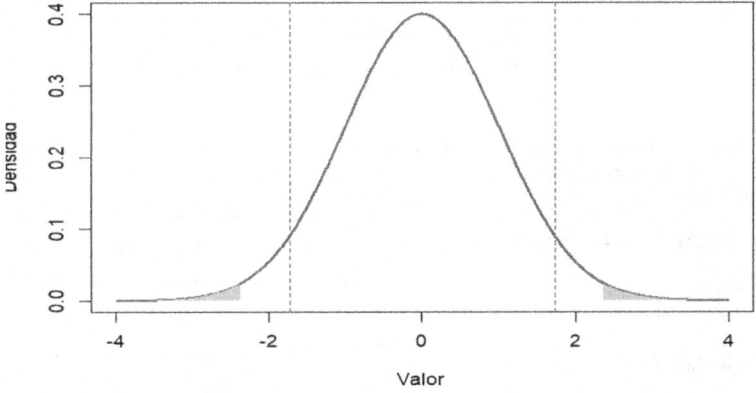

Solución aplicando R:

Se comprueba la normalidad de proveniencia de los datos. Inicialmente, se realiza el gráfico QQplot acompañado de su histograma. Se evidencia en el gráfico QQplot que los datos referentes a la longitud de los granos tecnificados tienden hacia la línea $qqplot$, sin embargo, existen algunos valores que se alejan de ella, guarda un comportamiento más lineal el grupo respecto a las dimensiones de los granos convencionales, pero en los histogramas no es clara su distribución; esto debido a la existencia de pocos datos. A continuación, se presenta el gráfico correspondiente.

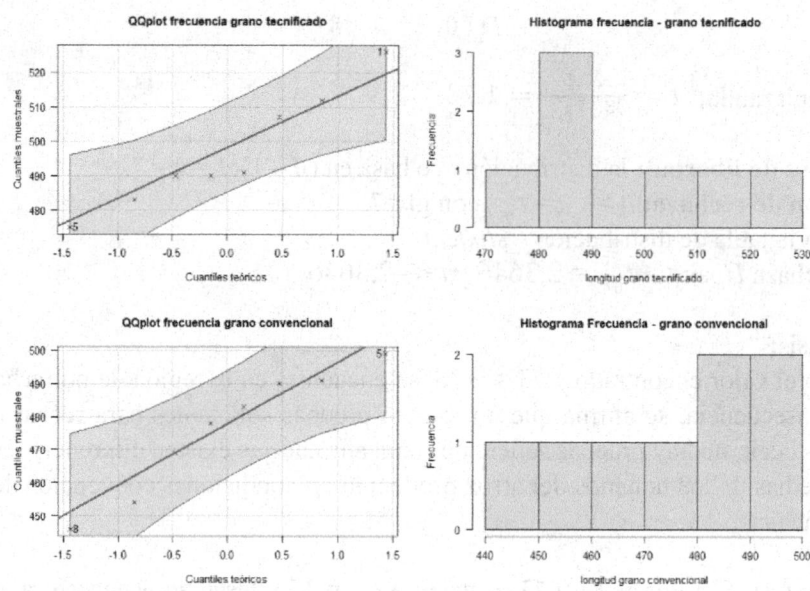

Ahora, se acude a la prueba de Shapiro-Wilk, teniendo presente el planteamiento de la prueba de hipótesis:

H_0: La variable guarda una distribución normal

H_1: La variable no guarda una distribución normal

```
> #### Prueba de normalidad Shapiro-Wilk
> #### a las dos variables
> shapiro.test(tecnol)

        Shapiro-Wilk normality test

data:  tecnol
W = 0.93687, p-value = 0.5805

> shapiro.test(convenc)

        Shapiro-Wilk normality test

data:  convenc
W = 0.93544, p-value = 0.5668
```

Se evidencia para las dos variables de interés un $p - valor >> \alpha$ (0.05), luego no se rechaza la H_0. Es decir, las variables guardan un comportamiento de distribución normal.

Se realiza el análisis de las varianzas para confirmar si son iguales o no lo son.

H_0: El ratio de las varianzas de las poblaciones son iguales a 1

H_1: El ratio de las varianzas de las poblaciones no son iguales a 1

Como el $p - valor >> \alpha$ (0.05), luego no se rechaza la H_0. Es decir, las varianzas poblacionales de donde provienen las muestras son iguales.

```
> ### Prueva de la varianza de las dos muestras
> var.test(tecnol, convenc)

        F test to compare two variances

data:  tecnol and convenc
F = 0.81277, num df = 7, denom df = 7, p-value = 0.7915
alternative hypothesis: true ratio of variances is not
equal to 1
95 percent confidence interval:
 0.1627196 4.0597096
sample estimates:
ratio of variances
        0.8127695
```

```
> ### Prueba t.test
> t.test(tecnol,convenc,alternative = "two.sided",
+        mu = 0,paired = T, var.equal = T,
+        conf.level = 0.95)

        Paired t-test

data:  tecnol and convenc
t = 1.7321, df = 7, p-value = 0.1269
alternative hypothesis: true mean difference is not
equal to 0
95 percent confidence interval:
 -7.485748 48.485748
sample estimates:
mean difference
        20.5
```

Finalmente, se aplica la prueba *t.test*, debido a que un $p - valor \gg \alpha$ (0.05) conduce al no rechazo de la H_0, la cual afirma que la diferencia de medias es igual a cero. Es decir, no hay pruebas suficientes para afirmar que existan diferencias entre las medias de los tamaños del arroz producido en condiciones convencionales y tecnificadas. Otra forma de comprobar el hallazgo anterior es verificar el rango encontrado del intervalo para la diferencia de las medias; como en el rango se encuentra el cero, conduce a la afirmación de la no existencia de diferencias, como se enunció arriba. Para este caso en particular, es necesario incluir en el código en R la condición de la prueba de que las muestras se encuentran pareadas. Es decir, la restricción es: *paired = TRUE*.

También es necesario comprobar si las varianzas poblacionales de donde provienen las muestras son iguales o no, con el propósito de incluir esta condición en esta prueba, como se enuncia en el siguiente *script*. Se aprecia que dado el $p - valor \gg 0.05$, no se rechaza la H_0: *el ratio de las varianzas es igual a* 1. Es decir, las varianzas poblacionales de donde provienen las muestras son iguales.

```
> ### Prueba de la varianza de las dos muestras
> var.test(tecnol, convenc)

            F test to compare two variances

data:  tecnol and convenc
F = 0.81277, num df = 7, denom df = 7, p-value = 0.7915
alternative hypothesis: true ratio of variances is not
equal to 1
95 percent confidence interval:
 0.1627196 4.0597096
sample estimates:
ratio of variances
         0.8127695
```

6.11 Prueba de proporción de una población

Esta prueba aplica cuando se desea comparar el verdadero valor de una proporción de una población con un valor específico; se debe tener presente el tamaño de la muestra. Para el desarrollo de esta sección en donde se enuncie el término proporción, es importante recordar que representa la probabilidad del éxito en un experimento binomial.

6.11.1 Prueba con muestra grande de hipótesis acerca de una proporción de población

El tamaño de la muestra se debe considerar lo suficientemente grande, en donde el tamaño de la muestra n aplica siempre y cuando $n\hat{p}$ y $n\hat{q}$ sean mayores o iguales a 4.

Prueba de un extremo   **Prueba de dos extremos**

$H_0 : p = p_0$ $H_0 : p = p_0$

$H_\alpha : p > p_0$ $H_\alpha : p \neq p_0$

$$[H_\alpha : p > p_0]$$

Estadística de prueba: $z = \dfrac{\hat{p} - p_0}{\sqrt{p_0 q_0 / n}}$

Sabiendo que $q_0 = 1 - p_0$

Región de rechazo   **Región de rechazo**

$z > z_\alpha$ $|z| > z_{\alpha/2}$

$[z < -z_\alpha]$

Supuestos:
El tamaño de la muestra tiene que ser grande (>>30) para que su aproximación sea válida.
Recordar que debe cumplir: $n\hat{p} \geq 4$ y $n\hat{q} \geq 4$ para considerarla grande.

Ejemplo 6.9
Un estudio adelantado por el Ministerio de Educación afirma que cerca del 95 % de los profesionales que realizan estudios de doctorado fuera de Colombia retornan a continuar sus labores investigativas en sus universidades de origen. El centro de investigación y tecnología de una universidad realiza un estudio para hacer el seguimiento a los profesionales con grado de doctor; para ello, realiza una encuesta a 200 profesionales graduados con el título de doctor, de los cuales 185 respondieron afirmativamente continuar vinculados con la universidad que los apoyó en la realización de sus estudios doctorales. ¿Hay pruebas, con un , de que la verdadera proporción de profesionales con título de doctorado sea menor que el 95 % según el ministerio?

Solución:
Parámetro de interés: p, proporción de la población de profesionales con título de doctorado que regresan a su universidad de origen.

Prueba estadística:
$$H_0 : p = 0{,}95$$
$$H_\alpha : p < 0{,}95$$

Estadística de prueba: $z = \dfrac{\hat{p}-p_0}{\sqrt{p_0 q_0/n}}$

$\hat{p} = \dfrac{y}{n} = \dfrac{185}{200} = 0{,}925 \quad p_0 = {,}95 \quad q_0 = {,}05$

Reemplazando en la estadística de prueba:
$$z = \frac{0{,}925 - 0{,}95}{\sqrt{({,}95 * {,}05)/200}} = \frac{-{,}025}{0{,}015} = -1{,}62$$

Para el $z = 1.62$ corresponde un $\alpha = {,}0526$
Para el $z_c = -1.645$ corresponde un $\alpha = {,}05$

Región de rechazo: con el nivel de significancia de $\alpha = {,}05$, H_0 se rechaza si:
$$-z < z_c$$
Como no lo es, no se rechaza H_0.

Figura 6.12. Zona crítica para la prueba de hipótesis en la proporción de una población

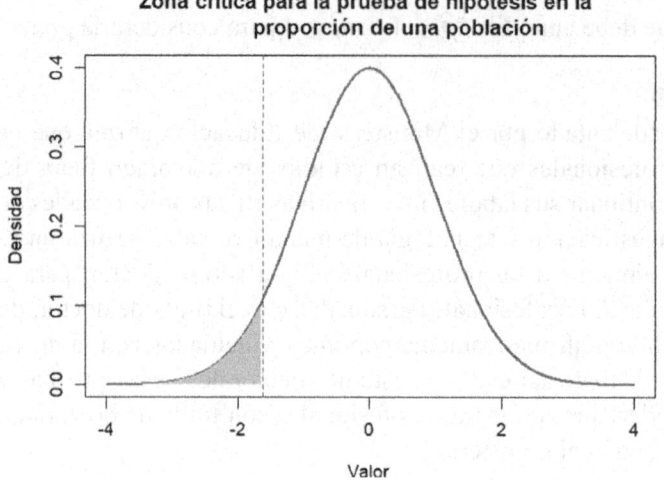

Análisis:

Como -1,62 (segunda línea roja) es mayor que -1,645 (no cae en la región de rechazo; área sombreada), no hay pruebas suficientes para rechazar la H_0. Es decir, no hay pruebas suficientes para aceptar la afirmación de existir menos del 95 % de los profesionales con grado de doctorado que regresan a su universidad de origen.

Solución aplicando R:

```
5  ### Estadística de prueba
6  y <- 185
7  n <- 200
8
9  p_estim <- y/n
10 p_cero < 0.95
11 q_cero <- 1 - p_cero
```

En primera instancia se realiza el cálculo de la estimación de la probabilidad del éxito y del fracaso.

```
> ### Cálculo de la estadística de prueba  z
> z <- (p_estim - p_cero) / sqrt((p_cero*q_cero)/n)
> z
[1] -1.622214
> ### Cálculo del alpha  en la distribución estandar
> alpha <- pnorm(z, mean = 0, sd = 1)
> alpha
[1] 0.05237874
> ### Cálculo del z_crit para el alpha critico
> alpha_cr <- 0.05
> z_crit <- qnorm(alpha_cr, mean = 0, sd =1)
> z_crit
[1] -1.644854
```

El siguiente paso consiste en el cálculo de la estadística de prueba z y de su correspondiente probabilidad o *alpha*, así como para el del z *crítico*.

Otra forma de realizar el ejercicio es utilizando la función *prop.test*, como se enuncia a continuación:

```
> #### Uso del comando "prop.test"
> x <-185
> n <- 200
> p <- 0.925
> alpha <- 0.05
> proporción <- prop.test(x, n, alternative = "less")
> proporción

          1-sample proportions test with continuity correction

data:  x out of n, null probability 0.5
X-squared = 142.81, df = 1, p-value = 1
alternative hypothesis: true p is less than 0.5
95 percent confidence interval:
 0.0000000 0.9522911
sample estimates:
     p
0.925
```

Análisis:
Como el $z_c = -1.62$ es mayor que el *z de la estadística de prueba* $= -1.645$, luego no cae en la región de rechazo, no hay pruebas suficientes para rechazar la H_0. Es decir, no hay pruebas suficientes para aceptar la afirmación de existir menos del 95 % de los profesionales con grado de doctorado que regresan a su universidad de origen.

6.12 Prueba de hipótesis con muestras grandes de la diferencia entre las proporciones de dos poblaciones $(p_1 - p_2)$. Muestras independientes

Es importante tener presente en esta sección que los tamaños de las muestras deben considerarse grandes. En donde el tamaño de la muestra n aplica siempre y cuando $n\hat{p}$ y $n\hat{q}$ sean mayores o iguales a 4.

Prueba de un extremo   **Prueba de dos extremos**

$$H_0 : (p_1 - p_2) = D_0 \qquad\qquad H_0 : (p_1 - p_2) = D_0$$

$$H_a : (p_1 - p_2) > D_0 \qquad\qquad H_a : (p_1 - p_2) > D_0$$

$$[H_a : (p_1 - p_2) < D_0]$$

Estadística de prueba: $\quad Z = \dfrac{(\hat{p}_1 - \hat{p}_2) - D_0}{\sigma_{(\hat{p}_1 - \hat{p}_2)}}$

Región de rechazo	Región de rechazo
$z > z_\alpha$	$\|z\| > z_{\alpha/2}$
$[z < -z_\alpha]$	

Si $D_0 \neq 0$: $\sigma_{(\hat{p}_1 - \hat{p}_2)} \approx \sqrt{\dfrac{\hat{p}_1 \hat{q}_1}{n_1} + \dfrac{\hat{p}_2 \hat{q}_2}{n_2}}$; donde $\hat{p}_1 = 1 - \hat{q}_1$; $\hat{p}_2 = 1 - \hat{q}_2$

Si $D_0 = 0$: $\sigma_{(\hat{p}_1 - \hat{p}_2)} \approx \sqrt{\hat{p}\hat{q}\left(\dfrac{1}{n_1} + \dfrac{1}{n_2}\right)}$

El número de éxitos de la muestra es: $y_1 + y_2$

Además: $\hat{p}_1 = \hat{p}_2 = \hat{p} = \dfrac{y_1 + y_2}{n_1 + n_2}$

Supuestos:
Los tamaños de las muestras deben ser lo suficientemente grandes ($>> 30$), es decir: $n_1\hat{p}_1 \geq 4$, $n_1\hat{q}_1 \geq 4$, $n_2\hat{p}_2 \geq 4$, y , para que la distribución de muestreo de las estimaciones de las proporciones $\hat{p}_1$, $\hat{p}_2$ y su diferencia $(\hat{p}_1 - \hat{p}_2)$ sean aproximadamente normales.

Ejemplo 6.10
Actualmente, las enfermedades de transmisión sexual por causa del inicio a temprana edad de la actividad sexual en los adolescentes son **más frecuente**s. Se llevó a cabo un estudio comparativo entre dos colegios, uno privado en donde frecuentan estudiantes pertenecientes a estratos 5 y 6 y el otro público con estudiantes de estratos 1 y 2. Se realizó una encuesta en la cual se les preguntó si utilizaban protección (preservativo) cuando tenían relaciones sexuales. Del colegio privado, en donde participaron 1.500 estudiantes, 1.300 respondieron que sí lo utilizaban y del colegio público, de 2.200 respondieron 1.700 de manera afirmativa. Con un α = ,05, ¿existe alguna diferencia en los adolescentes de diferentes estratos respecto al uso de preservativo a la hora de tener actividad sexual?

	Colegio privado	Colegio público
n	1.500	2.200
Sí utilizan preservativos	1.300	1.700

Solución:
Sea p_1 y p_2 las proporciones de las poblaciones de los niños de estratos 5 y 6 y 1 y 2 respectivamente que utilizaban protección cuando tienen relaciones sexuales.

Prueba de hipótesis:
$$H_0 : (p_1 - p_2) = 0$$
$$H_a : (p_1 - p_2) \neq 0$$

Estadística de prueba: $Z = \dfrac{(\hat{p}_1-\hat{p}_2)-D_0}{\sigma_{(\hat{p}_1-\hat{p}_2)}} = \dfrac{(\hat{p}_1-\hat{p}_2)-0}{\sigma_{(\hat{p}_1-\hat{p}_2)}}$

Región de rechazo: $\alpha = ,05$

$$|z| > z_{\alpha/2} \qquad |z| > z_{,025} \qquad z > 1,96 \text{ y } z < -1,96$$

Cálculo de las proporciones de estudiantes que utilizan preservativos:

$\hat{p}_1 = \dfrac{1300}{1500} = 0,866 \quad \hat{p}_2 = \dfrac{1700}{2200} = 0,772$

$p_1 = p_2 = p = \dfrac{y_1+y_2}{n_1+n_2} = \dfrac{1300+1700}{1500+2200} = \dfrac{3000}{3700} = 0,81 \qquad q = 1 - p = 0,19$

Como $D_0 = 0;:\ \sigma_{(\hat{p}_1-\hat{p}_2)} \approx \sqrt{\hat{p}\hat{q}\left(\dfrac{1}{n_1}+\dfrac{1}{n_2}\right)} = \sqrt{(0,81*0,19)\left(\dfrac{1}{1500}+\dfrac{1}{2200}\right)} = 0,013$

Reemplazando: $z = \dfrac{0,866-0,772}{0,013} = 7,2$

Análisis:
Como $z = 7,2$ cae en la región de rechazo, hay pruebas suficientes con un $\alpha = 0,05$ para afirmar que la proporción de estudiantes adolescentes de estratos 5 y 6 utilizan más frecuentemente los preservativos que los jóvenes de estratos 1 y 2 a la hora de tener actividad sexual.

Figura 6.13. El valor de z = 7,2 >> z$_{,025}$ = 1,96 cae en la región de rechazo

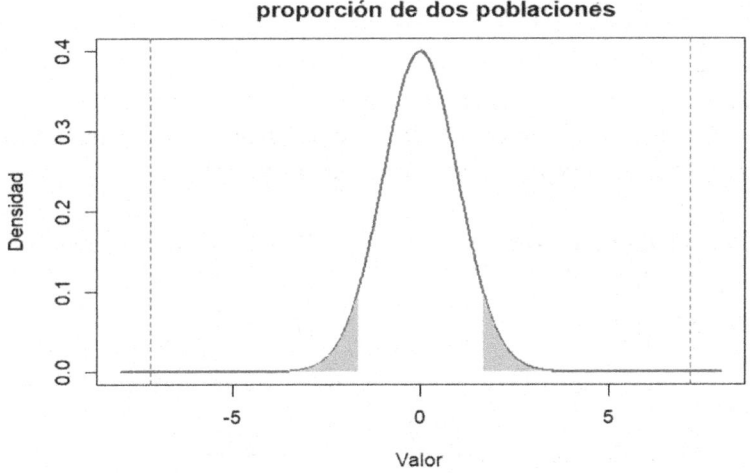

Solución aplicando R:

```
35  ### Uso del comando prom.test
36  x <- c(1300, 1700)
37  n <- c(1500,2200)
```

Para la aplicación de la función *prop.test* se requiere definir las variables que representan el número de éxitos en cada muestra seleccionada y los tamaños muestrales.

La prueba de hipótesis a dos colas con un $\alpha = ,05$ muestra como resultado un p-valor $<< 0.05$, luego se rechaza la H_0, tal como se enunció en el análisis del ejercicio.

```
> proporcion <- prop.test(x, n, alternative = "two.sided")
> proporcion

        2-sample test for equality of proportions with
        continuity correction

data:  x out of n
X-squared = 50.698, df = 1, p-value = 1.077e-12
alternative hypothesis: two.sided
95 percent confidence interval:
 0.06883113 0.11904766
sample estimates:
   prop 1     prop 2
0.8666667 0.7727273
```

Nota: los tamaños de las muestras cumplen con el supuesto de normalidad de las poblaciones de donde fueron extraídas.

6.13 Prueba de hipótesis de la varianza de una población

Para la aplicación de este método, es importante recordar que la muestra seleccionada debe provenir de una población que posea una distribución normal, para que la estadística de pivote *ji* cuadrada se pueda aplicar.

Prueba de un extremo

$$H_0 : \sigma^2 = \sigma_0^2$$
$$H_a : \sigma^2 > \sigma_0^2$$

Prueba de dos extremos

$$H_0 : \sigma^2 = \sigma_0^2$$
$$H_a : \sigma^2 \neq \sigma_0^2$$

$$[H_a : \sigma^2 < \sigma_0^2]$$

Estadística de prueba: $\chi^2 = \dfrac{(n-1)s^2}{\sigma_0^2}$

$$\begin{array}{cc} \textbf{Región de rechazo} & \textbf{Región de rechazo} \\ X^2 > X_\alpha^2 & X^2 < X_{1-\alpha/2}^2 \ \text{y} \ X^2 > X_{\alpha/2}^2 \\ [X^2 < X_{1-\alpha}^2] & \end{array}$$

Los valores X_α^2 y $X_{1-\alpha}^2$ son los valores de X^2 que ubican un área de α a la derecha y α a la izquierda de una distribución *ji* cuadrada con $(n-1)$ grados de libertad. El valor σ_0^2 es el valor numérico que se especifica en la H_0.

Supuesto:
La muestra se selecciona de una población que posee una distribución normal independiente del tamaño de la muestra.

Ejemplo 6.11
El ingeniero de control de calidad de una fábrica de jugos se encuentra verificando el proceso de llenado de las cajas de jugos. Para tal efecto, periódicamente verifica la cantidad de jugo de las cajas; si sobrepasa ciertos límites, se detiene el proceso y envía la máquina a mantenimiento. Más que el llenado medio, le interesa la variación del llenado. Es decir, si no se sobrepasan los límites de la desviación estándar en 5 ml. Selecciona al azar 15 cajas de jugo y mide su capacidad, obteniendo la siguiente información:

Caja jugo	1	2	3	4	5	6	7	8	9	10	11	12	13	14	15
Mililitros	300	295	305	304	297	298	304	301	302	300	298	304	297	296	299

Con un $\alpha = 0.05$, ¿esta información proporciona prueba suficiente para que la desviación estándar de las mediciones de las capacidades de las cajas de jugo sea menor que los 5 ml?

Solución:
Como el interés está en probar la varianza σ^2, se tiene que trabajar en función de esta. Se tiene que $\sigma^2 = 25$.

Prueba de hipótesis: $H_0 : \sigma^2 = 25$
$\qquad\qquad\qquad\quad H_a : \sigma^2 < 25$

Estadística de la muestra:

n	15
Media	300
Desv. Estándar	3.229
Varianza	10.4285

Supuesto:
La población de donde se extrajo la muestra guarda una distribución normal.

Estadística de prueba: $\chi^2 = \dfrac{(n-1)s^2}{\sigma_0^2}$ Grados de libertad: 15 - 1 = 14

$$\chi^2 = \frac{14 * 10,43}{25} = 5,84$$

Región de rechazo: con un $\alpha = 0,05$ y $gl = 14$, el valor de rechazo de X^2 para la H_0 es si $X_{1-\alpha}^2 = X_{,95}^2 < 6,57$.

Análisis:
Dado que la estadística de prueba X^2 arrojó un valor de 5,84 que es menor que 6,57 y, por ende, cae en la región de rechazo, hay pruebas suficientes para rechazar la H_0. Es decir, hay pruebas suficientes para que el ingeniero de control de calidad detenga el proceso de llenado de las cajas de jugo. Ver el siguiente gráfico:

Figura 6.14. El valor de $X^2 = 5,84$ se encuentra a la izquierda de $X_{1-\alpha}^2 = X_{,95}^2 < 6,57$, luego cae dentro de la región de rechazo

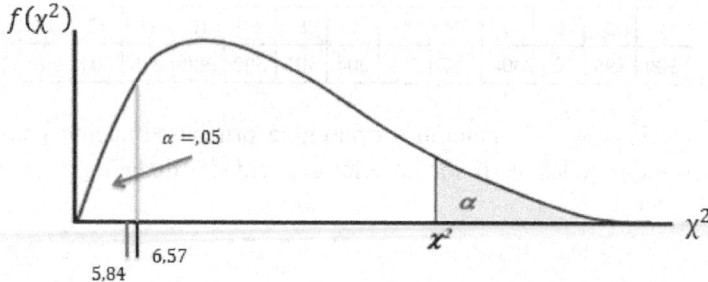

Solución aplicando R:

Inicialmente, se calculan los descriptivos para la muestra capacidad de las cajas de jugo.

```
> # Estadísticas de la muestra
> data.frame(length(ca_jugo), mean(ca_jugo), sd(ca_jugo),
var(ca_jugo))
  length.ca_jugo. mean.ca_jugo. sd.ca_jugo. var.ca_jugo.
1              15           300     3.22933     10.42857
```

El siguiente paso consiste en comprobar la normalidad de la proveniencia de los datos con la aplicación la prueba *shapiro.test*. Con un $p - valor = 0.3623 >>$ 0.05, no se rechaza la H_0. Es decir, los datos provienen de una población que guarda una distribución normal.

```
> shapiro.test(ca_jugo)

        Shapiro-Wilk normality test

data:  ca_jugo
W = 0.93837, p-value = 0.3623
```

Finalmente, para la validación de la hipótesis del estudio, es necesario correr una prueba que evalúe la varianza de la muestra. Inicialmente se cargan los datos de la muestra. Luego, con la ayuda del paquete *devtools* (Wickham *et al.*, 2022) se puede utilizar la función *var.test*, que permite evaluar la prueba Chi cuadrada para la varianza.

```
44  #### PRUEBA DE HIPÓTESIS PARA LA VARIANZA DE UNA POBLACIÓN
45  ### Para el cálculo de prueba de hipótesis para la varianza
46  # de una población se requiere instalar el paquete de "stests"
47  if (!require('devtools')) install.packages('devtools')
48  devtools::install_github('fhernanb/stests', force=TRUE)
49
50  ## Se define la muestra
51  ca_jugo <- c(300, 295, 305, 304, 297,
52              298, 304, 301, 302, 300,
53              298, 304, 297, 296, 299)
```

La prueba muestra el resultado de un $p - valor << \alpha$ (0.05), luego se rechaza la H_0. Es decir, la verdadera varianza de las cajas de los jugos es $<<25$.

```
> # Prueba de hipótesis para la varianza de una población
> # utilizando la librería "stests". Esta aplica la
> # Distribución Chi cuadrada
> stests::var.test(ca_jugo, alternative = "less",
+                   null.value = 25, conf.level = 0.95)

        X-squared test for variance

data:  ca_jugo
X-squared = 5.84, df = 14, p-value = 0.02964
alternative hypothesis: true variance is less than 25
95 percent confidence interval:
 6.164293      Inf
sample estimates:
variance of x
    10.42857
```

6.14 Prueba de la de hipótesis para la razón de dos varianzas de población σ_1^2/σ_2^2. Muestras independientes

Para el caso de la razón de la varianza, las dos poblaciones de donde se seleccionan las muestras deben tener distribuciones de frecuencia normales y las muestras son escogidas de forma independiente.

Prueba de un extremo	Prueba de dos extremos

$$H_0: \frac{\sigma_1^2}{\sigma_2^1} = 1 \qquad\qquad H_0: \frac{\sigma_1^2}{\sigma_2^1} = 1$$

$$H_a: \frac{\sigma_1^2}{\sigma_2^1} > 1 \qquad\qquad H_a: \frac{\sigma_1^2}{\sigma_2^1} \neq 1$$

$$[H_a: \frac{\sigma_1^2}{\sigma_2^1} < 1]$$

Estadística de prueba   **Estadística de prueba**

$$F = \frac{s_1^2}{s_2^2}$$

$$[F = \frac{s_2^2}{s_1^2}]$$

$$F = \frac{Var\ de\ muestra\ mayor}{Var\ de\ muestra\ menor}$$

$$F = \left\{\frac{s_1^2}{s_2^2}\right\} \text{ si } s_1^2 > s_2^2$$

$$F = \left\{\frac{s_2^2}{s_1^2}\right\} \text{ si } s_2^2 > s_1^2$$

Región de rechazo   **Región de rechazo**

$$F > F_\alpha \qquad\qquad\qquad F > F_{\alpha/2}$$

Nota: F_α y $F_{\alpha/2}$ son valores que ubican un área α y $\alpha/2$ respectivamente en el extremo derecho de la distribución F con v_1 grados de libertad del numerador y v_2 grados de libertad del denominador.

Supuestos:
1. Las dos poblaciones de donde se seleccionan las muestras tienen distribuciones de frecuencia relativa aproximadamente normales.
2. Las muestras aleatorias se escogieron de forma independiente de las dos poblaciones.

Ejemplo 6.12
En la actualidad, el uso de ayudas farmacológicas para mejorar el desempeño de los deportistas de alto rendimiento es muy frecuente. Para el caso del ciclismo, los deportistas con patología de asma usan medicamentos broncodilatadores (como el salbutamol). Sin embargo, estos medicamentos son considerados dopajes en dosis superiores a 1.000 nanogramos, ya que desarrollan mayor capacidad pulmonar en los deportistas generando un mayor rendimiento y resistencia

deportiva. Los directivos de los equipos consideran que el medicamento tiene menor duración en el torrente sanguíneo en los ciclistas profesionales que en los *amateurs*, no considerándolo como *doping*; lo contrario consideran los comisarios de las competencias *tours*. Un grupo de científicos (médicos deportólogos) tomaron muestras de orina en dos grupos de deportistas: los de alto rendimiento (12) y los *amateurs* (16), y midieron el tiempo en días en que perdura el efecto del medicamento en el torrente sanguíneo del deportista. Con un ¿proporcionan los datos registrados indicios suficientes de diferencias en la variabilidad del tiempo de duración del broncodilatador en el torrente sanguíneo entre los deportistas de alto rendimiento y los *amateurs*?

Registro del tiempo en que está el salbutamol en la sangre de los deportistas:

Alto rendimiento-1	14	13	13	12	15	16	17	17	14	13	15	15				
Amateur-2	15	14	14	16	17	15	15	16	15	15	15	14	16	15	14	15

Solución:

Nos interesa comprobar si la variación de duración del tiempo en el medicamento es diferente en el deportista de alto rendimiento [1] que en el *amateur* [2]. Luego nos interesa la relación entre sus varianzas.

Prueba de hipótesis:
$$H_0: \frac{\sigma_1^2}{\sigma_2^1} = 1$$
$$H_a: \frac{\sigma_1^2}{\sigma_2^1} \neq 1$$

Estadística de la muestra:

n	12	16
Media	14.5	15.063
Desv. Estándar	1.6236	0.8539
Varianza	2.6363	0.7292

Supuesto:

1. Las dos poblaciones de los deportistas de alto rendimiento y los *amateurs* de donde se seleccionan las muestras tienen distribuciones de frecuencia relativa aproximadamente normales.
2. Las muestras aleatorias se escogieron de forma independiente de las dos poblaciones.

Estadística de prueba: $F = \dfrac{s_1^2}{s_2^2}$

Nota: el colocar la varianza más grande en el numerador tiene el efecto de duplicar el valor tabulado de , debido a que se duplica la probabilidad de que la razón F caiga en el extremo derecho.

Varianza de deportistas de alto rendimiento: $s_1^2 = 2.6$

Varianza de deportistas amateur: $s_2^2 = 0.7292$

Reemplazando: $F = 3.6153$

Región de rechazo: con un $\alpha = ,05$. En el numerador con $gl = n_1 - 1 = 11$ y el denominador $gl = n_2 - 1 = 16 - 1 = 15$

$F_{\alpha/2} = F_{.025} = 3,008$

Análisis:

Dado que el valor hallado de $F = 3.6153$ se encuentra en la región de rechazo, existen pruebas suficientes para rechazar la H_0 y se afirma que existen diferencias en el tiempo de durabilidad del medicamento en el organismo de los deportistas de alto rendimiento y los *amateurs*.

Solución en R:

En primera instancia se definen las dos variables que representan las muestras de los deportistas de alto rendimiento y *amateur*.

```
1  ## PRUEBA DE HIPÓTESIS PARA LA RAZÓN DE LA VARIANZA
2  ## RELACIÓN DE DOS POBLACIONES
3
4  alto_rend <- c(14,13,13,12,15,16,17,17,14,13,15,15)
5  amateur <- c(15,14,14,16,17,15,15,16,15,15,15,14,16,15,14,15)
```

Se calculan las estadísticas de las dos variables y se observan los valores de las varianzas, siendo la de alto rendimiento mayor que la de *amateur*.

```
> data.frame(length(alto_rend),mean(alto_rend), sd(alto_rend),var(alto_rend))
  length.alto_rend. mean.alto_rend. sd.alto_rend. var.alto_rend.
1                12            14.5      1.623688       2.636364
> data.frame(length(amateur),mean(amateur), sd(amateur),var(amateur))
  length.amateur. mean.amateur. sd.amateur. var.amateur.
1              16       15.0625   0.8539126    0.7291667
```

Finalmente, se procede a aplicar la prueba de Fisher para la razón de las varianzas, teniendo presente que la de mayor varianza se encuentre en el numerador. Se evidencia que se obtiene un $p - valor = 0.02298 \ll 0.05$. Luego existen pruebas suficientes para rechazar la H_0 y afirmar que el verdadero ratio de las varianzas es diferente de 1.

```
> # Prueba F de la razón de la varianza de dos poblaciónes
> var.test(alto_rend,amateur, alternative = "two.side",
+          nivel.conf = 0.95)

        F test to compare two variances

data:  alto_rend and amateur
F = 3.6156, num df = 11, denom df = 15, p-value = 0.02298
alternative hypothesis: true ratio of variances is not equal to 1
95 percent confidence interval:
   1.202058 12.039660
sample estimates:
ratio of variances
        3.615584
```

En otras palabras, los datos registrados muestran indicios suficientes para afirmar que la variabilidad del tiempo de duración del broncodilatador en el torrente sanguíneo entre los deportistas de alto rendimiento es mayor que en los *amateurs*.

EJERCICIOS

6.1. Las pruebas de Estado que se realizan en Colombia a los estudiantes de diferentes niveles de la educación media es el mecanismo que se tiene para evaluar el nivel de preparación en que se encuentran los estudiantes para acceder a la educación superior y, de la misma manera, sirve para realizar seguimiento a la calidad de ofrecimiento de la educación media de las instituciones. Las directivas de un colegio privado se encuentran interesadas en conocer el nivel en que se encuentran sus estudiantes que presentan dichas pruebas. El puntaje máximo obtenido por un estudiante en la prueba Saber 11 es de 500 puntos (equivalente a la suma en las cinco áreas de evaluación). El ente de control afirma que el promedio obtenido en la última prueba por los estudiantes del colegio es de 400 puntos. El Departamento de Estadística del colegio afirma que la institución siempre ha estado por encima de este puntaje y que este periodo de análisis no es la excepción; para ello, seleccionó una muestra aleatoria de 55 estudiantes con los siguientes resultados: $\bar{y} = 415$ $s = 15$

¿Esta información apoya los resultados hallados por el Departamento de Estadística del colegio? Para este caso, utilice un $\alpha = 0,05$.

6.2. El sobrepeso es uno de los principales factores de riesgo para la aparición en los adultos de enfermedades cardiovasculares. Según el estudio de Framingham[4], se afirma que un adulto que no realiza actividad física alguna y es sedentario requiere de 20 calorías por kg de peso. La entidad de salud de la ciudad afirma que las personas adultas sedentarias con un peso de 80 kg requieren 1.600 calorías diarias. En un estudio realizado en una comunidad no activa de una empresa se encontró que el promedio de calorías que consumían los trabajadores diariamente era de 35 calorías. El Departamento de Bienestar de la organización no estuvo de acuerdo con esta afirmación e infirió que el promedio de consumo era inferior a 35 calorías por kg de peso de los trabajadores. Para tal efecto, seleccionó una muestra de 65 trabajadores que se encontraban en el rango de 75 a 85 kg y estos fueron los hallazgos: $\bar{y} = 28 \ cal \quad s = 7$

Con un $\alpha = 0,05$, ¿estos resultados encontrados por el Departamento de Bienestar desmienten las afirmaciones halladas por el ente gubernamental?

6.3. Una empresa fabrica elementos electrónicos para los equipos tecnológicos tales como las pilas para los celulares. De acuerdo con el fabricante, el tiempo de duración promedio de las pilas es de 700 días de uso normal (12 horas diarias). Una empresa distribuidora de celulares que utiliza estos componentes ve la necesidad de confirmar las afirmaciones del fabricante de las pilas y evalúa un lote que le llegó para su utilización. La empresa de celulares considera que el tiempo promedio de duración de las pilas es diferente a los 700 días. Es así como selecciona una muestra aleatoria de 60 pilas; se considera que proviene de una población con distribución normal y realiza las pruebas para medir la durabilidad de las pilas. A continuación, se listan los tiempos respectivos medidos en días:

650	660	670	670	660	640	600	630	710	750	700	700
660	69	680	680	650	660	720	740	740	700	698	690
665	710	680	685	695	710	700	700	700	710	720	695
700	690	680	690	680	660	650	700	710	720	710	680
700	700	700	700	710	720	680	680	690	690	680	685

La empresa distribuidora de celulares mantiene su posición al afirmar que el tiempo de las pilas es diferente a los 700 días como lo enuncia la empresa fabricante.

---

[4] "La obesidad se ha transformado en los últimos años en un problema de salud que va en aumento. Con excepción de la obesidad mórbida, no se considera en sí misma una enfermedad, pero sí un factor de riesgo, p. ej., cardiovascular. El estudio Framingham demostró que un exceso de peso de tiene incidencia sobre dicho riesgo" (Roa, 2005).

Compruebe la afirmación de la empresa distribuidora respecto al fabricante de celulares. Utilice un nivel de confianza de $\alpha = 0,05$.

6.4. Una entidad a nivel nacional es la encargada de proteger al consumidor respecto al ofrecimiento tanto de la calidad como de la cantidad de los productos que comercializan las empresas que comercializan sus productos. Para el caso específico de la distribución de bebidas refrescantes de diferentes marcas, quiere confirmar lo que los proveedores ofrecen y corroborar lo que se enuncia en las etiquetas respecto a la cantidad del producto. Para ello, el área de control de calidad de la entidad estatal está segura de que la afirmación de la etiqueta es menor que la realidad y procede a realizar la medición. Selecciona un producto, específicamente la garrafa de 5 litros de agua de una marca X, y procede a medirla; selecciona una muestra de 15 garrafas de forma aleatoria como se muestra a continuación (medida en mililitros):

4.900	5.000	4.998	4.995	5.000
5.001	5.003	4.992	4.998	5.000
4.995	4.999	5.004	5.000	4.997

Asegura que el promedio de la cantidad de este producto es menor que lo reflejado en la etiqueta por el fabricante (5.000 ml).

¿La entidad gubernamental está en lo cierto al afirmar que las empresas productoras de bebidas refrescantes están engañando a los consumidores al ofrecerles en promedio menos contenido de lo que enuncian en las etiquetas? Utilice un $\alpha = 0,05$.

6.5. Determinar el nivel de significancia observado del ejercicio 6.3, interpretar su valor y realizar el gráfico correspondiente.

6.6. Determinar el nivel de significancia observado del ejercicio 6.4, interpretar su valor y realizar el gráfico correspondiente.

6.7.   Debido al interés de las universidades de mitigar la deserción de los estudiantes durante sus primeros semestres, una institución de educación superior realiza el seguimiento a dos grupos de estudiantes de programas diferentes. A uno de ellos se le acompañó académicamente mientras que al otro se le dejó por su propia cuenta. Al final del semestre, se realizó una validación sobre el número de materias aprobadas por los estudiantes, reflejando un comportamiento particular. A continuación, se enuncian los resultados de las dos muestras seleccionadas, una de tamaño 70 y la otra de 47. Ambas muestras fueron obtenidas de forma aleatoria e independiente.

Materias aprobadas con acompañamiento académico										Materias aprobadas sin acompañamiento						
7	6	2	2	5	5	4	5	5	6	3	3	4	2	3	3	2
4	5	5	6	5	5	4	4	3	4	2	4	4	2	3	5	6
5	4	1	5	2	4	4	4	5	4	1	5	4	1	3	2	3
3	1	6	5	5	4	5	3	6	5	1	5	4	1	3	3	4
6	5	4	1	3	3	5	3	5	6	1	6	4	1	3	6	3
4	5	6	4	5	3	2	3	6	4	2	6	3	4	3	3	
6	5	7	4	5	3	5	4	5	5	2	6	3	3	2	4	

La Dirección de Bienestar afirma que, con el acompañamiento académico, el grupo de estudiantes aprueba en promedio más materias que los de sin acompañamiento. ¿Proporcionan estas muestras pruebas suficientes para afirmar que el promedio de materias aprobadas por los estudiantes con acompañamiento académico es mayor que los que no lo tuvieron? Utilice un $\alpha = 0,05$.

6.8. En las carreras de automovilismo de la Fórmula 1, un elemento primordial para que un equipo en particular pueda aspirar a ganar una carrera es contar con un excelente juego de llantas. Razón por la cual una marca exitosa a nivel mundial ha fabricado una gama de llantas (blandas, semiduras y duras) para ser utilizada en diferentes superficies (lluviosas, húmedas y secas). Para el caso particular de las superficies secas, se utilizan las llantas duras, que en promedio tienen una durabilidad de 180 kilómetros. Esta marca ha puesto a prueba dos tipos de llantas duras. En el primero, designado como tipo A, se ha seleccionado una muestra de 15 juegos de llantas y para el segundo, designado tipo B, se selecciona una muestra de 12 juegos. Se considera que las poblaciones de donde se extrajeron las muestras tienen una distribución aproximadamente normal, además sus varianzas se consideran iguales. ¿Existe alguna diferencia entre las medias poblacionales de la durabilidad en pista de los tipos de llantas A y B? Utilice un $\alpha = 0,05$.

Las distancias recorridas por los tipos de llantas (en kilómetros) se enuncian a continuación.

	Tipo A			Tipo B	
185	175	190	192	175	168
190	178	177	180	170	172
170	182	173	175	165	171
165	180	175	170	185	174
171	185	179			

6.9. Los gobiernos de turno buscan la fórmula mágica para mejorar el nivel de ingresos de sus pueblos. Para ello, una universidad adelanta una investigación para identificar si la formación profesional en los miembros de la familia influye de manera positiva en sus ingresos promedios. Para ello, selecciona dos muestras de familias: aquellas que tienen miembros con formación profesional y familias con integrantes sin formación profesional. Suponga que las poblaciones de las que se extrajeron las muestras tienen comportamiento normal y son independientes, suponga que sus varianzas son diferentes.

¿Existe fuertes indicios para afirmar que la formación profesional influye de manera positiva en el incremento de los ingresos de las familias?
También realice el ejercicio utilizando el *p-value*. Utilice un $\alpha = 0,05$.
A continuación, se enuncia la información de las dos muestras encuestadas.

Familias con profesionales	Familias sin profesionales
$n_1 = 10$	$n_1 = 18$
$\bar{y}_1 = 8,5$	$\bar{y}_2 = 6,5$
$s_1 = 0,5$	$s_2 = 1,8$

6.10. El Ministerio de Educación, en el proceso de acreditación de las instituciones de educación superior, establece que uno de los aspectos a tener en cuenta es la cualificación del cuerpo docente con que cuentan las universidades. Es por esto que una universidad que se encuentra en este proceso realiza el seguimiento de su proceso de cualificación docente al tener presente la evaluación que los estudiantes le han realizado a sus docentes en dos momentos diferentes. En consecuencia, para el segundo momento, la universidad espera que el promedio de evaluación haya mejorado debido a la implementación de acciones de mejoramiento en la pedagogía y formación de sus docentes. Para este estudio, se tomó una muestra de 50 reportes de evaluaciones de los docentes en sus dos momentos, como se muestra a continuación. Con un, defina si la evaluación docente promedio mejoró después de las mejoras implementadas por la universidad.

	1	2	3	4	5	6	7	8	9	10	11	12	13	14	15	16	17	18	19	20
1.º Evaluación docente	4,5	4,2	4	4,1	4,2	4,3	4,4	4,5	4,7	4,8	4,3	4,4	4,2	4,2	4,1	4,2	4,3	4,5	4,6	4,6
2.º Evaluación docente	4,3	4,3	4,5	4,6	4,3	4,3	4,2	4,6	4,6	4,7	4,5	4,1	4	4,3	4,3	4,2	4,5	4,5	4,5	4,7
	21	22	23	24	25	26	27	28	29	30	31	32	33	34	35	36	37	38	39	40
1.º Evaluación docente	4,4	4,1	4,0	3,6	3,8	3,9	4,1	4,0	4,2	4,4	4,6	4,9	4,7	4,1	4,2	4,5	4,1	4,4	4,6	4,8
2.º Evaluación docente	4,5	4,4	4,2	4	4,2	4,1	4,2	4,1	4,3	4,3	4,4	4,6	4,8	4,1	4,1	4,2	4,0	4,2	4,3	4,5

6.11. El nivel de convivencia y permanencia de las parejas se ve influenciado por varios factores a tener en cuenta a la hora de interpretarlo; uno de ellos hace referencia al bienestar que tienen cuando cuentan con un empleo que les permite satisfacer sus necesidades primarias. Un equipo de sociólogos y psicólogos de una universidad prestigiosa del país se encuentra interesado en medir el nivel de felicidad de una comunidad en particular. Ellos afirman que cerca del 90 % de las parejas que conviven juntas se sientes felices cuando los dos integrantes cuentan con un empleo estable. Para ello, realizaron una encuesta a 60 parejas que llevaban cinco o más años de convivencia y les preguntaron lo importante que era el contar cada uno con un empleo como factor primordial para la felicidad de convivencia como pareja. Los resultados que arrojó el estudio fueron interesantes: 55 parejas afirmaron que el contar con un empleo los dos miembros era fundamental para la permanencia o convivencia de la pareja contra 5 que afirmaron lo contrario. Con un $\alpha = 0,05$, ¿la afirmación dada por el equipo de sociólogos reafirma o contradice los resultados hallados en el estudio de la muestra?

6.12. La asociación de diabetes del país se encuentra preocupada por el incremento de niños obesos y con diabetes. Considera que una de las causas se debe a los malos hábitos alimenticios que tienen, entre ellos el incremento de bebidas con altos niveles de azúcares. En los estudios realizados, considera que los niños que viven en el campo tienen mejores hábitos alimenticios al ingerir menos bebidas azucaradas del mercado que los niños que viven en las ciudades. Para ello, realizó un estudio seleccionando una muestra de manera aleatoria de 400 familias de una ciudad y de 250 familias de un pueblo, a las cuales se les preguntó si consumían bebidas azucaradas del mercado tres o más veces a la semana. Los resultados del estudio se muestran en la siguiente tabla. ¿Los resultados encontrados muestran que existe mayor consumo de bebidas azucaradas en las ciudades que en los pueblos? Utilice un $\alpha = 0,05$.

	Familias de la ciudad	Familias del pueblo
Tamaño de la muestra	400	250
Familias que ingieren bebidas más de 3 veces por semana	358	190

6.13. La mala alimentación y el sedentarismo conducen a la obesidad, convirtiéndose en una de las principales causas de mortalidad en los seres humanos y en un problema de salud pública mundial. En la última década se ha visto un mayor incremento de la población obesa tanto en niños como en personas adultas que no llevan una dieta alimentaria sana ni una actividad física adecuada. De acuerdo con la Organización Mundial de la Salud (OMS) (SALUD, 2018), desde 1980 la obesidad se ha duplicado en todo el mundo; para el año 2016, afirma que más de

1.900 millones de adultos de 18 años o más tenían sobrepeso, de los cuales más de 650 millones eran obesos. y de la población adulta. para este mismo año. considera que el 13 % eran obesos (11 % hombres y 15 % mujeres). Por tal motivo, una entidad de salud se encuentra investigando los niveles de obesidad de las personas jóvenes entre los 18 y los 25 años, diferenciando entre las que realizan actividad deportiva tres o más veces por semana y las que son sedentarias o no realizan actividad deportiva alguna. Seleccionó una muestra de 45 estudiantes entre los 18 y 25 años de una universidad de calendario diurno y les midió las pulsaciones por minuto (ppm) en estado de reposo. Suponga que la población de la cual se extrajeron las muestras tiene comportamiento normal. De acuerdo a la entidad, el promedio de pulsaciones en reposo para una persona sedentaria se encuentra en 80 ppm y para una persona en forma se encuentra en 60 ppm. La entidad de salud quiere demostrar que la desviación en las personas sedentarias es mayor que 10 ppm y en las personas deportivas es menor a 5. Utilice un $\alpha = 0,05$.

Adulto sedentario					Adulto en forma			
80	64	85	94	60	55	68	51	62
75	92	88	96	93	56	66	54	65
60	93	89	91	96	53	65	55	63
62	94	90	75	65	62	51	58	63
61	88	92	74	66	68	60	63	60

6.14. Retomando el ejercicio anterior 6.13, en donde la entidad de salud considera que la práctica de ejercicio constante crea en el ser humano un buen estado de salud permitiendo un buen funcionamiento del sistema cardiaco, en consecuencia, busca probar la existencia de variabilidad en las pulsaciones por minuto, considerando que la variabilidad de las ppm de los adultos sedentarios es mayor que en los adultos que están en forma. Las poblaciones tienen comportamiento normal y las muestras fueron seleccionadas de forma independiente. Utilice un $\alpha = 0,05$.

Capítulo 7

Modelo de regresión lineal

La mayoría de los fenómenos naturales, los comportamientos sociológicos, la variación de enfermedades en la humanidad y las tendencias en los procesos industriales, entre otros, requieren una representación de tal manera que se indague por el valor medio de una variable respuesta o se pretenda realizar la predicción de un valor futuro, mediante el conocimiento de un conjunto de factores o aspectos que se encuentren relacionados de alguna forma y que tomarán el nombre de variables independientes.

Por ejemplo, en una prueba no destructiva, un ingeniero mecánico se interesa por conocer la relación existente entre la tensión de un material y su resistencia a la deformación, o la deformación existente de un material derivado de los polímeros cuando se somete a altas temperaturas; de igual forma, se interesa por comprobar las propiedades físicas, como la variación de la viscosidad de los aceites para automotores cuando son sometidos a altas temperaturas y al tiempo de uso por el kilometraje del automotor de acuerdo con las características que el fabricante recomienda. Por otra parte, a un ambientalista le interesa identificar la calidad del aire en un lugar determinado en función del nivel de contaminación de CO_2 existente en el medio ambiente. En química, cuando se está estudiando la ley de velocidad de las reacciones químicas y se quiere describir la relación entre la concentración de un reactante y la velocidad de una reacción química. En estudios epidemiológicos, cuando se pretende identificar la relación entre la exposición a un factor de riesgo y la probabilidad de desarrollar una enfermedad. Finalmente, un sociológico busca identificar en una comunidad específica las consecuencias del nivel de pobreza en función de la relación entre las variables, como el nivel de desarrollo económico de la región, los ingresos familiares, el nivel de escolaridad de los miembros, entre otros.

Este capítulo se enfatiza en el análisis, el modelamiento y los métodos de aplicación de la regresión lineal. Cuándo y cómo se deben aplicar, dependiendo de las condiciones y características de la muestra de datos, así como del origen de ellos. Finalmente, busca identificar el mejor modelo que más se ajuste a los datos y pueda ser la representación lineal de una o más variables.

Definición

El análisis de regresión se utiliza cuando se desea explicar una variable y que puede tomar diferentes nombres: respuesta, salida o dependiente en función de una o varias variables: $x_1, x_2, x_3, \ldots x_p$, llamadas explicativas, regresoras, de entradas o independientes. En general, el concepto de análisis de regresión se fundamenta en identificar la mejor relación existente entre la variable dependiente respecto a la independiente (Walpole *et al.*, 2012).

Matemáticamente, el modelo de regresión lineal se puede expresar de la siguiente manera: $y = x_1 + x_2 + x_3 + \ldots + x_p$

En donde se caracteriza la regresión de acuerdo con las siguientes condiciones:

Tipo de regresión	Condición
Regresión simple	$p = 1$
Regresión múltiple o regresión multivariable	$p > 1$
Regresión múltiple multivariable	y_n

La regresión lineal simple aplica cuando el problema a modelar involucra una sola variable independiente; en el modelamiento con la regresión múltiple o regresión multivariable, aplica cuando se tiene más de una variable independiente y el tercero la regresión múltiple multivariable, aplica cuando su modelamiento involucra varias variables tanto dependientes como independientes (Dunn & Smyth, 2018).

7.1 Características del modelo de regresión lineal

La interpretación del mundo real o sus fenómenos se lleva a cabo a través de un modelo estadístico. Cuando se desea aplicar el modelo de regresión lineal a un problema específico, se debe tener presente la variable respuesta o dependiente, la cual debe ser cuantitativa, es decir, continua o discreta. La exactitud del modelo depende de las desviaciones que existan respecto a los supuestos y que afecten la inferencia estadística final (Faraway, 2005).

7.2 Análisis de los diferentes modelos de regresión lineal

1. Análisis de la covarianza: posee la característica de que sus variables explicatorias pueden ser una cuantitativa y la otra cualitativa.

2. Análisis de la varianza (ANOVA): para este caso, las variables explicatorias pueden ser cualitativas (Wackerly *et al.*, 2010).
3. Análisis de regresión logística: aquí las variables explicatorias pueden ser cuantitativas con distribución normal multivariada y la variable respuesta es cualitativa (Dallas, E., 2000).

7.3 Supuestos del modelo de regresión lineal

A continuación, se enuncian dos supuestos del modelo de regresión lineal:

1. El modelo puede ser adecuado en la medida en que todos los puntos queden sobre la línea ajustada.
2. Algunos de los puntos se desviarán de la línea ajustada de manera significativa.

Figura 7.1. Representación gráfica de los puntos sobre la línea ajustada

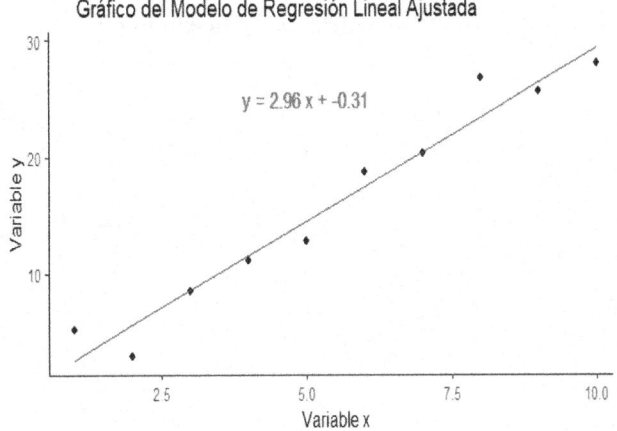

Se construye un **modelo probabilístico** que relaciona la variable y con x, de tal manera que contemple la variación aleatoria de los puntos que se encuentren alrededor de la línea recta. **Este modelo recibe el nombre de regresión lineal simple.**

Tiene en cuenta el valor medio de y para un valor dado de x, se grafica como una línea recta y los puntos se desvían de esta línea de medias en una cantidad aleatoria (positiva o negativa) igual a ε:

Es decir:
$$y = \underbrace{\beta_0 + \beta_1 x}_{\text{Valor medio de y para una x dada}} + \underbrace{\varepsilon}_{\text{Error aleatorio}}$$

En donde los valores de β_0 y β_1 son parámetros desconocidos.
- Se supone que los puntos se desvían por encima y por debajo de la línea de medias.
- Algunas de estas desviaciones son positivas y otras negativas.
- $E(\varepsilon) = 0$

Luego el valor medio de y es: $E(y) = E(\beta_0 + \beta_1 x + \varepsilon)$
$$= \beta_0 + \beta_1 x + E(\varepsilon)$$
$$E(y) = \beta_0 + \beta_1 x$$

Se debe tener presente que en la práctica nunca se observan los valores de ε reales; en consecuencia, nunca se puede trazar la verdadera recta de regresión, solamente se puede estimarla (Walpole *et al.*, 2012).

7.3.1 Características del modelo lineal simple

$$y = \beta_0 + \beta_1 x + \varepsilon$$

Figura 7.2. Características principales del modelo lineal simple

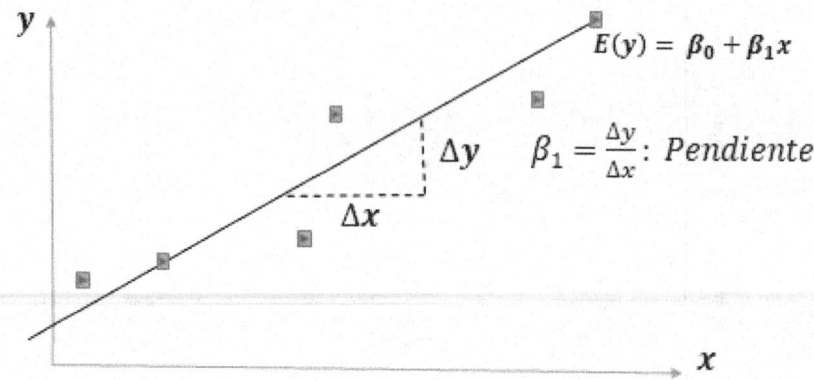

y: Variable dependiente
x: Variable independiente
$E(y) = \beta_0 + \beta_1 x$: Línea de medias, es el componente determinístico
ε: Componente del error aleatorio
β_0: Punto de corte sobre el eje y, en la ordenada
β_1: Pendiente de la línea recta: magnitud de incremento del componte determinístico de y por cada unidad de incremento de x

7.3.2 Supuestos respecto a ε

1. La media de la distribución de muestreo: $E(\varepsilon) = 0$
2. Es decir, que el valor medio de y para un valor dado de x es $E(y) = \beta_0 + \beta_1 x$
3. La varianza de la distribución de probabilidad de ε es constante: $Var(\varepsilon) = cte$
4. La distribución de probabilidad de ε es normal: $\varepsilon \approx N(0, \sigma^2)$
5. Los errores respecto a dos observaciones distintas son independientes. En otras palabras, el error asociado a un valor en particular no se encuentra relacionado con el error de otro valor.

Gráficamente, estos cuatro supuestos se pueden representar de la siguiente manera:

Figura 7.3. Representación gráfica respecto a los supuestos del ε

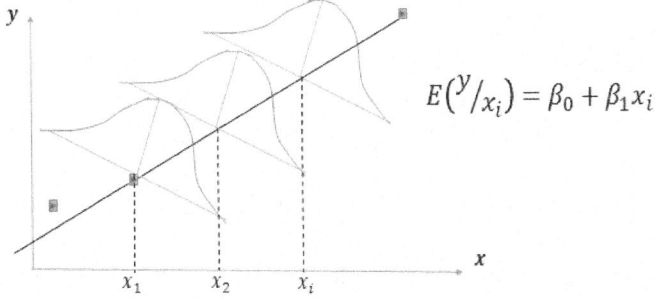

$$E\left(^y/_{x_i}\right) = \beta_0 + \beta_1 x_i$$

7.4 Método de mínimos cuadrados: estimación de β_0 y β_1

Para escoger la línea recta de mejor ajuste, es necesario estimar los parámetros β_0 y β_1 y, adicionalmente, se deben satisfacer los supuestos respecto al error ε (Faraway, 2005).

Definición:
Es posible encontrar diferentes líneas para las cuales la suma de las desviaciones o errores es igual a 0. Sin embargo, existe solo una para la cual la suma de los cuadrados de las desviaciones es mínima y recibe el nombre de **suma de cuadrados del error (SSE)**.

La Figura 7.4 muestra la línea, la cual tiene mínima la suma de los cuadrados de las desviaciones y si se cumple este supuesto, recibe el nombre de línea de mínimos cuadrados o línea de regresión.

Figura 7.4. Línea de mínimos cuadrados, línea de mejor ajuste

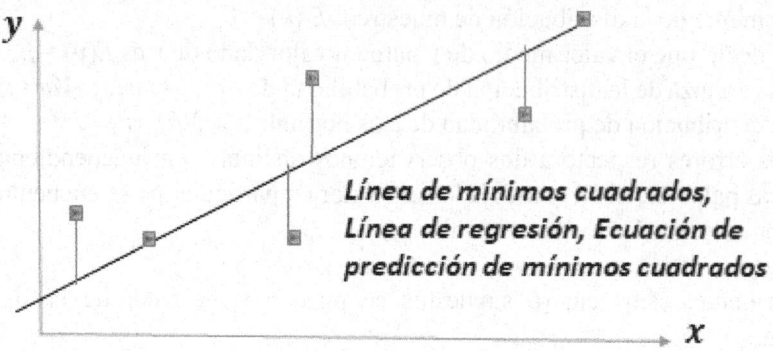

Cálculo:

Se tiene una muestra de n puntos con coordenadas (x_n, y_n) respectivamente.

El modelo de línea recta es: $y = \beta_0 + \beta_1 x + \varepsilon$

La línea de medias es: $E(y) = \beta_0 + \beta_1 x$

La línea ajustada que se espera encontrar sería: $\hat{y} = \hat{\beta}_0 + \hat{\beta}_1 x$

Luego $\bar{y}$ es el estimador del valor medio de y: $E(y)$ que a su vez predice un valor futuro de y.

$\hat{\beta}_0$ y $\hat{\beta}_1$: son los estimadores de β_0 y β_1 respectivamente.

Ahora, si se toma un punto, por ejemplo, (x_1, y_1), en donde el valor observado de y es y_i y el valor x_i es el tomado en consideración, el valor predicho de y se obtiene al sustituirse en la ecuación de predicción:

$$\hat{y}_i = \hat{\beta}_0 + \hat{\beta}_1 x_i$$

Reemplazando, se tiene la desviación del i-ésimo valor de y respecto a su valor predicho: $y_i - \hat{y}_i = [y_i - (\hat{\beta}_0 + \hat{\beta}_1 x_i)]$ En donde: $\varepsilon_i = y_i - \hat{y}_i$

La suma de los cuadrados de las desviaciones de los valores de y respecto a los valores estimados para todos los n puntos es:

$$SSE = \sum \varepsilon_i^2 = \sum_{i=1}^{n}[y_i - (\hat{\beta}_0 + \hat{\beta}_1 x_i)]^2$$

Las estimaciones de $\hat{\beta}_0$ y $\hat{\beta}_1$ que hacen que SSE sea mínimo se llaman **estimaciones de mínimos cuadrados** de los parámetros β_0 y β_1.

La ecuación de predicción $\hat{y}_i = \hat{\beta}_0 + \hat{\beta}_1 x_i$ se llamará **línea de mínimos cuadrados**.

Luego la línea de mínimos cuadrados será la que tiene la SSE más pequeña de los modelos de línea recta.

Ahora se realizan los cálculos algebraicos respectivos para encontrar las particularidades del modelo. De esta manera, se calculan las derivadas parciales a **SSE**, en donde se tiene:

$$\frac{\partial s}{\partial \beta_0} = -2 \sum_{i=1}^{n} \left(y_i - \hat{\beta}_0 - \hat{\beta}_1 x_i \right)$$

$$\frac{\partial s}{\partial \beta_1} = -2 \sum_{i=1}^{n} x_i \left(y_i - \hat{\beta}_0 - \hat{\beta}_1 x_i \right)$$

Igualando a cero:

$$\sum y_i - n\hat{\beta}_0 - \hat{\beta}_1 \sum x_i = 0 \qquad \text{[Ecuación 1]}$$

$$\sum x_i y_i - \hat{\beta}_0 \sum x_i - \hat{\beta}_1 \sum x_i^2 = 0 \qquad \text{[Ecuación 2]}$$

Estas dos ecuaciones reciben el nombre de **ecuaciones normales**. Ordenándolas se tiene:

$$\sum y_i = n\hat{\beta}_0 + \hat{\beta}_1 \sum x_i$$

$$\sum x_i y_i = \hat{\beta}_0 \sum x_i + \hat{\beta}_1 \sum x_i^2$$

La solución de las ecuaciones es:

$$n\hat{\beta}_0 = \sum y_i - \hat{\beta}_1 \sum x_i$$

Luego la solución de los mínimos cuadrados para $\hat{\beta}_0$ es:

$$\hat{\beta}_0 = \bar{y} - \hat{\beta}_1 \bar{x}$$

Ahora, si se reemplaza en la $2.^a$ ecuación normal, se tiene:

$$\sum x_i y_i = \left(\bar{y} - \hat{\beta}_1 \bar{x} \right) \sum x_i + \hat{\beta}_1 \sum x_i^2$$

$$\sum x_i y_i = \bar{y} \sum x_i - \hat{\beta}_1 \bar{x} \sum x_i + \hat{\beta}_1 \sum x_i^2$$

$$\sum x_i y_i - \bar{y} \sum x_i = \hat{\beta}_1 \left[\sum x_i^2 - n\bar{x}^2\right]$$

Despejando se llega a la solución:

$$\tilde{\beta}_1 = \frac{\sum x_i y_i - n\overline{xy}}{\sum x_i^2 - n\bar{x}^2} = \frac{S_{xy}}{S_{xx}}$$

En donde: $S_{xy} = \sum x_i y_i - n\overline{xy} = \sum (x_i - \bar{x})(y_i - \bar{y})$

Luego la ecuación de regresión ajustada es:

$$\hat{y} = \hat{\beta}_0 + \hat{\beta}_1 x$$

En donde gráficamente se representa de la siguiente manera:

Figura 7.5. Esta curva es llamada: línea de mínimos cuadrados, línea de regresión con su ecuación de predicción de mínimos cuadrados

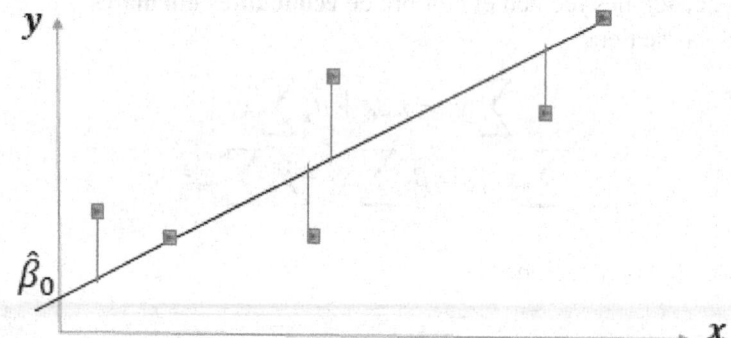

Pendiente: $\hat{\beta}_1 = \dfrac{SS_{xy}}{SS_{xx}}$ Ordenada al origen: $\hat{\beta}_0 = \bar{y} - \hat{\beta}_1 \bar{x}$

$$SS_{xy} = \sum_{i=1}^{n} (x_i - \bar{x})(y_i - \bar{y}) = \sum_{i=1}^{n} x_i y_i - \frac{(\sum x_i)(\sum y_i)}{n} = \sum x_i y_i - n\overline{xy}$$

$$SS_{xx} = \sum_{i=1}^{n} (x_i - \bar{x})^2 = \sum_{i=1}^{n} x_i^2 - \frac{(\sum x_i)^2}{n}$$

Ejemplo 7.1

Se tiene el histórico del comportamiento poblacional estudiantil de un programa de pregrado de una universidad durante un periodo determinado y se desea encontrar el modelo estadístico que más se ajusta.

Tabla 7.1. Comportamiento de la población estudiantil matriculada en la universidad en cada periodo

Periodo	x_i	y_i
2011-2	1	31
2012-1	2	48
2012-2	3	69
2013-1	4	75
2013-2	5	86
2014-1	6	112
2014-2	7	122
2015-1	8	167
2015-2	9	188
2016-1	10	215
2016-2	11	235
2017-1	12	229
2017-2	13	240
2018-1	14	247

Solución:

Se realizan los cálculos de acuerdo con las variables de interés y en la siguiente tabla se presentan los cálculos respectivos.

Tabla 7.2. Cálculo tanto para la variable independiente x, la dependiente y, la pendiente y la ordenada al origen

n	Periodo	x_i	y_i	x_i^2	$x_i * y_i$	y_i^2
14	2011-2	1	31	1	31	961
	2012-1	2	48	4	96	2.304
	2012-2	3	69	9	207	4.761
	2013-1	4	75	16	300	5.625
	2013-2	5	86	25	430	7.396
	2014-1	6	112	36	672	12.544
	2014-2	7	122	49	854	14.884
	2015-1	8	167	64	1336	27.889

n	Periodo	x_i	y_i	x_i^2	$x_i * y_i$	y_i^2
	2015-2	9	188	81	1692	35.344
	2016-1	10	215	100	2150	46.225
	2016-2	11	235	121	2585	55.225
	2017-1	12	229	144	2748	52.441
	2017-2	13	240	169	3120	57.600
	2018-1	14	247	196	3458	61.009
	Sumatoria	105	2.064	1.015	19.679	384.208
	Promedio	7,5	147			
		SSxy	4.199			
		SSxx	227,5			
		$\hat{\beta}_1$	18,46			
		$\hat{\beta}_0$	9			

Con esta información es fácil realizar los cálculos para hallar SS_{xy} y SS_{xx} (como ejercicio queda la comprobación de los resultados con la aplicación de las fórmulas respectivas).

Luego la pendiente y la ordenada al origen de la línea de mínimos cuadrados son:

$$Pendiente:\ \hat{\beta}_1 = \frac{SS_{xy}}{SS_{xx}} = \frac{4199}{227,5} = 18,46$$
$$Ordenada\ al\ origen:\ \hat{\beta}_0 = \bar{y} - \hat{\beta}_1\bar{x}$$
$$\hat{\beta}_0 = 147 - 18,46(7,5) = 9$$

Reemplazando se tiene la línea de mínimos cuadrados, que es la ecuación ajustada:

$$\hat{y} = \hat{\beta}_0 + \hat{\beta}_1 x = 9 + 18,46x$$

Figura 7.6. Representación gráfica de la línea de los mínimos cuadrados, la curva de mejor ajuste o la línea de regresión con su ecuación de predicción de mínimos cuadrados

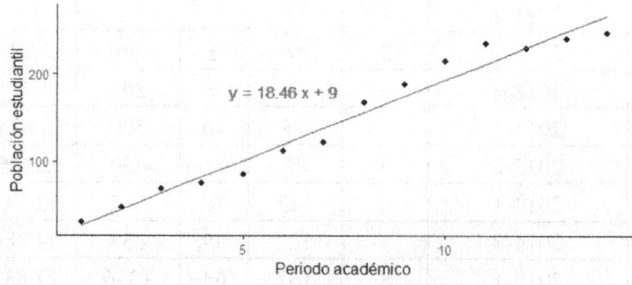

Análisis:
Refiriéndose a la interpretación de la pendiente, por cada semestre que pasa la población de estudiantes del programa, esta población estudiantil crece en 19 estudiantes.

Nota: compruebe que la suma de los errores es cero $(y - \hat{y})$ y encuentre SSE mínimo.

7.5 Un estimador de σ^2

Se parte del supuesto de desconocer los parámetros de la población. Es decir, la varianza σ^2 del error aleatorio ε se desconoce, entonces, se debe calcular a partir de los datos de la muestra, lo que significa que se parte del conocimiento de la muestra. Adicionalmente, se satisfacen los supuestos del modelo lineal. Hasta ahora, las únicas suposiciones que se han hecho acerca del término de error ε del modelo $y = \beta_0 + \beta_1 x_1 + \varepsilon$, son que $E(\varepsilon) = 0$ y que $V(\varepsilon) = \sigma^2$, independiente de x. Adicionalmente, la forma de las distribuciones muestrales para $\hat{\beta}_0$ y $\hat{\beta}_1$ depende de la distribución del error ε (Wackerly et $al.$, 2010).

A continuación, se enuncia el siguiente teorema que muestra el no sesgo del estimador de s^2 (Mendenhall & Sincich, 2002).

Teorema:

Sea $s^2 = \dfrac{SSE}{n-2} = \dfrac{Suma\ del\ cuadrado\ del\ Error}{n-2}$, luego la estadística $\chi^2 = \dfrac{SSE}{\sigma^2}$

Reemplazando: $\chi^2 = \dfrac{(n-2)s^2}{\sigma^2}$ tiene una distribución ji cuadrada con $v = (n-2)\ gl$.

Realizando las sustituciones se llega a: $s^2 = \dfrac{\chi^2 \sigma^2}{n-2}$ de donde

$E(s^2) = \dfrac{\sigma^2}{n-2} E(\chi^2)$ y $E(\chi^2) = v = (n-2)$

Sustituyendo: $E(s^2) = \dfrac{\sigma^2}{n-2}(n-2) = \sigma^2$

En conclusión: $E(s^2) = \sigma^2$ luego s^2 es un estimador insesgado de σ^2.

Ejemplo7.2
Estimar σ^2 para el modelo de crecimiento poblacional estudiantil del programa del ejercicio anterior. Al retomar la tabla en donde se expresan los cálculos respectivos, se tiene:

Tabla 7.3. Cálculos para encontrar el modelo lineal estimado $\hat{y} = \hat{\beta}_0 + \hat{\beta}_1 x$ y el SSE

Periodo	x_i	y_i	x_i^2	$x_i * y_i$	y_i^2	$x_i - \bar{x}$	$y_i - \bar{y}$	H*I	$(x_i - \bar{x})^2$	$\hat{y}$	$y_i - \hat{y}$	$(y_i - \hat{y})^2$
2011-2	1	31	1	31	961	-6,5	-116,4	756,7857	42,25	27,46	3,54	12,5518
2012-1	2	48	4	96	2304	-5,5	-99,4	546,8571	30,25	45,91	2,09	4,3502
2012-2	3	69	9	207	4761	-4,5	-78,4	352,9286	20,25	64,37	4,63	21,4237
2013-1	4	75	16	300	5625	-3,5	-72,4	253,5	12,25	82,83	-7,83	61,2865
2013-2	5	86	25	430	7396	-2,5	-61,4	153,5714	6,25	101,29	-15,29	233,653
2014-1	6	112	36	672	12.544	-1,5	-35,4	53,14286	2,25	101,29	-7,74	59,9518
2014-2	7	122	49	854	14.884	-0,5	-25,4	12,71429	0,25	138,20	-16,20	262,44
2015-1	8	167	64	1.336	27.889	0,5	19,6	9,785714	0,25	156,66	10,34	106,975
2015-2	9	188	81	1.692	35.344	1,5	40,6	60,85714	2,25	175,11	12,89	166,042
2016-1	10	215	100	2.150	46.225	2,5	67,6	168,9286	6,25	193,57	21,43	459,184
2016-2	11	235	121	2.585	55.225	3,5	87,6	306,5	12,25	212,03	22,97	527,687
2017-1	12	229	144	2.748	52.441	4,5	81,6	367,0714	20,25	230,49	-1,49	2,20735
2017-2	13	240	169	3.120	57.600	5,5	92,6	509,1429	30,25	248,94	-8,94	79,9747
2018-1	14	247	196	3.458	61.009	6,5	99,6	647,2143	42,25	267,40	-20,40	416,16
Sumatoria	105	2.064	1.015	19.679	384.208	0	0	4.199	227,5		0	2.414
Promedio	7,5	147									Suma errores	SSE

7.6 El coeficiente de correlación

Es importante recordar que el coeficiente de correlación es un valor que representa la relación o no existente entre dos variables cuantitativas (Wackerly *et al.*, 2010a). En otras palabras, es una forma de medir la asociación o relación lineal entre las dos variables (x, y) y se pueden medir por medio de dos métodos:

1. La pendiente de mínimos cuadrados $\hat{\beta}_1$ a través de una prueba de hipótesis:

$$H_0 : \beta_1 = 0 \qquad \text{[La solución se verá en el modelo lineal múltiple]}$$
$$H_\alpha : \beta_1 \neq 0$$

2. El coeficiente da correlación r del momento de producto de Pearson:
   - Es una medida cuantitativa de la relación lineal entre las variables x e y en la muestra.
   - Este valor es adimensional: $-1 \leq r \leq 1$
   - No importan las unidades en que se encuentren las variables.
   - Es una medida para la muestra.

Matemáticamente, se define como el cociente entre la suma del cuadrado de las desviaciones de las variables y la raíz cuadrada del producto del cuadrado de las desviaciones de cada variable. Es decir:

$$r = \frac{SS_{xy}}{\sqrt{SS_{xx}SS_{yy}}}$$

En donde SS: Suma del cuadrado de las desviaciones.

Se deben tener las siguientes consideraciones para los valores encontrados del coeficiente de correlación:
- Un valor de r cercano a 0 significa ninguna o poca relación entre las variables.
- Un valor de r cercano a 1 − 1 significa una relación lineal fuerte entre las variables.
- Un valor de r igual a 1 − 1 significa una relación lineal muy fuerte entre las variables y, por ende, todos los puntos se encuentran sobre la línea de los mínimos cuadrados.
- Un valor positivo de r implica que, cuando x aumenta, y aumenta.
- Un valor negativo de r implica que, cuando x aumenta, y disminuye.

Nota: no siempre un valor de $r = 1, -1$ implica directamente que, conforme aumenta x, aumente y. Lo que sí se puede afirmar es que existe una estrecha correlación entre las variables.

Ahora se representan gráficamente los significados que pueden tener estos valores de r:

Figura 7.7. Representación gráfica de acuerdo con los posibles valores que r puede llegar a tomar

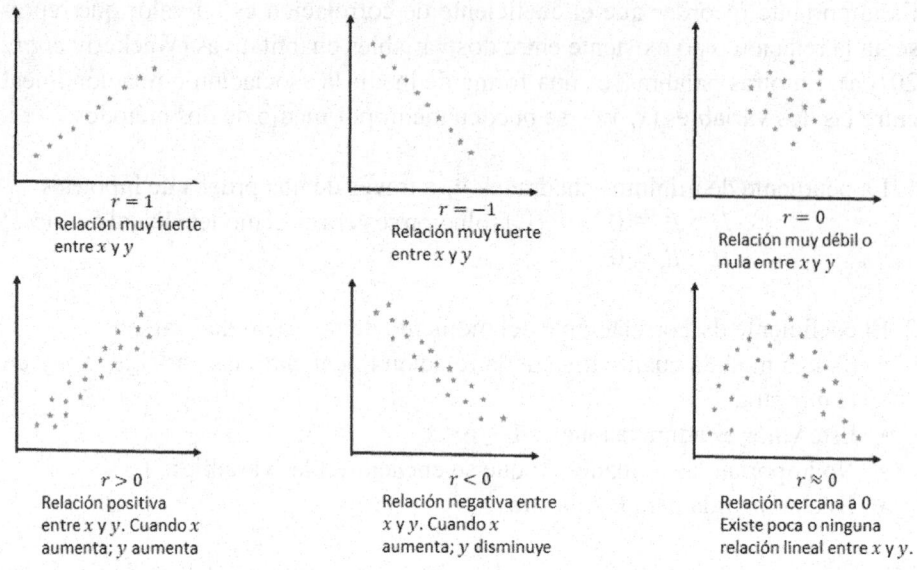

Para el caso de la población, se tiene el mismo análisis, se utiliza el símbolo ρ para representar el coeficiente de correlación poblacional.

El coeficiente de correlación se puede interpretar en términos de la covarianza; la diferencia está en que, al usar la suma del cuadrado de las desviaciones, no influyen para nada las unidades de las variables. Matemáticamente, el coeficiente de correlación se representa de la siguiente manera:

$$\rho = \frac{Cov(x,y)}{\sigma_x \sigma_y} = \frac{E\left[(x-\mu_x)(y-\mu_y)\right]}{\sigma_x \sigma_y} = \frac{E(xy) - \mu_x \mu_y}{\sigma_x \sigma_y}$$

Ejemplo 7.3

Calcular el coeficiente de correlación r del ejemplo anterior (7.2) entre el número de estudiantes y el periodo respectivo del programa académico.

Solución:

Se conoce: $SS_{xy} = 4.199$, $SS_{xx} = 227{,}5$

Como $SS_{yy} = \sum y_i^2 - \frac{(\sum y_i)^2}{n} = 384208 - \frac{(2064)^2}{14} = 384208 - 304292 = 79916$

$SS_{xx} = 227{,}5$

Reemplazando: $r = \dfrac{4199}{\sqrt{(227,5)(79916)}} = 0,984$

Análisis:
Con un $r = 0.984$, implica la existencia de una alta correlación entre el número de estudiantes y los semestres. Luego se afirma que existe una relación lineal positiva entre estas dos variables. A medida que van pasando los semestres. la población de estudiantes crece linealmente.
Nota: cuando intervienen más de una variable en el modelo, ya no se puede tener la total seguridad en esta afirmación. ¿Por qué?

7.7 Prueba de hipótesis para la correlación lineal ρ

Para estimar la correlación lineal ρ, es recomendable tener las siguientes consideraciones:
- Se sabe que ρ se estima con la estadística del coeficiente de correlación r de la muestra.
- En lugar de estimar ρ, es mejor aplicar una prueba de hipótesis para identificar si ρ contribuye o no con el modelo. Es decir, probar si existe o no alguna relación lineal entre las variables x e y.
- Luego se aplica: $H_0 : \rho = 0$ No existe relación alguna entre las variables
$H_\alpha : \rho \neq 0$ Sí existe relación entre las variables

Nota: es aconsejable trabajar con el coeficiente y su evaluación β_1 en lugar de ρ, debido a que el primero tiene en cuenta las unidades y su significado habla de la variación de y por cada unidad incremental de x.

La aplicación de la prueba se verá detalladamente en el capítulo donde se desarrollará el modelo lineal múltiple.

7.8 Coeficiente de determinación

La forma de reducir los errores en la predicción de la variable dependiente y a partir de la información suministrada por la variable independiente x es por medio del cálculo del coeficiente de determinación.

Figura 7.8. Inicialmente, se tiene una serie de puntos los cuales representan algún tipo de relación o no entre la variable dependiente y e independiente x.

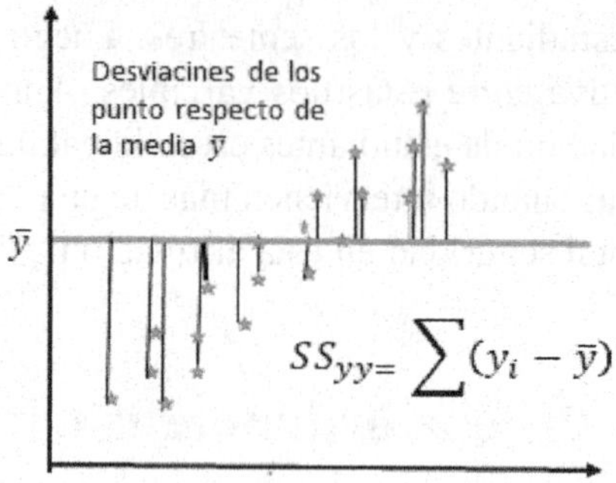

Figura 7.9. Cuando la variable x no contribuye en nada a la predicción de y. Luego la mejor predicción de y será la media de la muestra $\bar{y}$. Es decir: $\hat{y} = \bar{y}$.

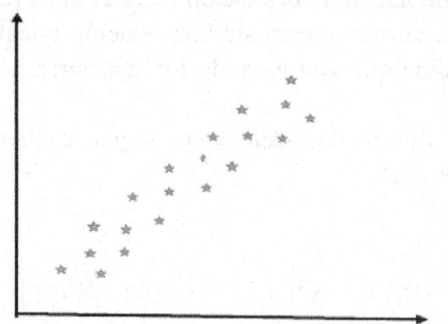

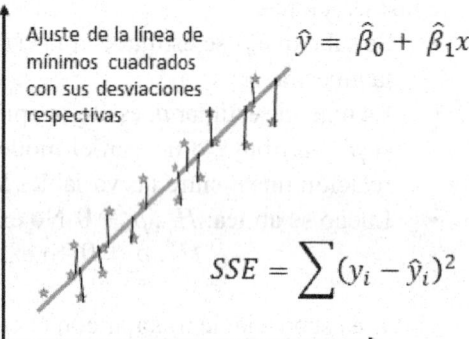

$$SS_{yy} = \sum (y_i - \bar{y})^2$$

Figura 7.10. Cuando la variable x contribuye con información para la predicción de y. En la medida en que las desviaciones (error) sean más pequeñas y más se acerquen a la línea estimada de tendencia, los errores serán cero. Luego $SSE = 0$ (si todos los puntos se encuentran sobre la línea de mínimos cuadrados).

$$\hat{y} = \hat{\beta}_0 + \hat{\beta}_1 x$$

$$SSE = \sum (y_i - \hat{y}_i)^2$$

Coeficiente de determinación:

Se define como la forma en que se puede medir lo bien que se desempeña la ecuación de mínimos cuadrados para predecir y. Esto se logra al calcular la reducción en la suma de los cuadrados de las desviaciones producidas por x (Walpole *et al.*, 2012).

$$r^2 = \frac{SS_{yy} - SSE}{SS_{yy}} = 1 - \frac{SSE}{SS_{yy}}$$

- Luego se puede afirmar que r^2, debido a la relación lineal existente entre x e y, representa la proporción de la suma de los cuadrados de las desviaciones de los valores de y con relación a sus valores estimados $\hat{y}$ (ver figura).

- r^2 siempre se encuentra entre $[0\,,1]$.
- Para un modelo lineal simple, r^2 se puede calcular elevando al cuadrado el coeficiente de correlación r.

Ejemplo 7.4

Calcular el coeficiente de determinación del ejemplo 7.2 respecto al crecimiento poblacional de los estudiantes pertenecientes a un programa universitario.

Solución:

De acuerdo con la fórmula $r^2 = \dfrac{SS_{yy}-SSE}{SS_{yy}}$, se tiene:

$$SS_{yy} = \sum y_i{}^2 - \frac{(\sum y_i)^2}{n} = 79.916$$

Además, $SSE = \Sigma(y_i - \hat{y}_i)^2 = 2.414$

Tabla 7.4. Cálculos para encontrar los valores de SSE y SS_{yy}

n	Periodo	x_i	y_i	$y_i - \bar{y}$	$\hat{y}=\hat{\beta}_0+\hat{\beta}_1 x$	$y-\hat{y}$	$(y-\hat{y})^2$
14	2011-2	1	31	-116,4	27	4	13
	2012-1	2	48	-99,4	46	2	4
	2012-2	3	69	-78,4	64	4,6	21
	2013-1	4	75	-72,4	83	-8	61
	2013-2	5	86	-61,4	101	-15	234
	2014-1	6	112	-35,4	120	-8	60
	2014-2	7	122	-25,4	138	-16	262
	2015-1	8	167	19,6	157	10	107
	2015-2	9	188	40,6	175	13	166
	2016-1	10	215	67,6	194	21	459
	2016-2	11	235	87,6	212	23	528
	2017-1	12	229	81,6	230	-1	2
	2017-2	13	240	92,6	249	-9	80
	2018-1	14	247	99,6	267	-20	416
	Sumatoria	105	2.064	0		0	2.414
	Promedio	7,5	147			**Suma Errores**	**SSE**

Luego:

$$r^2 = \frac{79.916 - 2.424}{79.916} = 0,97$$

Análisis:

La suma total de los cuadrados de las desviaciones de los valores de y respecto de sus valores estimados se redujo en un 97 %, esto debido al uso de la línea predictora $\hat{y}$.

En otras palabras, el 97 % de la variación de los valores de la variable respecto al número de estudiantes de la muestra se puede explicar mediante la línea de mínimos cuadrados.

7.9 Cómo utilizar el modelo para estimar y predecir

Cuando se tiene el modelo lineal de estimación o el modelo de mínimos cuadrados: $\hat{y} = \hat{\beta}_0 + \hat{\beta}_1 x$, se puede:

- Estimar el valor medio de y: $E(y)$ para un valor específico de x. (Se realiza con una gran cantidad de pruebas o experimentos con el valor de x dado).
- Por ejemplo: estimar el valor medio del número de estudiantes para un periodo específico.
- Predecir un valor de y en particular para un x dado.
- Por ejemplo: predecir el valor de la población estudiantil para un periodo dado.
- La diferencia en el uso de la estimación o de la predicción se basa en el cálculo de las desviaciones del error σ.
- Como no se conoce el σ de la población, se utiliza el s de la muestra.

7.9.1 Intervalo de confianza de (1 – α)100% para el valor medio de y cuando x = x$_p$

$$\hat{y} \pm t_{\alpha/2}(\text{Desviación estándar estimada de } \hat{y})$$

Es decir: $\hat{y} \pm t_{\alpha/2} * s \sqrt{\dfrac{1}{n} + \dfrac{(x_p - \bar{x})^2}{SS_{xx}}}$ x_p: valor de un x particular

Teniendo presente que $t_{\alpha/2}$ se basa en $(n-2)gl$

7.9.2 Intervalo de predicción de (1 – α)100% para el valor medio de y cuando x = x$_p$

$$\hat{y} \pm t_{\alpha/2}(\text{Desviación estándar estimada de } (y - \hat{y}))$$

Es decir: $\hat{y} \pm t_{\alpha/2} * s \sqrt{1 + \frac{1}{n} + \frac{(x_p - \bar{x})^2}{SS_{xx}}}$

Teniendo presente que $t_{\alpha/2}$ se basa en $(n-2)gl$

Para una mayor profundización sobre el tema, se recomienda consultar Wackerly *et al.* (2010).

Ejemplo 7.5
Establezca un intervalo de confianza y de predicción del 95 % para el número de estudiantes medio cuando el periodo es 2017-1.

Solución:
- **Intervalo de confianza**

Sea $x_p = 12$, $n = 14$, $gl = n - 2 = 12$

Luego el intervalo de confianza para el valor medio de y es:

$$\hat{y} \pm t_{\alpha/2} * s \sqrt{\frac{1}{n} + \frac{(x_p - \bar{x})^2}{SS_{xx}}} = \hat{y} \pm t_{,025} * s \sqrt{\frac{1}{14} + \frac{(12 - \bar{x})^2}{SS_{xx}}}$$

Según la tabla, $\hat{y} = 230$; $s = 14,18$; $\bar{x} = 7,5$ y $SS_{xx} = 227,5$; $t_{,025} = 2,1788$
Reemplazando:

$$230 \pm 2,1788 * 14,18 \sqrt{\frac{1}{14} + \frac{(12 - 7,5)^2}{227,5}} = 230 \pm 2,1788 * 14,18\sqrt{0,16}$$

$230 \pm 12,37$ 　　　El intervalo es $[217,62 \quad 242,37]$

Análisis:
Con un intervalo de confianza del 95 %, se estima que el intervalo de confianza [217,62   242,37] contiene la proyección poblacional para el periodo 2017-1 para el programa en mención.

- **Intervalo de predicción**

Reemplazando la misma información, pero utilizando la ecuación para el intervalo de predicción, se tiene:

$$\hat{y} \pm t_{\alpha/2} * s \sqrt{1 + \frac{1}{n} + \frac{(x_p - \bar{x})^2}{SS_{xx}}} = \hat{y} \pm t_{,025} * s \sqrt{1 + \frac{1}{14} + \frac{(12 - \bar{x})^2}{SS_{xx}}}$$

$$230 \pm 2,1788 * 14,18 \sqrt{1 + \frac{1}{14} + \frac{(12 - 7,5)^2}{227,5}} = 230 \pm 2,1788 * 14,18\sqrt{1,16}$$

$230 \pm 33,17$ El intervalo es $[196,83 - 263,17]$
263.17

Análisis:
Con un intervalo de confianza del 95 %, se estima que el intervalo de predicción [196,83   242,17] contiene la proyección poblacional para el periodo 2017-1 para el programa en mención.

En la figura 7.11 se identifican los dos tipos de intervalos. Siempre el intervalo de predicción (----) será más amplio que el de confianza (___); la razón se deduce del factor unidad que aparece en la ecuación para el intervalo de predicción.

Figura 7.11. Representación gráfica del intervalo de predicción (línea discontinua) y del de confianza (línea continua)

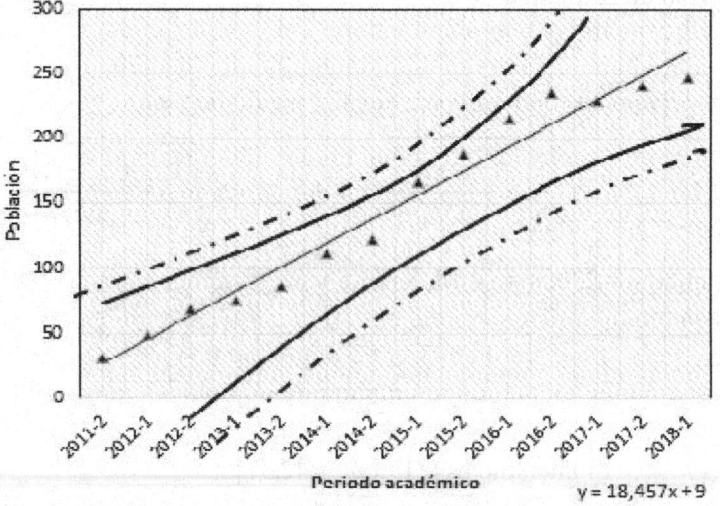

7.10 Cálculo del modelo lineal utilizando R

A continuación, se presenta un ejemplo en donde, por medio de la herramienta R, se presentan los diferentes procedimientos para encontrar los respectivos cálculos.

Ejemplo 7.6
Colombia presenta determinados lugares habitacionales de alto riesgo por su diversidad climatológica. Es así como el gobierno cuenta con planes de mitigación de desastres naturales para estos sitios específicos. Para tal efecto, en uno de estos lugares, el gobierno local ha decidido llevar a cabo una inversión respectiva y solicita un estudio, contratando los servicios de una entidad especializada. Se

pretende definir el modelo lineal que más se ajusta a la relación existente entre la información suministrada sobre la precipitación y el porcentaje de humedad de una región determinada de Colombia.

Temperatura °C	Velocidad del viento (km/h)	% Humedad	Precipitación (mm/m²)
8	300	70	520
10	160	92	580
11	130	78	540
13	125	70	510
13	120	84	555
14	115	93	600
15	110	85	560
17	105	30	200
21	100	60	480
22	100	40	400
25	90	40	410
26	85	60	485
37	85	55	460
26	80	50	440
27	70	65	500
29	70	60	480
27	70	45	420
35	70	45	425
30	65	35	350
41	45	40	390

Solución:

Se cargan las variables temperatura, velocidad, porcentaje de humedad y precipitación en el *script* y se crea un *data.frame* con el propósito de tener las variables agrupadas en una base.

```
4  ### Definición de las variables
5  Temperatura <- c(8, 10, 11, 13, 13,
6                   14, 15, 17, 21, 22,
7                   25, 26,37, 26, 27,
8                   29, 27, 35, 30, 41)
9  Velocidad <- c(300, 160,  130, 125,
10                 120, 115,  110, 105,
11                 100, 100,  90, 85,
12                 85,  80, 70, 70,
13                 70,  70, 65, 45)
14 Humedad <-c(70, 92, 78, 70, 84,
15             93, 85, 30, 60, 40,
16             40, 60, 55, 50, 65,
17             60, 45, 45, 35, 40)
18 Precipitacion <- c(520, 580,  540,  510,
19                     555, 600,  560,  200,
20                     480, 400,  410, 485,
21                     460, 440,  500, 480,
22                     420, 425,  350, 390)
```

Se calcula la matriz de correlaciones con el propósito de identificar las variables que guardan una relación estrecha. Se evidencia una relación muy fuerte entre las variables precipitación y el porcentaje de humedad, con una alta correlación de 0.9240979. En otras palabras, hay una fuerte relación entre el porcentaje de humedad y la cantidad de precipitación de agua que cae en esta región. Las otras variables muestran una relación moderada con respecto a la variable de interés.

```
> ## Creación de un data.fram
> base <- data.frame(Temperatura, Velocidad,
+           Humedad,Precipitacion)
> View(base)
> cor(base)
              Temperatura  Velocidad   Humedad Precipitacion
Temperatura     1.0000000 -0.7379082 -0.6601069    -0.4613930
Velocidad      -0.7379082  1.0000000  0.4566440     0.3706021
Humedad        -0.6601069  0.4566440  1.0000000     0.9240979
Precipitacion  -0.4613930  0.3706021  0.9240979     1.0000000
```

```
90  # Crear una matriz de dispersión
91  pairs(~base$Temperatura +
92          base$Velocidad +
93          base$Humedad +
94          base$Precipitacion,
95      data = base,
96      main = "Matriz de diagrama de dispersión")
```

El paso siguiente consiste en la generación de un diagrama que muestre la relación entre las variables y observar la dependencia con relación a la variable de interés: porcentaje de precipitación. Para este caso en particular, se hará uso del gráfico de la matriz de dispersión. El siguiente *script* presenta los comandos en R para su generación.

En la gráfica se evidencia la existencia de una relación fuerte positiva entre la precipitación y la humedad, lo cual comprueba el valor encontrado en la matriz de correlación con un valor de 0.92. Se puede observar que el comportamiento de los puntos se encuentra casi sobre una recta. En otras palabras, cuanto mayor es el porcentaje de humedad, mayor es la precipitación. Por otra parte, se aprecia algún tipo de relación entre la temperatura del lugar y la velocidad del viento, lo que refleja una relación fuerte y negativa. Es decir, a mayor velocidad del viento, la temperatura del lugar va disminuyendo.

Luego se realiza un diagrama de dispersión que muestre la relación existente entre las variables de interés. Para este caso en particular, se visualiza el porcentaje de humedad como la variable independiente y la precipitación como la dependiente. Utilizando la librería de *ggplot*, se presenta el comando en R:

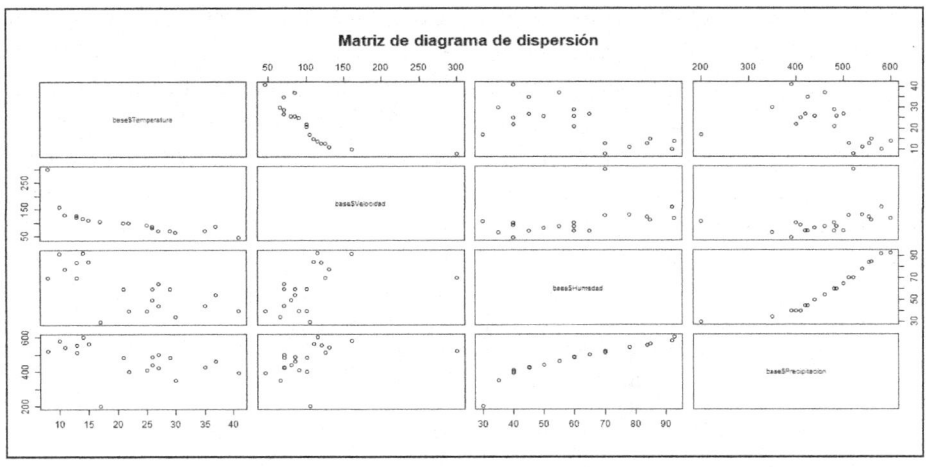

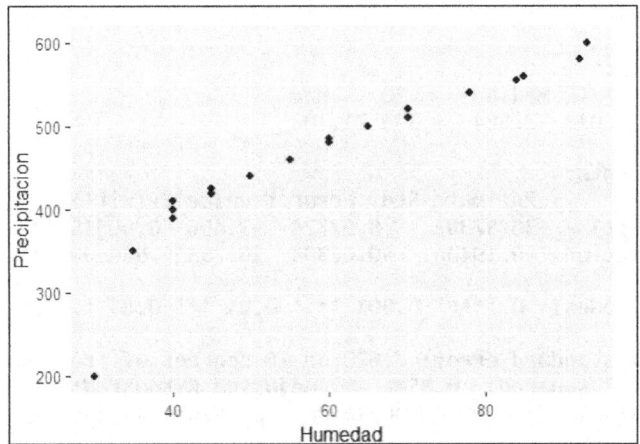

```
72  ### Gráfico de dispersión
73  ggplot(data = base,
74         mapping = aes(x = Humedad,
75                         y = Precipitacion)) +
76    geom_point()
```

A continuación, se presenta el *script* con otra forma de realizar el gráfico de dispersión.

```
64  ### Gráfico de dispersión
65  plot(base$Humedad, base$Precipitacion,
66    main = "Variación de la precipitación
67      respecto al porcentaje de humedad",
68      xlab = "Porcentaje de humedad",
69    ylab = "Precipitación",
70      col = "████", pch = 25)
```

El paso final consiste en estimar el modelo lineal simple de mejor ajuste. Es decir, se requiere encontrar los estimadores $\hat{\beta}_s$ que más se ajustan al modelo para la estimación de y.

En R, el comando básico es *lm* (*lineal models*), siendo el primer argumento del comando la fórmula $y \sim x$; este permite definir cuál es la variable dependiente o respuesta (y) y cuál la independiente (x). El segundo argumento define cuál es la base en donde se encuentran los datos de las variables en cuestión. Finalmente, el resultado es guardado en un objeto llamado *regresión*, el cual contiene una lista con toda la información relevante del análisis, y mediante el comando *summary* se obtiene el resumen de los principales resultados. A continuación, se presenta el *script* con el resultado.

```
> ## Cálculo del modelo de Regresión Lineal
> regresion <- lm(Humedad ~ Precipitacion,
+                 data = base)
> summary(regresion)

Call:
lm(formula = Humedad ~ Precipitacion, data = base)

Residuals:
   Min     1Q Median     3Q    Max
-9.112 -5.013 -2.584  4.393 21.703

Coefficients:
               Estimate Std. Error t value Pr(>|t|)
(Intercept)   -30.57383    8.97724  -3.406  0.00315 **
Precipitacion   0.19436    0.01894  10.259 6.02e-09 ***
---
Signif. codes:  0 '***' 0.001 '**' 0.01 '*' 0.05 '.' 0.1 ' ' 1

Residual standard error: 7.623 on 18 degrees of freedom
Multiple R-squared:  0.854,     Adjusted R-squared:  0.8458
F-statistic: 105.3 on 1 and 18 DF,  p-value: 6.015e-09
```

Los parámetros de la recta de mínimos cuadrados que relaciona el porcentaje de humedad en función de la precipitación vienen dados por la columna *Estimate* de la tabla *Coefficients*. Luego la ecuación que representa el modelo estimado queda:

$$\hat{y} = -30,5738 + 0,1943x$$

Importante: recordar que los coeficientes que definen las variables estimadas del modelo son:

$$\hat{\beta}_0 = -30,5738 \quad \hat{\beta}_1 = 0,1943$$

El paso siguiente es interpretar qué tan bien se explica el modelo con la variable independiente x, que para el caso del ejercicio es la precipitación. Para ello, se hace uso del término del *coeficiente de determinación* r^2. En el desplegable de la salida de R se aprecia al final el R^2 multiple (*multiple R-squared*) = 0.854 y el R^2 ajustado (*adjusted R-squared*); $R_a^2 = 0.845$, cuya interpretación es el porcentaje de la variabilidad de y, que es explicado por las variables explicativas después de ajustar (quitar) la sobreestimación que existe entre las variables. Es decir, para el caso específico que nos compete, se afirma que, con un 0.845, la variable precipitación explica a la variable de porcentaje de humedad, eliminando la sobreestimación existente. Este parámetro tendrá mayor incidencia en los modelos lineales múltiples.

Ahora se realiza el gráfico utilizando la librería de *ggplot* de la recta de los mínimos cuadrados (curva de mejor ajuste) para la variación de la humedad en función de la precipitación del lugar en específico.

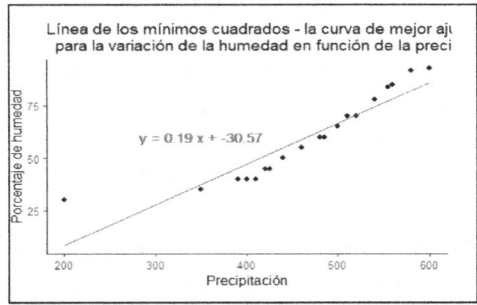

```
108  ## Realización del gráfico de acuerdo con el ejemplo
109  # Cargar la librería tidyverse
110  library(tidyverse)
111  # Datos
112  x <- Precipitacion
113  y <- Humedad
114
115  # Crear un data frame con los datos
116  data <- data.frame(x = x, y = y)
117
118  # Ajustar un modelo lineal
119  modelo <- lm(y ~ x, data = data)
120
121  # Obtener los coeficientes del modelo
122  intercepto <- coef(modelo)[1]
123  pendiente <- coef(modelo)[2]
124
125  # Calcular los valores ajustados
126  y_pred <- predict(modelo, data.frame(x = x))
127
128  # Graficar el modelo lineal
129  ggplot(data, aes(x = x, y = y)) +
130    geom_point() +  # Puntos de datos
131    geom_line(aes(y = y_pred), color = "     ") +  # Línea de regresión
132    geom_text(aes(label = paste("y =", round(pendiente, 2),
133                                "x +", round(intercepto, 2))),
134            x = 350, y = 60, color = "    ", size = 4) +  # Etiqueta del modelo
135    labs(title = "Línea de los mínimos cuadrados - la curva de mejor ajuste,
136    para la variación de la humedad en función de la precipitaión",
137         x = "Precipitación",
138         y = "Porcentaje de humedad") +  # Títulos de los ejes
139    theme_classic()  # Estilo del gráfico
```

A continuación, se presenta el *script* de otra forma de realizar el gráfico de manera sencilla.

```
143  ## Otra forma de realizar el gráfico
144  plot(base$Precipitacion, base$Humedad,
145       xlab = "Precipitación",
146       ylab = "Porcentaje de humedad")
147  abline(regresion)
```

Ahora, se realiza el ejercicio de predecir valores de acuerdo con el modelo de mejor ajuste. Por ejemplo, se tienen nuevas precipitaciones tomadas en el mismo lugar (350, 360, 370, 400, 450, 550) y se pretende predecir el porcentaje de humedad generado por estas. Se observa que las nuevas precipitaciones son 37, 39, 41, 47, 56 y 76, respectivamente, valores que se encuentran sobre la recta de predicción.

```
> ## Cálculo de predicciones
> nuevas_humedades <- data.frame (Precipitacion =
+                          c(350,360,370,400,450,550))
> predict(regresion, nuevas_humedades)
       1        2        3        4        5        6
37.45054 39.39410 41.33765 47.16831 56.88608 76.32162
```

Recordando que los errores aleatorios ε_i son independientes, que guardan el comportamiento de distribución normal con media 0 y varianza σ^2. En el *script* que presenta el modelo, en la tabla de *Coefficients*, se encuentra la columna de *Estándar Error*, la cual contiene los errores típicos de los estimadores de los parámetros β_0 y β_1.

Luego se tiene: *error típico de β_0 = 8.97*   *error típico de β_1 = 0.018*

En la misma tabla, se tiene la columna *t value*, la cual contiene el *estadístico t*, que corresponde al cociente entre cada estimador y su error típico. Es importante recordar que estos cocientes son la base para realizar las pruebas de hipótesis: H_0 : $\beta_0 = 0$ y H_0 : $\beta_1 = 0$ con sus respectivos p-valor que se encuentran en la columna $Pr(>|t|)$. Para este ejemplo en específico, se cuenta con valores muy pequeños, luego se rechaza la hipótesis nula para sus niveles de significancia.

Adicionalmente, en la tabla se encuentra el estimador de la desviación típica de los errores σ, el cual aparece como *residual standard error* para el caso del ejemplo es 7.623.

```
> ### Intervalo de confianza para
> ### los parámetros
> confint(regresion, level = 0.95)
                 2.5 %      97.5 %
(Intercept)  -49.4343208 -11.7133490
Precipitacion  0.1545545   0.2341563
```

Para encontrar los intervalos de confianza para los parámetros por medio de R, se cuenta con la función *confint*, en donde el parámetro *level* permite elegir el nivel de confianza, que por defecto es 0.95, como se muestra en el siguiente *script*.

Para el caso de la predicción, se tienen los intervalos de confianza para la respuesta media y los intervalos de confianza de predicción para la respuesta. Por ejemplo, se pretende calcular y representar los dos tipos de intervalos para el rango de precipitaciones nuevas (200, 300, 370, 370, 400, 450, 500, 550, 600, 730); en el *script* se presenta el código para la representación de las líneas de los intervalos de predicción y de estimación.

```
163  ## Representación de los intervalos de confianza
164  recientes_humedades <- data.frame (Precipitacion =
165                             c(200,300,370,370,400,
166                             450,500,550,600,730))
167  ### Gráfico de dispersión de la recta
168  plot( base$Precipitacion,base$Humedad,
169      xlab='Precipitación', ylab='Humedad')
170  abline(regresion)
171
172  ## Intervalos de confianza para la respuesta media
173  # Se define mat_intcof como una matriz con tres columnas:
174  #la primera es la prediccion, las otras dos son
175  # los extremos del intervalo
176  mat_intconf <- predict(regresion, recientes_humedades,
177                         interval = 'confidence')
178  lines(recientes_humedades$Precipitacion,
179      mat_intconf[, 2], lty = 2)
180  lines(recientes_humedades$Precipitacion,
181      mat_intconf[, 3], lty = 2)
182
183  ## Intervalos de prediccion
184  mat_intconf <- predict(regresion, recientes_humedades,
185                         interval = 'prediction')
186  lines(recientes_humedades$Precipitacion,
187      mat_intconf[, 2], lty = 2, col = '███')
188  lines(recientes_humedades$Precipitacion,
189      mat_intconf[, 3], lty = 2, col = '███')
```

Ese gráfico muestra el intervalo de predicción (líneas punteadas) y el intervalo de estimación (líneas guiones). Observe que siempre el intervalo de predicción es más grande que el de estimación.

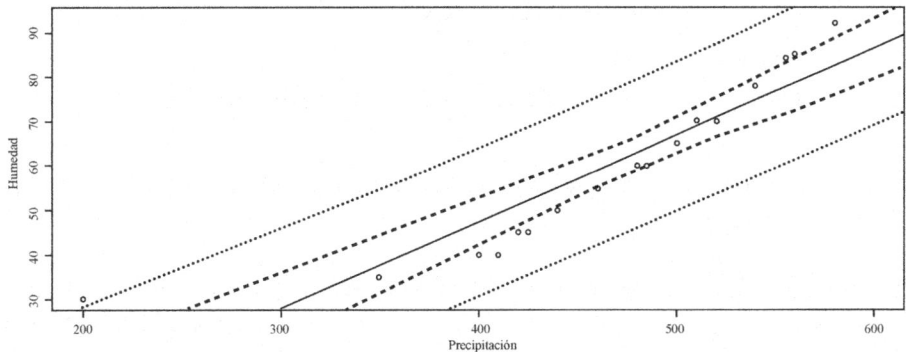

Ahora se realiza el cálculo para encontrar el intervalo de predicción. Es necesario ingresar el dato de la variable independiente al que se le realizará la predicción. Para este caso en particular, se toma el valor de $x = 200$, se hace uso de la función *predict*.

En este código, *newdata* especifica el valor de la nueva observación para la que deseas hacer la predicción. Adicionalmente, se debe definir el tipo de intervalo a calcular, a través de *interval = "prediction"*, indicando que se desea calcular un intervalo de predicción *"prediction"* en lugar de un intervalo de confianza *"confidence"* para la media de la variable dependiente. Finalmente, *level = 1 - alpha* establece el nivel de confianza deseado para el intervalo de predicción.

```
195  ##Intervalo de perdiccción
196  # Datos de ejemplo
197  #set.seed(123)
198  x <- base$Precipitacion
199  y <- base$Humedad
200
201  # Ajuste del modelo de regresión lineal
202  modelo <- lm(y ~ x)
203
204  # Intervalo de predicción
205  nueva_x <- 200  # Valor de la nueva observación
206  alpha <- 0.05  # Nivel de confianza
207
208  # Predicción puntual
209  inter_predic <- predict(modelo, newdata = data.frame(x = nueva_x),
210                          interval = "prediction", level = 1-alpha)
211
212  # Resultados
213  print(inter_predic)
```

```
> print(inter_predic)
        fit       lwr      upr
1 8.297239 -11.21646 27.81094
```

Finalmente, se obtiene el intervalo de interés por medio de la siguiente sentencia:

Ahora se realizará el análisis de la varianza de los errores, el cual se obtiene en R con el comando *anova*, como se observa en el siguiente *script*:

```
> ## Análisis de la varianza de los errores
> anova(regresion)
Analysis of Variance Table

Response: Humedad
              Df Sum Sq Mean Sq F value    Pr(>F)
Precipitacion  1 6116.5  6116.5  105.25 6.015e-09 ***
Residuals     18 1046.0    58.1
---
Signif. codes:  0 '***' 0.001 '**' 0.01 '*' 0.05 '.' 0.1 ' ' 1
```

Importante recordar que la varianza de la distribución de probabilidad de ε es constante: **$Var(\varepsilon) = cte.$**

Para el diagnóstico del modelo, se deben tener presentes los valores ajustados $\hat{y}_i$ y los valores residuales $e_i = \hat{y}_i - y_i$. Estos valores son obtenidos en R con los mandos *fitted* y *residuals* respectivamente. Ahora, para obtener los residuos estandarizados, se utiliza el comando *rstandard*.

En el siguiente *script* se muestra la representación gráfica de los residuos estandarizados contra los valores ajustados. Recordemos que esto es de importancia para el diagnóstico del modelo. En detalle se tratarán en el siguiente capítulo.

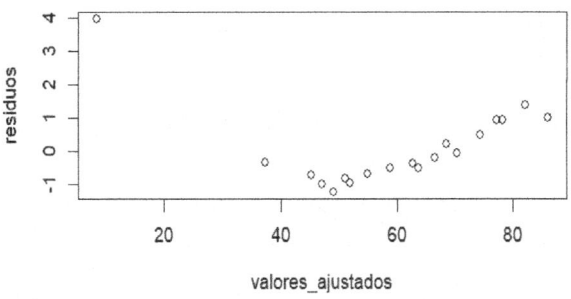

```
199  ### Diagnóstico del modelo
200  residuos <- rstandard(regresion)
201  valores.ajustados <- fitted(regresion)
202  plot(valores.ajustados, residuos)
```

Se aprecia un comportamiento uniforme de los datos. En el análisis multivariado se entrará en detalle sobre la importancia de este gráfico, así como lo es el significado de la homocedasticidad y la linealidad de los datos.

A continuación, se presenta la sentencia en R para obtener los residuales y los valores ajustados de la lista de resultados de la regresión lineal. Recuerde que esta lista se puede obtener con el comando *names(nombre de la regresión)*.

```
252  ### Diagnóstico del modelo
253  ### Obtención de los valores ajustados y de los residuos
254  regresion$residuals
255  regresion$fitted.values
```

```
> regresion$residuals
          1          2          3          4          5          6
7          8          9         10         11
-0.4909564  9.8477215  3.6219363  1.4525973  6.7066057  6.9606142
6.7348289 21.7027613 -2.7167417 -7.1683122 -9.1118659
         12         13         14         15         16         17
18         19         20
-3.6885185 -3.8296343 -4.9425270 -1.6038490 -2.7167417 -6.0554196 -
7.0271964 -2.4505439 -5.2247586
> regresion$fitted.values
          1          2          3          4          5          6
7          8          9         10         11         12
70.490956 82.152278 74.378064 68.547403 77.293394 86.039386 78.2651
71  8.297239 62.716742 47.168312 49.111866 63.688519
         13         14         15         16         17         18
19         20
58.829634 54.942527 66.603849 62.716742 51.055420 52.027196 37.4505
44 45.224759
```

Finalmente, se tiene la interpretación de la normalidad de los residuos. Esto se realiza con el gráfico QQplot de los residuos. Los comandos son los siguientes:

```
272  qqnorm(residuos)
273  qqline(residuos)
```

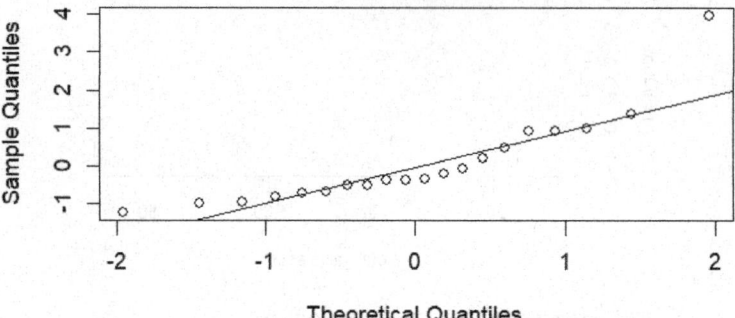

En el gráfico normal QQplot se aprecia que los residuos se encuentran alineados, exceptuando el punto al final del gráfico, que está fuera del rango.

EJERCICIOS

7.1. Un estudio realizado por el centro de investigación de mercados quiere identificar los hábitos de consumo que tiene determinada población; para ello, quiere demostrar qué tanto consume de acuerdo a la condición de sus ingresos. Con ayuda de una encuesta, definió un modelo para calcular el porcentaje de ahorro de las familias de acuerdo a los ingresos familiares obtenidos.
La siguiente tabla muestra la información recolectada.

	Ahorros mensuales (%)	Ingresos mensuales en miles de pesos		Ahorros mensuales (%)	Ingresos mensuales en miles de pesos
1	0 %	650	**11**	9 %	1.800
2	3 %	738	**12**	11 %	1.950
3	1 %	970	**13**	18 %	2.000
4	5 %	1.200	**14**	20 %	2.500
5	10 %	1.280	**15**	20 %	2.500
6	12 %	1.300	**16**	21 %	3.400
7	7 %	1.400	**17**	24 %	3.500
8	8 %	1.500	**18**	21 %	5.500
9	8 %	1.550	**19**	24 %	8.000
10	10 %	1.800	**20**	25 %	10.000

a. Se pretende, por medio del método de los mínimos cuadrados, estimar los betas que más se ajustan y definir el modelo estadístico lineal.

b. Cuál es la interpretación que se le puede dar a los betas encontrados.

c. Calcule la suma del cuadrado del error (SEE).

d. Estime σ^2, la varianza de la población.

e. Probar la hipótesis de que $\beta_1 = 0$.

f. Determinar un intervalo de confianza del 95 % para β_1. Interpretar el resultado.

g. Cuál es el coeficiente de correlación r entre los ahorros y los ingresos mensuales de las familias. Interprete su resultado.

7.2. Debido al drástico cambio climático que está teniendo la Tierra en las últimas décadas por la inconsciencia humana respecto al uso inadecuado y desmedido de los recursos naturales y, en consecuencia, por el desinterés de la mayoría de los gobiernos para mitigar e implementar políticas que logren darle un viraje a esta catástrofe de la naturaleza del calentamiento global. Por ejemplo, las prolongadas precipitaciones que se están dando en la mayor parte del país han generado numerosas inundaciones que han afectado como siempre a las poblaciones más vulnerables. En consecuencia, una entidad meteorológica estatal está interesada en medir la relación existente entre la temperatura y la precipitación en una región que ha padecido dicha catástrofe en varias ocasiones.

A continuación, se enuncia la tabla con la información recolectada.

Temperatura (°C)	Precipitación (mm/m²)	Temperatura (°C)	Precipitación (mm/m²)
8	520	25	410
10	580	26	485
11	540	37	460
13	510	26	440
13	555	27	500
14	600	29	480
15	560	27	420
17	200	35	425
21	480	30	350
22	400	41	390

a. Se pretende, por medio del método de los mínimos cuadrados, estimar los betas que más se ajustan y definir el modelo estadístico lineal.

b. Cuál es la interpretación que se puede dar a los betas encontrados.

c. Calcule la suma del cuadrado del error (SEE).

d. Estime σ^2, la varianza de la población.

e. Probar la hipótesis de que $\beta_1 = 0$. Es decir, que x no contribuye con la predicción de y.

f. Determinar un intervalo de confianza del 95 % para β_1. Interpretar el resultado.

g. Cuál es el coeficiente de correlación r entre la temperatura y precipitación. Interprete su resultado.

h. Pruebe la hipótesis para la correlación de población lineal de que $H_0: \rho = 0$.

i. Calcular el coeficiente de determinación r^2, de acuerdo a su definición. Comparar este valor con el encontrado en el literal g. Cuál es su interpretación.

j. Establecer un intervalo de confianza del 95 % para estimar la temperatura media de la zona cuando la precipitación es 400 (mm/m^2).

k. Establecer un intervalo de confianza del 95 % para la predicción de la temperatura de la zona cuando la precipitación es 400 (mm/m^2).

Capítulo 8

Modelo de regresión lineal múltiple

El desarrollo de este capítulo se fundamenta en el ejercicio de encontrar un modelo lineal que mejor se ajuste de acuerdo a la relación entre varias variables independientes respecto a una dependiente. Paralelamente, el progreso del capítulo está acompañado con un ejemplo que aplica los conceptos presentados.

En otras palabras, se pretende encontrar un modelo que represente las condiciones iniciales de un problema que involucre varias variables independientes. Por ejemplo, se busca representar cómo el crecimiento en la producción agraria de un producto específico está en función de las condiciones climatológicas de la zona, de las características del terreno, de los diferentes tipos de abonos químicos y naturales que se le apliquen al producto, entre otros. Es decir, se busca encontrar un modelo que mejor se ajuste a las condiciones del problema y permita estimar el crecimiento del producto en mención.

- Los modelos de regresión múltiple difieren de los de regresión lineal simple en el hecho de involucrar más de una variable independiente que permitan ajustar el modelo a la realidad de una situación.
- Pueden ser modelos cuadráticos: $E(y) = \beta_0 + \beta_1 x_1 + \beta_2 x_1^2$, con una representación gráfica de forma cuadrática.

Figura 8.1. Ejemplos de modelos de regresión lineal múltiple cuadrática

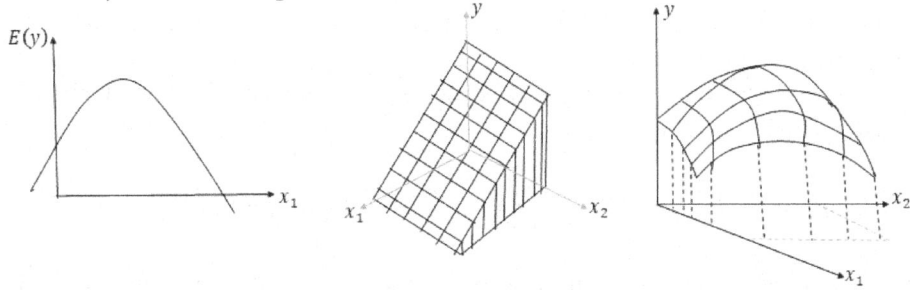

- Es importante saber escoger el modelo de regresión de acuerdo con la situación particular de estudio.
- Una selección equívoca conduce a un modelo no apropiado. Por ejemplo, se tiene un conjunto de datos con comportamiento curvilíneo y se escoge un modelo lineal. Esto conduce a aproximaciones erradas para el modelo.

- Los pasos para la selección del modelo lineal múltiple son muy similares a los del modelo simple. Es necesario el cumplimiento de los pasos para la aproximación al modelo que más se ajuste al caso en particular de estudio.
- Es muy importante saber escoger el componente determinístico (variables independientes), que es el que definirá el modelo.

8.1 Supuestos del modelo

Dadas las características, se tiene el modelo: $y = E(y) + \varepsilon$

Donde $E(y)$ se define como el componente determinístico del modelo.
Es importante tener presente que el componente del ε debe cumplir los supuestos establecidos en el modelo lineal simple, es decir (Mendenhall & Sincich, 2002):

1. La media de la distribución de muestreo es: $E(\varepsilon) = 0$
2. Luego el valor medio de y para un valor dado de x es:
$$E(y) = \beta_0 + \beta_1 x_1 + \beta_2 x_1^2$$

3. La varianza de la distribución de probabilidad de ε es constante: $Var(\varepsilon) = cte$
4. La distribución de probabilidad de ε es normal: $\varepsilon \approx N(0, \sigma^2)$
5. Los errores respecto a dos observaciones distintas son independientes. En otras palabras, el error asociado a un valor en particular no se encuentra relacionado al error de otro valor.

8.2 Ajuste del modelo. Método de los mínimos cuadrados

Cuando se desea aplicar el método para ajustar el modelo, se puede llevar a cabo de la misma manera que se realizó con el modelo lineal simple. Luego se busca escoger las estimaciones de β_0, β_1, ..., β_k que minimicen SSE (Mendenhall & Sincich, 2002).

Es decir: $SSE = \sum_{i=1}^{n} (y_i - \hat{y}_i)^2 = \sum [y_i - (\hat{\beta}_0 + \hat{\beta}_1 x_{i1} + \cdots + \hat{\beta}_k x_{ik})]^2$

Para encontrar la solución, es necesario realizar las derivadas parciales para cada estimación e igualarlas a cero. Luego:

$$\frac{\partial SSE}{\partial \hat{\beta}_0} = 0 \qquad \frac{\partial SSE}{\partial \hat{\beta}_1} = 0 \quad \ldots\ldots \qquad \frac{\partial SSE}{\partial \hat{\beta}_k} = 0$$

Para el caso de $\hat{\beta}_0$ se obtiene:

$$\frac{\partial SSE}{\partial \hat{\beta}_0} = 2 \sum [y_i - (\hat{\beta}_0 + \hat{\beta}_1 x_{i1} + \cdots + \hat{\beta}_k x_{ik})](-1)$$

Igualando a cero y despejando:

$$\sum [y_i - (\hat{\beta}_0 + \hat{\beta}_1 x_{i1} + \cdots + \hat{\beta}_k x_{ik})](-1) = 0$$

$$\sum y_i = n\hat{\beta}_0 + \hat{\beta}_1 \sum x_{i1} + \hat{\beta}_2 \sum x_{i2} + \dots + \hat{\beta}_k \sum x_{ik}$$

Esta es una ecuación lineal.

Se pueden obtener las demás k ecuaciones lineales restantes:

$$\sum x_{i1} y_i = \left(\sum x_{i1}\right) \hat{\beta}_0 + \left(\sum x_{i1}\right)^2 \hat{\beta}_1 + \left(\sum x_{i1} x_{i2}\right) \hat{\beta}_2 + \cdots + \left(\sum x_{i1} x_{ik}\right) \hat{\beta}_k$$

$$\sum x_{i2} y_i = \left(\sum x_{i2}\right) \hat{\beta}_0 + \left(\sum x_{i1} x_{i2}\right) \hat{\beta}_1 + \left(\sum x_{i2}\right)^2 \hat{\beta}_2 + \cdots + \left(\sum x_{i2} x_{ik}\right) \hat{\beta}_k$$

$$\vdots$$

$$\sum x_{ik} y_i = \left(\sum x_{ik}\right) \hat{\beta}_0 + \left(\sum x_{i1} x_{ik}\right) \hat{\beta}_1 + \cdots \qquad \cdots \qquad + \left(\sum x_{ik}\right)^2 \hat{\beta}_k$$

Encontrar la solución de este sistema de $k + 1$ ecuaciones es muy dispendioso de manera manual, por cuanto su expresión más clara se hace a través del uso de matrices y su solución se puede encontrar de manera fácil con el uso de programas matemáticos y, en específico, el estadístico R.

8.3 Modelo de regresión lineal múltiple. Representación matricial

Veamos con un ejemplo en donde exista una variable respuesta y y tres variables predictoras: x_1, x_2 y x_3. Su representación sería:

$$\begin{array}{cccc} y_1 & x_{11} & x_{12} & x_{13} \\ y_2 & x_{21} & x_{22} & x_{23} \\ \vdots & \vdots & \vdots & \vdots \\ y_n & x_{n1} & x_{n2} & x_{n3} \end{array}$$

Siendo **n** el número de observaciones o casos en la base de datos.

La representación algebraica de la ecuación es:

$$y_i = \beta_0 + \beta_1 x_{1i} + \beta_2 x_{2i} + \beta_3 x_{3i} + \varepsilon_i \qquad\qquad i = 1, \dots, n$$

En forma matricial sería: $y = X\beta + \varepsilon$

En donde las dimensiones de estas componentes son:

$$y_{n*1}, X_{n*p+1}, \beta_{(p+1)*1} \text{ y } \varepsilon_{n*1}$$

Siendo:

$$y = (y_1, y_2 \dots y_n)^T, \varepsilon = (\varepsilon_1, \varepsilon_2, \dots \varepsilon_n)^T, \quad \beta = \left(\beta_0, \beta_1, \beta_2, \dots \beta_p\right)^T$$

$$X = \begin{pmatrix} 1 & x_{11} & x_{12} \dots & x_{1p} \\ 1 & x_{21} & x_{22} \dots & x_{2p} \\ & & \vdots & \\ 1 & x_{n1} & x_{n2} \dots & x_{np} \end{pmatrix}$$

En donde la columna de 1 (unos) representa el intercepto del modelo β_0.

8.4 Estimación de β. Método de mínimos cuadrados

La mejor estimación de β se puede definir como aquella que minimice la suma del cuadrado del error (Faraway, 2005):

$$\sum \varepsilon_i{}^2 = \varepsilon^T \varepsilon = (y - X\beta)^T (y - X\beta)$$

Realizando la operación:

$$\varepsilon^T \varepsilon = y^T y - 2\beta^T X^T y + \beta^T X^T X\beta$$

Sea $S = \varepsilon^T\varepsilon$. Diferenciando respecto a β e igualando a cero queda:

$$\frac{\partial S}{\partial \beta} = 0 = -2X^T y + 2X^T X\beta$$

Luego se tiene la ecuación de matrices de mínimos cuadrados o ecuación normal:

$$X^T X\hat{\beta} = X^T y$$

Se tiene que $X^T X$ es invertible. Multiplicando a ambos lados por su inversa:

$$(X^T X)^{-1} X^T X\hat{\beta} = (X^T X)^{-1} X^T y$$

Da como resultado: **el cálculo del estimador: la solución de mínimos cuadrados:**

$$\hat{\beta} = \left(X^T X\right)^{-1} X^T Y$$

Si se multiplica a ambos lados por X:

$$X\hat{\beta} = X(X^T X)^{-1} X^T y$$

Si se reemplaza H por $X(X^TX)^{-1}X^T$, se tiene: $\hat{y} = \boldsymbol{Hy}$ Este es el valor predicho o ajustado.

H_{n*n}: Es la matriz sombrero; en los libros de modelos lineales, en inglés se llama *Hot-matrix*.
H: Es una matriz simétrica $(HH^T = H)$ e indempotente ($* H = H$)
Se define como la proyección ortogonal de y sobre el espacio generado por X.

Para el residual, se tiene:
$$\hat{\varepsilon} = y - X\hat{\beta}$$
$$\hat{\varepsilon} = y - \hat{y}$$
$$\hat{\varepsilon} = y - Hy$$
$$\hat{\varepsilon} = (I - H)y$$

La suma del cuadrado de los residuales (recordar las propiedades de la matriz transpuesta[1]) (Poole, 2017):

$$\varepsilon^T \hat{\varepsilon} = y^T (I - H)^T (I - H)y$$
$$\varepsilon^T \hat{\varepsilon} = y^T (I - H)y$$

Luego este mínimo cuadrado estimado es el mejor estimado posible de β.
Esto es válido cuando:
- El error ε es incorrelacionado: $E(\varepsilon) = 0$
- El error tiene igual varianza o $var(\varepsilon) = \sigma^2 1$

Ejemplo 8.1
Hallar la línea de mínimos cuadrados.
Tomemos el ejemplo realizado en el modelo de regresión lineal simple.
Se tiene el histórico del crecimiento poblacional estudiantil de un programa de pregrado de una universidad y se desea encontrar la línea de mínimos cuadrados.

El modelo es: $y = \beta_0 + \beta_1 x_1 + \varepsilon$

---

[1] Propiedad de una matriz transpuesta: A_{m*p}, B_{m*n} y D_{n*p} $\rightarrow$ A = DB, luego, $A^T = (B * D)^T = B^T D^T$

Tabla 8.1. Crecimiento poblacional estudiantil de un programa académico

Periodo	x_i	y_i
2011-2	1	31
2012-1	2	48
2012-2	3	69
2013-1	4	75
2013-2	5	86
2014-1	6	112
2014-2	7	122
2015-1	8	167
2015-2	9	188
2016-1	10	215
2016-2	11	235
2017-1	12	229
2017-2	13	240
2018-1	14	247

Las matrices respectivas son:

$$Y = \begin{bmatrix} 31 \\ 48 \\ 69 \\ 75 \\ 86 \\ 112 \\ 122 \\ 167 \\ 188 \\ 215 \\ 235 \\ 229 \\ 240 \\ 247 \end{bmatrix} \quad X = \begin{bmatrix} 1 & 1 \\ 1 & 2 \\ 1 & 3 \\ 1 & 4 \\ 1 & 5 \\ 1 & 6 \\ 1 & 7 \\ 1 & 8 \\ 1 & 9 \\ 1 & 10 \\ 1 & 11 \\ 1 & 12 \\ 1 & 13 \\ 1 & 14 \end{bmatrix} \quad \hat{\beta} = \begin{bmatrix} \hat{\beta}_0 \\ \hat{\beta}_1 \end{bmatrix} \quad \varepsilon = \begin{bmatrix} \varepsilon_1 \\ \varepsilon_2 \\ \varepsilon_3 \\ \varepsilon_4 \\ \varepsilon_5 \\ \varepsilon_6 \\ \varepsilon_7 \\ \varepsilon_8 \\ \varepsilon_9 \\ \varepsilon_{10} \\ \varepsilon_{11} \\ \varepsilon_{12} \\ \varepsilon_{13} \\ \varepsilon_{14} \end{bmatrix}$$

Los cálculos respectivos obedecen a:

$$X^T X = \begin{bmatrix} 14 & 105 \\ 105 & 1015 \end{bmatrix} \qquad X^T Y = \begin{bmatrix} 2064 \\ 19679 \end{bmatrix}$$

Ahora se requiere encontrar la matriz $(X^T X)^{-1}$ (Poole, 2017).

Recordando el álgebra matricial. Si se tiene la matriz A, luego la matriz inversa A^{-1} es:

$$A^{-1} = \frac{1}{|detA|} Adj(A^T)$$

$$(X^T X)^{-1} = \begin{bmatrix} ,318 & -,032 \\ -,032 & ,004 \end{bmatrix}$$

En donde la solución de la ecuación de los mínimos cuadrados es:

$$\hat{\beta} = \left(X^T X\right)^{-1} X^T Y$$

$$\hat{\beta} = \begin{bmatrix} ,318 & -,032 \\ -,032 & ,004 \end{bmatrix} \begin{bmatrix} 2064 \\ 19679 \end{bmatrix} = \begin{bmatrix} 9 \\ 18,46 \end{bmatrix}$$

Luego la ecuación de predicción es:

$$\hat{y} = 9 + 18,46x$$

Comprobando de esta manera que es la misma ecuación que se obtuvo en el ejemplo del modelo lineal simple.

Cálculo utilizando R:

Primero se definen las entradas para el modelo multilineal, los vectores columna Y, $\hat{\beta}$ y ε, al igual que la matriz X.

```
4  ## Defiición de las variables del modelo
5  X_1<- matrix(data = c(1,1,1,1,1,1,
6                           1,1,1,1,
7                           1,1,1,1,1:14),
8                    nrow = 14, ncol = 2,
9                    byrow = F)
0
1  ## Matriz de estudiantes
2  Y <- c(31,48,69,75,86,112,122,167,
3           188,215,235,229,240,247)
```

El siguiente paso consiste en realizar el cálculo del producto matricial de la transpuesta de X con ella misma.

```
> ## Cálculo de tr(X)*X
> t(X_1) %*% X_1
     [,1] [,2]
[1,]   14  105
[2,]  105 1015
```

En el siguiente paso, se calcula el producto matricial de la transpuesta de X con la matriz salida Y.

```
> ## Cálculo de tr(X)*Y
> t(X_1) %*% Y
     [,1]
[1,]  2064
[2,] 19679
```

Ahora se procede a realizar el cálculo de la matriz inversa de la transpuesta de X con el producto de X, es decir, $(X^T X)^{-1}$ Por medio de la orden *solve( )*, se calcula la inversa de una matriz; de esta manera se obtiene la inversa de la matriz de interés.

```
> ## Cálculo de la mnatriz inversa de tr(X)*X
> inver_x <- solve(t(X_1) %*% X_1)
> inver_x
            [,1]             [,2]
[1,]   0.31868132  -0.032967033
[2,]  -0.03296703   0.004395604
```

Finalmente, se realiza el cálculo de los β_s por medio de la propiedad de la ecuación de los mínimos cuadrados (MSS), llegando a la solución del modelo lineal, tal como se presentó en el ejercicio anteriormente desarrollado.

```
> ## Solución por los Mínimos Cuadrados
> Betas_est <- inver_x %*% t(X_1) %*% Y
> Betas_est
          [,1]
[1,]   9.00000
[2,]  18.45714
```

8.5 Bondad de ajuste. Coeficiente de determinación múltiple $-R^2$

Es muy importante tener una medida de cómo el modelo se ajusta a los datos; esto se logra con el cálculo del coeficiente de determinación R^2. Como en el caso del modelo lineal simple, se tiene la misma interpretación, si se desea probar la idoneidad global del modelo que abarque todos los parámetros β (Mendenhall & Sincich, 2002). También es llamado porcentaje de varianza explicada:

$$R^2 = 1 - \frac{\sum(\hat{y}_i - y_i)^2}{\sum(y_i - \bar{y})^2} = \frac{RSS}{Total\ SS(Corregida\ para\ la\ media)}$$

RSS: Suma del cuadrado de los residuos.
Para el modelo lineal simple: $R^2 = r^2$, se puede utilizar su definición:

$$R^2 = \frac{SS_{yy} - SSE}{SS_{yy}} = 1 - \frac{SSE}{SS_{yy}}$$

- Valores iguales a 0 implican que el modelo no se ajusta a los datos.
- Valores iguales a 1 implican un ajuste perfecto, el modelo pasa por todos los puntos.
- Valores cercanos a 1 implican mejor ajuste.
- Para el caso de las ciencias sociales y biológicas, en donde la correlación de las variables tiende a ser débil, valores cercanos a 0,6 se consideran como buenos.

8.5.1 Bondad de ajuste. Coeficiente de determinación -R^2

En el caso de las ciencias de la ingeniería y la física, se requiere más ajuste en los datos y los experimentos tienen un mayor control, se espera valores mucho mayores a 0,6. Inclusive, este valor se considera débil.

- Cuando existen muchas variables regresoras con información a la predicción de y. Esto hace que el R^2 tienda o se haga tender a 1.
- R^2 *ajust*: Coeficiente de determinación múltiple ajustado. Se utiliza para proteger al investigador cuando se tienen demasiadas variables regresoras en donde algunas de ellas no son significativas.

$$R^2_{ajus} = 1 - \frac{SCE/(n-p)}{SCT/(n-1)} = 1 - \frac{(n-1)}{n-(k+1)}\left(\frac{SSE}{SS_{yy}}\right) = 1 - \frac{n-1}{n-(k+1)}(1-R^2)$$

Luego R_{α}^2 tiene en cuenta tanto el tamaño de la muestra como el número de parámetros β. Por ende, $R_{\alpha}^2 < R^2$

8.6 Propiedades de los estimadores de mínimos cuadrados

Es importante recordar que $\hat{\beta} = \left[(X^TX)^{-1}X^T\right]Y$, en donde los elementos de la matriz $\hat{\beta}$ se obtienen al multiplicar las filas de $[(X^TX.)^{-1}X^T]$ por la matriz columna Y. Es decir, cada $\hat{\beta}_i$ se obtiene multiplicando la (i+1) –ésima fila de $[(X^TX.)^{-1}X^T]$ con la matriz columna Y. Recuerde que $\hat{\beta}_0$ es el mismo producto de la primera fila y lo demás.

La distribución de muestreo de $\hat{\beta}_i$ es normal con: $E(\hat{\beta}_i) = \beta_i$
- $V(\hat{\beta}_i) = c_{ll}\sigma^2$
- Error estándar: $\sigma_{\hat{\beta}_i} = \sigma\sqrt{c_{ii}}$
- El error estándar y la covarianza de los estimadores $\hat{\beta}_0, ..., \hat{\beta}_k$ se hallan a partir de la matriz $(X^TX)^{-1}$:

$$(X^TX)^{-1} = \begin{bmatrix} c_{00} & c_{01}\cdots & \cdots c_{0k} \\ c_{10} & c_{11}\cdots & \cdots c_{1k} \\ & \cdot & \\ & \cdot & \\ c_{k0} & c_{k1}\cdots & \cdots c_{kk} \end{bmatrix}$$

- Cálculo de los errores estándar: con los elementos de la diagonal principal:

$$\sigma_{\hat{\beta}_0} = \sigma\sqrt{c_{00}} \qquad \sigma_{\hat{\beta}_2} = \sigma\sqrt{c_{22}} \qquad\qquad \sigma_{\hat{\beta}_k} = \sigma\sqrt{c_{kk}}$$

- Siendo σ: la desviación estándar del error aleatorio ε.

- Los elementos fuera de la diagonal principal sirven para calcular las covarianzas de los $\hat{\beta}_0, \ldots, \hat{\beta}_k$ que son necesarias para el cálculo de la varianza de la ecuación de predicción.

Por ejemplo: la covarianza de dos estimadores $\hat{\beta}_i$ y $\hat{\beta}_j \ \forall \ i \neq j$:

$$Cov(\hat{\beta}_i, \hat{\beta}_j) = c_{ij}\sigma^2 = c_{ji}\sigma^2$$

8.7 Cálculo de la estimación de σ^2. La varianza de ε

Debido a que no se conocen los valores de σ^2, siempre se deben utilizar los datos de la muestra para estimar su valor.

Los valores de la varianza de los estimadores de β y de $\hat{y}$ dependen del valor de σ^2 y de la varianza del error aleatorio ε que hacen parte del modelo lineal.

Cálculo del estimador de σ^2

$$s^2 = \frac{SSE}{n - n\acute{u}mero \ de \ par\acute{a}metros \ \beta \ en \ el \ modelo}$$

Donde: $SSE = Y^T Y - \hat{\beta}^T X^T Y$

Ejemplo 8.2

Calcular varianza de la muestra para el ejercicio de la proyección estudiantil.

Se sabe: $\hat{\beta} = \begin{bmatrix} 9 \\ 18.46 \end{bmatrix}$ y $X^T Y = \begin{bmatrix} 2064 \\ 19679 \end{bmatrix}$

Además: $Y^T Y = 384208$

$$\hat{\beta}^T X^T Y = [9 \ \ 18.46]\begin{bmatrix} 2064 \\ 19679 \end{bmatrix} = 381794.1$$

Luego:

$SSE = Y^T Y - \hat{\beta}^T X^T Y = 384208 - 381850,34$

$SSE = 2413.886$

La varianza de ε en el modelo de regresión múltiple es:

Entonces: $s^2 = \dfrac{SSE}{n - n\acute{u}mero \ de \ par\acute{a}metros \ \beta \ en \ el \ modelo} = \dfrac{2357,66}{14-2} = 201.1571$

Cálculo utilizando R:

Dándole continuidad al ejemplo 8.1, el cual permitió encontrar la línea por el método de los mínimos cuadrados, se retoman los cálculos realizadosn como lo son los βi; para ello, es necesario identificarlos. Luego se calcula el producto matricial de la transpuesta de la matriz X con el vector salida Y

```
> ## Cálculo de SSE para la proyección estudiantil
> n <- 14
> n_param_B <- 2
> ## Se conoce:
> Betas_est
         [,1]
[1,]   9.00000
[2,] 18.45714
> t(X_1) %*% Y
         [,1]
[1,]   2064
[2,] 19679
```

Luego se procede al cálculo de la suma del cuadrado del error (SSE). Se requiere el cálculo de $\hat{\beta}^T X^T Y$ y, por último, se realiza el cálculo de la varianza del error aleatorio ε.

```
> ## Cálulo de la segunda parte de SSE
> t(Betas_est) %*% t(X_1) %*% Y
         [,1]
[1,] 381794.1
> ## Cálculo del SSE
> SSE <- (t(Y) %*% Y) - (t(Betas_est) %*% t(X_1) %*% Y)
> SSE
         [,1]
[1,] 2413.886
> ## Finalmente, se calcula la varianza del error aleat
orio e
> var_err <- SSE / (n -n_param_B)
> var_err
         [,1]
[1,] 201.1571
```

8.8 Intervalo de confianza de $(1 - \alpha)100\%$ para β_i

De la misma manera como se calculó el intervalo de confianza para un parámetro determinado, se realizará en este aparte.

Primero se debe establecer el intervalo de confianza de $(1 - \alpha)100\%$ para un parámetro determinado β_i, en donde $i = 0,1,2, ...$ k. Luego, utilizando el método del pivote y la prueba estadística *t-tudent*, se tiene:

El intervalo de confianza se define así:
$$Int.Conf = \hat{\beta}_i \pm t_{\alpha/2} \; (\textbf{\textit{Error estimado estandar de}} \; \hat{\beta}_i)$$

Que es lo mismo: $Int.Conf = \hat{\beta}_i \pm t_{\alpha/2} s\sqrt{c_{ii}}$

Sabiendo que $t_{\alpha/2}$ se basa en el número de grados de libertad asociados a s y que $s\sqrt{c_{ii}}$ es el error estándar estimado de $\hat{\beta}_i$.

Cálculo utilizando R:

Respecto al ejercicio sobre la predicción de la población estudiantil, para calcular el intervalo de confianza del coeficiente β_i, primero se toma el cálculo de la inversa de la matriz $(X^TX)^{-1}$ y se extrae el elemento correspondiente a la posición (2,2) de la matriz que representa el error estándar del coeficiente β_1.

```
> ## Cálculo de la mnatriz inversa de tr(X)*Y
> inver_x <- solve(t(X_1) %*% X_1)
> inver_x
           [,1]          [,2]
[1,]  0.31868132 -0.032967033
[2,] -0.03296703  0.004395604
> elemento <- inver_x[2,2]
> elemento
[1] 0.004395604
```

Luego se realiza el cálculo de la estadística de la prueba $t_{\alpha/2}$, al igual que la desviación estándar del error ε.

```
> ## Intervalo de confianza para  Beta_i
> Betas_est
         [,1]
[1,]  9.00000
[2,] 18.45714
> ## Cálculo del t_alpha/2
> n <- 14
> btas <- 2
> k < n   btas
> t_alp_med <- qt(0.975, k)
> t_alp_med
[1] 2.178813
> ## Cáculo de la desviación estándar
> desv_est <- sqrt(var_err)
> desv_est
         [,1]
[1,] 14.18299
```

```
> ## Cálculo del intervalo de confianza para los Betas
> Lim_sup <- Betas_est[2,1] + t_alp_med * desv_est *elemento
> Lim_inf <- Betas_est[2,1] - t_alp_med * desv_est *elemento
> Lim_sup
         [,1]
[1,] 18.59298
> Lim_inf
         [,1]
[1,] 18.32131
```

El siguiente paso consiste en el cálculo del intervalo; se debe tener en cuenta la posición del coeficiente β_1 y, aplicando la fórmula para encontrar tanto el límite superior como inferior, se encuentra el intervalo de confianza para β_1 = [18.3213 18.59298]

8.9 Prueba de un coeficiente de parámetro individual en el modelo de regresión múltiple

Modelo de regresión múltiple: $y = \beta_0 + \beta_1 x_1 + ... + \beta_k x_k + \varepsilon$

Prueba de una cola

$H_0 : \beta_1 = 0$
$H_1 : \beta_1 > 0$
ó $\beta_1 < 0$

Prueba de dos colas

$H_0 : \beta_1 = 0$
$H_1 : \beta_1 \neq 0$

Estadística de prueba

$$t = \frac{\hat{\beta}_i}{s_{\hat{\beta}_i}} = \frac{\hat{\beta}_i}{s\sqrt{c_{ii}}}$$

Región de rechazo

$t > t_\alpha$ o $(t < -t_\alpha)$ $|t| > t_{\alpha/2}$

Sabiendo que: n = número de observaciones
        k = número de variables independientes existentes en el modelo
$t_{\alpha/2}$ se basa en $[n - (k + 1)]$ grados de libertad.

Supuestos:
Aplican los supuestos de la distribución de probabilidad del error aleatorio ε.

Ejemplo 8.3
- Calcular el error estándar estimado para la distribución de muestreo de $\hat{\beta}_i$, que es el estimador de la pendiente de la línea β_i.
- Establecer un intervalo de confianza de 9 5% para β_i e interpretar el resultado.

1. Se sabe que $(X^T X)^{-1} = \begin{bmatrix} ,318 & -,032 \\ -,032 & ,004 \end{bmatrix}$

Luego: $c_{00} = 0,318$, $c_{11} = 0,004$
De donde el error estándar estimado para $\hat{\beta}_1$ es:

$$s_{\hat{\beta}_1} = s\sqrt{c_{11}} = \sqrt{201.1571}(\sqrt{0,004}) = 0,897$$

2. El intervalo de confianza de 9 5% para β_i:

$$\hat{\beta}_1 \pm t_{\alpha/2} s\sqrt{c_{11}}$$

De acuerdo con la tabla de distribución con $n = (n - 2) = 14 - 2 = 12$;
t-$student$: $t_{,025} = 2,1788$

Reemplazando se tiene: $18,46 \pm 2,1788(0,897)(\sqrt{0,004})$
$18,46 \pm 0,1236 = [18,3364 \quad 18,5836]$

Análisis:
El valor de $\hat{\beta}_1$ se encuentra en el intervalo de [18,338   18,582], recordando que β_1 representa la pendiente del modelo de línea recta. Se traduce como el crecimiento en ese intervalo de estudiantes por cada periodo.

8.10 Prueba de idoneidad general del modelo. Prueba F de análisis de la varianza (ANOVA)

Función:
Sirve para evaluar la utilidad del modelo de forma global (si los datos proporcionan o no pruebas suficientes que indiquen que el modelo global contribuye con información a la predicción de y).

Modelo de regresión múltiple: $E(y) = \beta_0 + \beta_1 x_1 + \ldots + \beta_k x_k$
$$H_0 : \beta_1 = \beta_2 = \ldots = \beta_k = 0$$
H_1: Por lo menos uno de los parámetros
$$\beta_1, \beta_2, \ldots \beta_k \text{ es distinto de } 0$$

Estadística de prueba:
$$F = \frac{R^2/k}{(1-R^2)/[n-(k+1)]}$$

$$F = \frac{Cuadrado\ medio\ del\ modelo}{Cuadrado\ medio\ del\ error} = \frac{SS(Modelo)/k}{SSE/[n-(k+1)]}$$

Región de rechazo: $F > F_\alpha$, en donde $v_1 = k$ y $v_2 = [n-(k+1)]$

Supuestos:
Aplican los supuestos de la distribución de probabilidad del error aleatorio ε.

8.11 Intervalo de confianza para $E(y)$

¿Cuál es el intervalo de confianza para las funciones lineales que están formadas con los parámetros β?

De acuerdo con el modelo lineal: $(y) = \beta_0 + \beta_1 x_1 + \ldots + \beta_k x_k + \varepsilon$, el interés está en realizar la inferencia sobre la función lineal de los parámetros: $\beta: \alpha_0\beta_0 + \alpha_1\beta_1 + \ldots + \alpha_k\beta_k$, siendo los α_k constantes conocidas.
Se puede utilizar la función w para representar la función lineal con las estimaciones de los mínimos cuadrados:

$$w = a_0 \hat{\beta}_0 + a_1 \hat{\beta}_1 + \cdots + a_k \hat{\beta}_k$$

Se sabe que estos estimadores de mínimos cuadrados cumplen las propiedades de la distribución normal. Es decir:

$$E(\hat{\beta}_i) = \beta_i$$
$$Var(\hat{\beta}_i) = c_{ii}\sigma^2 \quad \forall i: i = 1 \ldots k$$
$$Cov(\hat{\beta}_i, \hat{\beta}_j) = c_{ij}\sigma^2 \quad \forall\, i \neq j$$

8.11.1 Intervalo de confianza para E(w)

Propiedades de la distribución de muestreo de w:

$$w = a_0 \hat{\beta}_0 + a_1 \hat{\beta}_1 + \cdots + a_k \hat{\beta}_k$$

Se sabe que la distribución de muestreo de w es normal, entonces:

$$E(w) = a_0\beta_0 + a_1\beta_1 + \cdots + a_k\beta_k$$

$$Var(w) = [a^T(X^TX)^{-1}a]\sigma^2$$

$$\sigma_w = \sqrt{Var(w)} = \sigma\sqrt{a^T(X^TX)^{-1}a}$$

Por ende, **el intervalo de confianza de** $(1-\alpha)100\,\%$ **para** $E(w)$ es:

$$w \pm (t_{\alpha/2})s\sqrt{a^T(X^TX)^{-1}a}$$

De donde:
$$E(w) = a_0\beta_0 + a_1\beta_1 + \cdots + a_k\beta_k$$
$$w = a_0\hat{\beta}_0 + a_1\hat{\beta}_1 + \cdots + a_k\hat{\beta}_k$$
$$a^T = [a_0 \ a_1 \ldots . a_k]$$

Además: $(X^TX)^{-1}$ y s provienen del cálculo de mínimos cuadrados.

$t_{\alpha/2}$ se fundamenta en el número de grados de libertad de s.

8.11.2 Intervalo de confianza de (1 – α)100% para E(y)

$$w \pm (t_{\alpha/2})s\sqrt{a^T(X^TX)^{-1}a}$$

De donde: $w = \hat{y}$

$$E(y) = \beta_0 + \beta_1 x_1 + \cdots + \beta_k x_k$$
$$w = \hat{y} = \hat{\beta}_0 + \hat{\beta}_1 x_1 + \cdots + \hat{\beta}_k x_k$$

$$a = \begin{bmatrix} 1 \\ x_1 \\ x_2 \\ \cdot \\ \cdot \\ \cdot \\ x_k \end{bmatrix}$$

Además: $(X^T X)^{-1}$ y s provienen del cálculo de mínimos cuadrados.
$t_{\alpha/2}$ se fundamenta en el número de grados de libertad de s, es decir: $[n - (k + 1)]$

Ejemplo 8.4
Respecto al ejercicio que se ha venido desarrollando sobre el crecimiento poblacional de un programa académico universitario, calcular el intervalo de confianza
del 95 % para la proyección de estudiantes medio cuando el periodo es 2017-1.

Solución:
El intervalo de confianza para $E(y)$ para un valor dado de x es:

$$\hat{y} \pm (t_{\alpha/2}) s \sqrt{a^T (X^T X)^{-1} a}$$

Como se desea estimar
$$E(y) = \beta_0 + \beta_1 x$$
$$= \beta_0 + 12\beta_1 \quad \text{cuando } x = 12$$

Luego los coeficientes de β_0 y β_1 son $a_0 = 1$ y $a_1 = 12$ respectivamente
En forma matricial se tiene:
$$a = \begin{bmatrix} 1 \\ 12 \end{bmatrix}$$

Por los ejercicios anteriores se sabe que: $\hat{y} = 9 + 18{,}46x$, $s^2 = 201{,}16$ $s = 14{,}18$
Y se tiene que:

$$(X^T X)^{-1} = \begin{bmatrix} {,}318 & -{,}032 \\ -{,}032 & {,}004 \end{bmatrix}$$

Reemplazando:

$$a^T (X^T X)^{-1} a = [1 \ 12] \begin{bmatrix} {,}318 & -{,}032 \\ -{,}032 & {,}004 \end{bmatrix} \begin{bmatrix} 1 \\ 12 \end{bmatrix}$$

$$a^T (X^T X)^{-1} a = [-0{,}066 \ \ 0{,}016] \begin{bmatrix} 1 \\ 12 \end{bmatrix} = 0{,}126$$

Ahora se calcula el valor de t, $t_{,025}$ con $gl = n - 2 = 12$; luego: $t_{,025} = 2{,}1788$.
Reemplazando en la fórmula para el cálculo de un intervalo de confianza de 95
%, se tiene:
$$\hat{y} \pm (t_{\alpha/2}) s \sqrt{a^T (X^T X)^{-1} a}$$

Recordemos que $\hat{y} = \hat{\beta}_0 + \hat{\beta}_1 x = 9 + 18{,}46x$

Ahora con $x = 12$, se tiene: $\hat{y} = 9 + 18,46(12) = 230,52$
Luego el intervalo de confianza del 95 % para $E(y)$ es:

$$230,52 \pm (2,1788)(14,18)\sqrt{0,126}$$
$$230,52 \pm 10,96$$

Análisis:
La población en el periodo 2017-1 se encuentra en el intervalo [219,56   241,48], valor muy similar al encontrado por el método lineal simple: [217,62   242,37].

8.12 Intervalo de predicción de$(1 - \alpha)100\%$ *para y*

Se tiene: $\hat{y} \pm (t_{\alpha/2})s\sqrt{1 + a^T(X^TX)^{-1}a}$
Se encuentran los valores de $x_1, x_2, ..., x_3$
Se sabe que: $\hat{y} = \hat{\beta}_0 + \hat{\beta}_1 x_1 + \cdots + \hat{\beta}_k x_k$

$$a = \begin{bmatrix} 1 \\ x_1 \\ x_2 \\ \cdot \\ \cdot \\ \cdot \\ x_k \end{bmatrix}$$

Además: $(X^TX)^{-1}$ y s provienen del cálculo de mínimos cuadrados.
$t_{\alpha/2}$ se basa en el número de grados de libertad asociados a s: $[n - (k+1)]$

Nota: es importante recordar que siempre el error de predicción es mayor que el error de estimación $E(y)$.

Ejemplo 8.5
Retomando el ejercicio sobre la proyección del crecimiento poblacional del programa académico, calcular el intervalo de predicción de 95 % para la predicción de estudiantes medio cuando el periodo es 2017-1.
Reemplazando en la ecuación se tiene: $\hat{v} \pm (t_{\alpha/2})s\sqrt{1 + a^T(X^TX)^{-1}a}$
Se sabe por el ejercicio anterior: $a = \begin{bmatrix} 1 \\ 12 \end{bmatrix}$
Además, por los ejercicios anteriores se sabe que $\hat{y} = 9 + 18,46x$
Luego con $x = 12$, se tiene: $\hat{y} = 9 + 18,46(12) = 230,52$
Con $t_{,025} = 2,1788$; $s^2 = 201,16$ $s = 14,18$ y $(X^TX)^{-1} = \begin{bmatrix} ,318 & -,032 \\ -,032 & ,004 \end{bmatrix}$
Luego $a^T(X^TX)^{-1}a = [-0,066 \quad 0,016]\begin{bmatrix} 1 \\ 12 \end{bmatrix} = 0,126$

De aquí se desprende que el intervalo de predicción es:
$$230,52 \pm (2,1788)14,18\sqrt{1 + 0,126}$$

Realizando las operaciones, el intervalo de predicción es: $230,52 \pm 11,51$

Análisis:
El intervalo de predicción para la población en el periodo 2017-1 se encuentra en el intervalo [219,01 242,03] estudiantes.

8.13 Ejercicio práctico de un caso real con la aplicación del modelo lineal multivariado con R

Bienestar de los trabajadores de una empresa. Con el propósito de mejorar la calidad de vida del personal de una empresa manufacturera y debido a los reportes numerosos de casos con altos índices en los niveles de estrés en los trabajadores que terminan desencadenando enfermedades cardiacas, el área de Recursos Humanos busca mitigar este fenómeno de tal manera que el desempeño laboral sea lo más óptimo posible. Es así como decide llevar a cabo una investigación sobre el tema: desea encontrar algún tipo de relación entre el bienestar de los trabajadores respecto a su condición física. Para tal efecto, seleccionó una muestra aleatoria del personal que labora en la compañía y se les tomó lectura de la presión arterial diastólica, la frecuencia cardiaca y, adicionalmente, se les solicitó información como la edad, el peso y su estatura. El propósito fue: averiguar si la presión arterial de los trabajadores dependía de las demás variables objeto de estudio: la edad, el peso, la frecuencia cardiaca y la estatura o, en su defecto, de alguna de ellas. También pretendió identificar: ¿cuál de estas características tiene mayor influencia en la presión arterial, así como en qué orden de importancia la afecta o, por el contrario, si existe alguna de estas condiciones físicas que no la afectan? A continuación, se presenta la información registrada de 25 trabajadores seleccionados de forma aleatoria.

Tabla 8.2. Muestra de 25 trabajadores de una empresa a los cuales se les midieron los signos vitales

Variable	Definición	PADIAST	EDAD	PESO	FC	EST
		70	20	55	85	170
		70	29	57	90	155
PADIAST	Presión arterial diastólica (mm de Hg)	80	23	59	80	180
EDAD	Edad en años	80	21	60	95	160
PESO	Peso en kilogramos	80	34	62	110	158
FC	Frecuencia cardiaca	85	27	64	112	165
		85	33	66	115	170

EST   Estatura en centímetros

PADIAST	EDAD	PESO	FC	EST
90	30	66	120	171
95	27	70	123	167
100	35	70	125	169
100	30	70	127	169
100	40	70	128	179
105	38	75	130	176
110	33	78	135	160
110	38	80	135	180
110	35	80	135	185
120	32	80	135	167
120	39	80	135	162
120	41	80	135	170
120	40	82	135	190
120	44	84	135	166
130	38	90	136	185
130	42	95	137	170
130	45	100	138	180
140	39	105	142	176

8.13.1 Hipótesis o supuestos del modelo – sobre los errores

1. Los errores deben ser normales.
2. Deben ser incorrelacionados.
3. Deben tener varianza constante (homocedasticidad[2]).
4. Deben tener media cero.

8.13.2 Pasos que involucran el desarrollo del ejercicio

- **Análisis descriptivo:** se realiza un análisis estadístico descriptivo de las variables. Luego se analiza la existencia de algún tipo de **relación línea** entre las variables: dependiente e independiente. Adicionalmente, se realiza un análisis de correlaciones.
- **Ajuste del modelo:** se pretende realizar la **estimación de los β_s**, bien sea por medio de la estimación puntual o por medio de encontrar un intervalo de confianza, y llevar a cabo un contraste de hipótesis.

---

[2] Homocedasticidad. En un modelo lineal, cuando todas las variables predictoras tienen la misma varianza, se dice que se tienen homocedasticidad; también es llamada homogeneidad de la varianza. En caso contrario se afirma que el modelo es heterocedástico (Stock & Watson, 2012).

- **Bondad de ajuste:** se busca **medir si el modelo es bueno o malo** por medio del cálculo del error estándar residual (si es grande o pequeño), la tabla de ANOVA, su p-valor asociado y el coeficiente de determinación – (R^2).
- **Diagnóstico del modelo:** permite **verificar si las hipótesis** básicas de normalidad y homocedasticidad se cumplen.

8.13.3 Análisis preliminar

Se busca tener una visión global de las variables y hallar una relación entre ellas. **Nota:** para realizar el análisis, es necesario cargar el archivo de Excel en el programa R (ver el capítulo 3).

```
> summary(pres_diast)
   PADIAST          EDAD             PESO             FC              EST
 Min.   : 70    Min.   :20.00   Min.   : 55.00   Min.   : 80.0   Min.   :155.0
 1st Qu.: 85    1st Qu.:30.00   1st Qu.: 66.00   1st Qu.:115.0   1st Qu.:166.0
 Median :105    Median :35.00   Median : 75.00   Median :130.0   Median :170.0
 Mean   :104    Mean   :34.12   Mean   : 75.12   Mean   :122.9   Mean   :171.2
 3rd Qu.:120    3rd Qu.:39.00   3rd Qu.: 80.00   3rd Qu.:135.0   3rd Qu.:179.0
 Max.   :140    Max.   :45.00   Max.   :105.00   Max.   :142.0   Max.   :190.0
```

Análisis:
Teniendo presente la muestra seleccionada se infiere:
- El promedio de edad del personal que labora en la empresa se encuentra en 34 años, tiene un peso promedio de 75 kg, su estatura promedio es de 171 cm y cuenta con una frecuencia cardiaca promedio de 123 repeticiones por minuto. Se infiere que la empresa cuenta con una población joven y con un peso dentro del promedio, a pesar de que cuenta con ciertos trabajadores con tendencia a la obesidad.
- A estos trabajadores se les ha encontrado una presión arterial diastólica en promedio de 104 mm de Hg, el rango de presión en que se encuentran es de 70 a 140 mm de Hg. Adicionalmente, el 50 % de los trabajadores cuenta con una presión entre los 85 y 120.

El siguiente histograma muestra la distribución de frecuencia de la presión arterial diastólica.

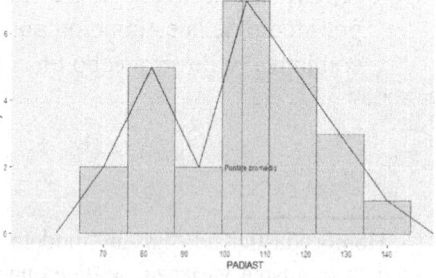

```
17  ggplot(data = pres_diast,
18        mapping = aes(x = PADIAST)) +
19  geom_histogram(bins = 7, color = "Blue",
20               fill = "Orange", alpha = 0.4) +
21  scale_x_continuous(breaks = seq(from = 70.0, to = 140, by = 10)) +
22  geom_vline(xintercept =mean(pres_diast$PADIAST, na.rm = TRUE),
23          color = "    ") +
24  annotate("text", label = "Puntaje promedio", x = 100, y = 2,
25           hjust = 0.01, size = 3.0,
26           colour = "Darkred") +
27  #  labs(x = "Presión arterial",
28  #       y = "Frecuencia",
29  #       title = "Presión arterial de los trabajadores")
30  geom_freqpoly(bins = 7)
```

Los datos muestreados sobre la presión de los trabajadores guardan un comportamiento normal, tal como se evidencia en el histograma. De la misma manera, realizando la interpretación de los gráficos para las variables predictoras, se puede afirmar que guardan un comportamiento normal. A continuación, se presentan los histogramas para estas variables.

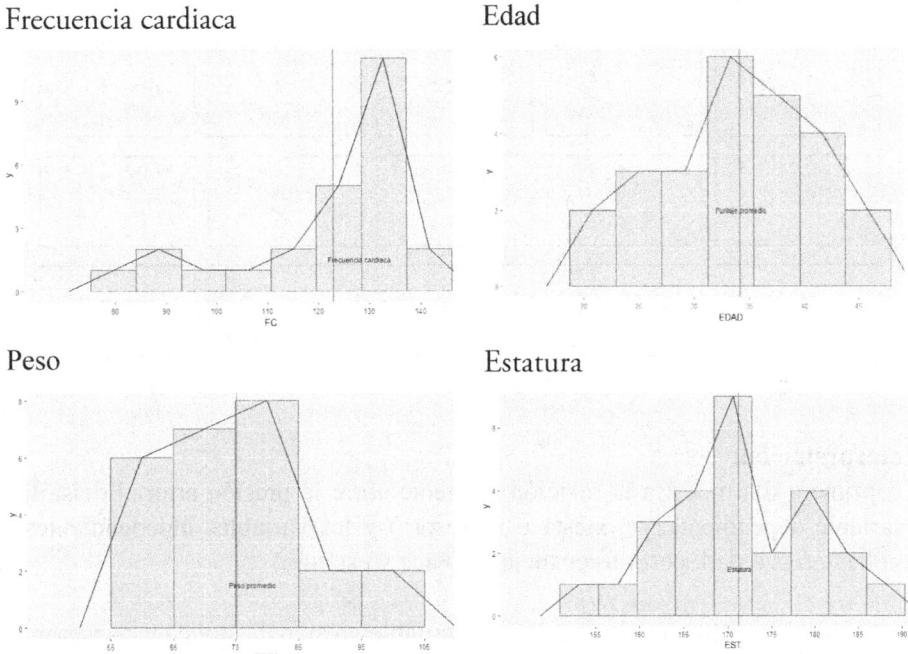

En consecuencia, teniendo presente el hecho de la no caracterización de la población de acuerdo al sexo biológico, se considera una población relativamente joven, con un peso promedio aceptable y con una estatura promedio al nacional, a diferencia de la frecuencia cardiaca, que sí se encuentra algo elevada (por encima de la que debería tener una persona con esas características).

8.13.3.1 Gráfico de correlaciones

Adicionalmente, es importante observar la existencia o no de la relación de las variables entre sí y específicamente respecto a la variable dependiente: presión diastólica.

```
125  ### Matriz de correlaciones
126
127  names(pres_diast)
128  plot(pres_diast)
129
130  ### Otra forma del gráfico
131  ### Crea una curva suavisada
132  pairs(pres_diast,
133       panel = panel.smooth)
```

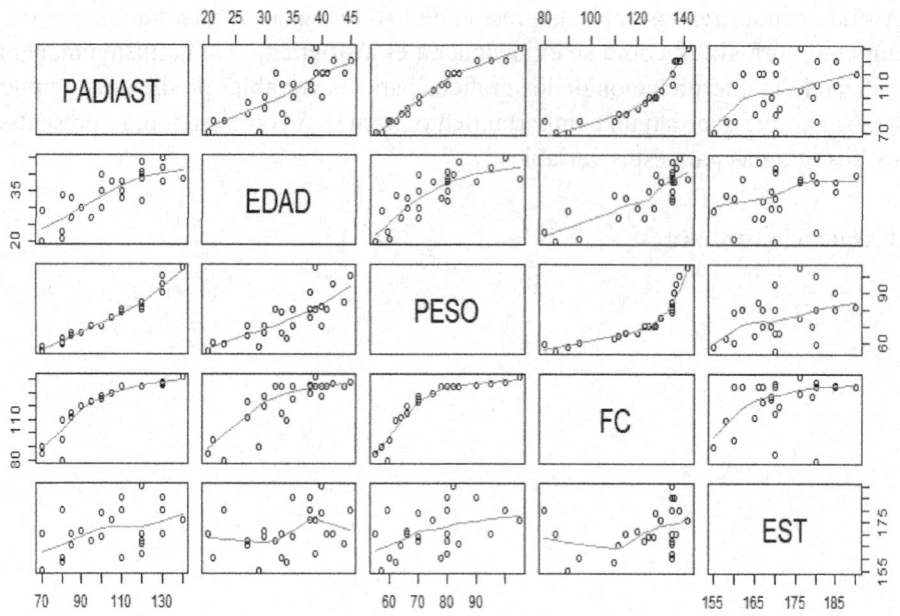

Interpretación:

La primera fila muestra la relación existente entre la presión arterial diastólica (variable dependiente, respuesta o regresora) y las variables independientes o explicatorias (edad, peso, frecuencia cardiaca y estatura).

Se evidencia una fuerte relación entre la variable presión diastólica y las variables peso y frecuencia cardiaca y, en un segundo nivel, se encuentran las variables edad y, finalmente, la variable estatura es la más débil en su relación con la predictora. Por otra parte, se aprecia una relación fuerte y positiva entre las variables peso y frecuencia cardiaca y de edad y frecuencia cardiaca. Es decir, el peso de las personas afecta directamente su frecuencia cardiaca; lo mismo ocurre con la edad: a mayor edad, mayor es su frecuencia cardiaca.

8.13.3.2 Matriz de correlaciones

```
> ### Matriz de correlación
> cor(pres_diast)
           PADIAST      EDAD      PESO        FC       EST
PADIAST 1.0000000 0.8042409 0.9655658 0.8904381 0.4378634
EDAD    0.8042409 1.0000000 0.7897860 0.8241025 0.3560263
PESO    0.9655658 0.7897860 1.0000000 0.8357809 0.4325729
FC      0.8904381 0.8241025 0.8357809 1.0000000 0.3429960
EST     0.4378634 0.3560263 0.4325729 0.3429960 1.0000000
```

Claramente, se evidencia una relación positiva y fuerte existente entre el peso y la presión diastólica con un 0,96, seguido de la frecuencia cardiaca con una correlación de 0,89, en tercer lugar se encuentra la edad con una correlación de 0,80 y, finalmente, de manera débil la estatura con un 0,43. Con este análisis se infiere que la estatura es la que menos dependencia tiene con la presión diastólica y posiblemente no influya en sí dependencia con la variable dependiente.

Ahora, se calcula la correlación parcial con el propósito de determinar algún tipo de clasificación de las variables, algo que no se puede realizar con la correlación simple.

8.13.3.2.1 Correlación parcial

La correlación parcial es una medida estadística que describe la relación entre dos variables mientras se controla el efecto de una o más variables adicionales. A diferencia de la correlación simple, que mide la relación directa entre dos variables, la correlación parcial elimina el efecto de otras variables que podrían estar influyendo en la relación de las variables de interés. De otra manera, se puede definir como aquella correlación entre dos variables x e y, teniendo presente un conjunto de variables controladas (Kutner *et al.*, 2005).

Estas correlaciones parciales permiten evidenciar si verdaderamente existe o no relación entre las variables independientes con la dependiente. Por ejemplo, en los estudios observacionales es muy frecuente el no control de las variables secundarias o que genere confusión en el experimento en el cual se encuentre realizando la medición.

Otro uso frecuente ocurre en los estudios en donde se tienen varias variables que se encuentran interactuando y puede existir algún tipo de influencia entre sí y en los modelos multivariados como los modelos de regresión lineal múltiple.

Recordemos el coeficiente de determinación parcial; por ejemplo, se tiene un modelo de regresión influenciado por dos variables X_1, X_2, en donde la segunda variable se conoce que está definida y que afecta el modelo. Luego, en primera instancia, el coeficiente de determinación parcial de X_1 dado X_2 se define como:

$$R_{Y1|2}{}^2 = \frac{SSE(X_2) - SSE(X_1, X_2)}{SSE(X_2)} = \frac{SSR(X_1|X_2)}{SSE(X_2)}$$

En palabras, esta medida es el coeficiente de determinación parcial entre Y y X_1, dado que X_2 se encuentra en el modelo.

Si se desea el cálculo del coeficiente $R_{Y2|1}{}^2$, se invierte el resultado:

$$R_{Y2|1}{}^2 = \frac{SSR(X_2|X_1)}{SSE(X_1)}$$

Finalmente, el coeficiente de correlación parcial es la raíz cuadrada del coeficiente de determinación parcial, luego se define como la correlación entre los residuos de estas dos variables, teniendo ajustadas las demás variables. En otras palabras, el coeficiente de correlación parcial entre dos variables dado un conjunto de variables controladoras Z se define como la correlación entre los residuos de X y los residuos de Y, después de ajustarse ambos por Z.

El cálculo es simple: $r_{XY|Z} = \dfrac{r_{XY} - r_{XZ} * r_{YZ}}{\sqrt{(1 - r_{XZ}{}^2)(1 - r_{YZ}{}^2)}}$

Finalmente, la correlación parcial se utiliza para eliminar el efecto de una o más variables que pueden estar confundiendo la relación entre las variables de interés. En R, para realizar su cáclulo, se requiere la instalación del paquete *ppcor*.

```
#### CORRELACIÓN PARCIAL #####
## Instalar el paquete "ppcor"

install.packages("ppcor")
library(ppcor)|

## 2. Cálculo de la correlació parcial
result <- pcor(pres_diast)
```

El siguiente paso consiste en llamar a la función *pcor* ("la base en donde se encuentran las variables de interés"). El *script* muestra una mtriz con los cálculos de las correlaciones parciales.

La segunda matriz muestra los p-valores asociados a estas correlaciones parciales, dado el caso que se aplique la prueba de hipótesis respectiva.

En el análisis, se observa una fuerte relación entre la variable PESO, seguido con la de FC, le sigue levemente la EST y no posee relación la EDAD. Debido a los valores tan bajos de EDAD (casi cero) y de EST (muy cercano a cero), es probable que estas variables no influyan en la presión arterial diastólica de las personas y su influencia se encuentra involucrada en las demás variables.

```
> result
$estimate
              PADIAST        EDAD        PESO        FC          EST
PADIAST    1.00000000 -0.04024286  0.866930214  0.5495068  0.134996943
EDAD      -0.04024286  1.00000000  0.184714171  0.4299042  0.055630799
PESO       0.86693021  0.18471417  1.000000000 -0.2563078  0.008501612
FC         0.54950678  0.42990423 -0.256307767  1.0000000 -0.121704200
EST        0.13499694  0.05563080  0.008501612 -0.1217042  1.000000000

$p.value
              PADIAST        EDAD        PESO        FC          EST
PADIAST  0.000000e+00 0.85887287 1.793794e-07 0.008071949 0.5491839
EDAD     8.588729e-01 0.00000000 4.105476e-01 0.045832463 0.8057670
PESO     1.793794e-07 0.41054758 0.000000e+00 0.249576994 0.9700473
FC       8.071949e-03 0.04583246 2.495770e-01 0.000000000 0.5895181
EST      5.491839e-01 0.80576700 9.700473e-01 0.589518074 0.0000000

$statistic
              PADIAST        EDAD        PESO        FC          EST
PADIAST    0.0000000 -0.1801174  7.77849120  2.941353  0.60930223
EDAD      -0.1801174  0.0000000  0.84053050  2.129410  0.24917437
PESO       7.7784912  0.8405305  0.00000000 -1.185856  0.03802174
FC         2.9413532  2.1294102 -1.18585645  0.000000 -0.54835396
EST        0.6093022  0.2491744  0.03802174 -0.548354  0.00000000

$n
[1] 25

$gp
[1] 3

$method
[1] "pearson"
```

8.13.3.3 Ajuste del modelo

Hace referencia a las estimaciones de los βs en el modelo de regresión lineal múltiple; esto se puede realizar por tres métodos:

- Estimación puntual (máxima verosimilitud)
- Estimación por intervalo
- Prueba de hipótesis – Contraste

Se calcula la regresión lineal múltiple. Como es de su conocimiento, es necesario definir la variable dependiente o respuesta y, como las variables independientes o explicativas x_i y la base de donde se extraen los datos, como se presenta en el siguiente *script*.

```
> ## Ajuste del modelo
> reg_lin <- lm(PADIAST ~ EDAD + PESO +
+                    FC + EST, data = pres_diast)
> summary(reg_lin)

Call:
lm(formula = PADIAST ~ EDAD + PESO + FC + EST, data = pres_diast)

Residuals:
    Min      1Q  Median      3Q     Max
-6.6223 -3.3716 -0.2419  3.0551  7.5492

Coefficients:
             Estimate Std. Error t value Pr(>|t|)
(Intercept) -29.71201   18.71831  -1.587  0.12812
EDAD         -0.04590    0.25483  -0.180  0.85887
PESO          1.11012    0.14272   7.778 1.79e-07 ***
FC            0.32355    0.11000   2.941  0.00807 **
EST           0.07077    0.11614   0.609  0.54918
---
Signif. codes:  0 '***' 0.001 '**' 0.01 '*' 0.05 '.' 0.1 ' ' 1

Residual standard error: 4.629 on 20 degrees of freedom
Multiple R-squared:  0.9563,    Adjusted R-squared:  0.9475
F-statistic: 109.3 on 4 and 20 DF,  p-value: 2.701e-13
```

8.13.3.3.1 Cálculo de la estimación puntual

Se toman los coeficientes encontrados en los resultados de los cálculos del modelo lineal; estos son los que acompañan a las respectivas variables; definidos en la columna *Estimate* del *script* anterior:

El modelo lineal es: $y = \beta_0 + \beta_1 x_1 + \beta_2 x_2 + \beta_3 x_3 + \beta_4 x_4$
Reemplazando:
$$y = -29.712 - 0.045 x_1 + 1.11 x_2 + 0.32 x_3 + 0.07 x_4$$

Análisis e interpretación:

Por ejemplo, el significado para la variable peso. Permaneciendo todas las demás variables constantes, por cada unidad (kilogramo) que se incremente en el peso, se incrementa la variable presión diastólica PADIAS en 1,11 mm de Hg. Otro ejemplo: para la variable frecuencia cardiaca, permaneciendo todas las demás variables constantes, por cada unidad (frecuencia) que se incremente la frecuencia cardiaca, se incrementa la variable PADIAS en 0,32 mm de Hg. De la misma manera se puede hacer la interpretación para las demás.

8.13.3.3.2 Cálculo por el intervalo de confianza (calculado al 95 %)

Después de realizar el cálculo del modelo lineal, se procede a realizar el cálculo del intervalo de confianza (al 95 %) a través de la función:

Análisis:

El intervalo de confianza para el coeficiente de la variable peso:

$$\beta_1: IC_{95\%}(\beta_2) = (0.812 \ 1.407)$$

```
> ## Cálcuo del intervalo de confianza
> confint(reg_lin)
                    2.5 %      97.5 %
(Intercept) -68.75771650 9.3337065
EDAD         -0.57746830 0.4856692
PESO          0.81241988 1.4078243
FC            0.09409309 0.5530061
EST          -0.17150156 0.3130320
```

Con el nivel de confianza al 95 % se traduce: por cada 100 valores medios de la variable peso, existen 95 que la variación de la presión diastólica se encuentra en este intervalo de confianza. No así ocurre con la edad, debido a que el intervalo contiene el cero; esto conduciría a rechazar la hipótesis nula; $H_0: \beta_{edad} = 0$ y esta decisión es confirmada con un $p - valor \gg 0.05$, el cual es obtenido en el desarrollo del modelo de regresión presentado en el *script* anterior y en el siguiente paso será confirmado.

8.13.3.3.3 Prueba de hipótesis

Se comprueba si el coeficiente β_i del modelo lineal es cero o no a través de la prueba de contraste de hipótesis. Si la respuesta es afirmativa, significa que esta variable no es relevante para el modelo y se debe tener la consideración de excluirla.

$$H_0: \beta_i = 0$$
$$H_1: \beta_i \neq 0$$

En consecuencia, se toman los resultados obtenidos del modelo lineal múltiple y se observa el *p-valor* que se obtiene de la última columna:

```
> names(reg_lin)
 [1] "coefficients"  "residuals"    "effects"      "rank"
"fitted.values" "assign"
 [7] "qr"            "df.residual"  "xlevels"      "call"
"terms"          "model"
> reg_lin_resume <- summary(reg_lin)
> names(reg_lin_resume)
 [1] "call"          "terms"        "residuals"    "coefficients"
"aliased"        "sigma"
 [7] "df"            "r.squared"    "adj.r.squared" "fstatistic"
"cov.unscaled"
```

Para obtener los coeficientes del modelo de regresión, primero se requiere llamar a los elementos de la regresión, existiendo dos formas de llamarlos. A continuación, se presenta el procedimiento en el *script*.

```
> reg_lin_resume$coefficients
              Estimate Std. Error   t value     Pr(>|t|)
(Intercept) -29.71200501 18.7183105 -1.5873230 1.281240e-01
EDAD         -0.04589956  0.2548313 -0.1801174 8.588729e-01
PESO          1.11012210  0.1427169  7.7784912 1.793794e-07
FC            0.32354960  0.1100003  2.9413532 8.071949e-03
EST           0.07076524  0.1161414  0.6093022 5.491839e-01
```

Se observa que los *p-valor* para las variables PESO y FC son estrictamente $\ll 0,05$, luego en la prueba de hipótesis se conduce al rechazo de la H_0. En consecuencia, estos coeficientes son diferentes de cero, luego explican muy bien a la variable PADIAST. A continuación, se presentan en el *script* los coeficientes de la regresión.

Por otro lado, los *p-value* para EDAD y EST son $\gg 0,05$, conduciendo al no rechazo de H_0, interpretándose que los coeficientes de estas variables, EDAD y EST, pueden ser cero. Esto significa para el modelo que estas variables no son lo suficientemente útiles para contribuir a la explicación del modelo. Es decir, sus contenidos para explicar la variable dependiente PADIAST es posible que se solapen con las otras (PESO y FC). Por lo tanto, es probable que el modelo solamente se pueda explicar con las variables PESO y FC.

8.13.3.4 Bondad de ajuste

Se busca evaluar de manera global si el modelo es bueno o no respecto a la manera como se pretende explicar la variable PADIAST a través de los tres criterios:
- Error estándar residual (estimación de sigma σ_ε)
- Tabla de ANOVA
- Cálculo del coeficiente de determinación, R^2

8.13.3.4.1 Error estándar residual (estimación de sigma σ_ε)

Para obtener el valor del error estándar del residual, se procede a obtener los elementos de la regresión, sigma. A continuación, se presentan los pasos.

```
> ## Bondad de ajuste
> ### Error estándar residual
> reg_lin_resume$sigma
[1] 4.628991
> reg_lin_resume$df
[1]  5 20  5
```

Se observa que $\sigma_\varepsilon = 4,629$; se espera que este valor sea pequeño[3] (DANE, 2005); para esto, es necesario calcular el coeficiente de variación; $cv = \frac{\sigma_e * 100}{mean(PADAST)}$.

---

[3] Coeficiente de variación, según la carta del DANE. Bautista S., Leonardo, *Diseños de muestreo estadístico*, Universidad Nacional de Colombia, Departamento de Matemáticas y Estadística, (1998). Estimación e interpretación del coeficiente de variación de la encuesta cocensal, DANE, Censo General 2005, junio de 2008.

En R queda así:

```
> ### cálculo del coeficiene de variación
> coef_variac <- (reg_lin_resume$sigma)*100 / mean(pres_diast$PADIAST)
> coef_variac
[1] 4.450953
```

Como este coeficiente de variación es menor que el 15 %, se considera pequeño. Luego $\sigma_\varepsilon = 4{,}629$ **permite considerar el modelo como bueno, según este criterio**. En otras palabras, existe alta homogeneidad, debido a que cv $\ll 15\%$.

8.13.3.4.2 Tabla de ANOVA

Existe una consideración para saber si las variables independientes no aportan al modelo o por el contrario al menos alguna de ellas lo hace. También algunas variables predictoras se podrían adicionar al modelo o pueden existir predictores transformados o combinación de alguno de ellos. Esto se logra con la aplicación de *la prueba F de Fisher*. Importante recordar que este es parte del análisis y no es determinante. Esta aplicación se lleva a cabo respondiendo a la pregunta de la prueba de hipótesis que se formula a continuación:

$$H_0 : \beta_1 = \beta_2 = \beta_3 = \beta_4 = 0 \text{ [Todos los } \beta \text{ son cero]}$$
$$H_0 : \textit{Por lo menos uno de los parámetros } \beta_k \text{ es} \neq 0$$

```
> ### Análisis de la varianza - ANOVA
> reg_lin_resume$fstatistic
    value      numdf     dendf
 109.3387    4.0000   20.0000
```

El modelo es bueno si se rechaza la H_0 y se acepta la alternativa H_1, es decir, al menos uno es diferente de cero.

Se toma la última línea del análisis del modelo lineal, se evidencia el valor de la prueba $F = 109.3387$ de las 4 variables predictoras y de los $n\text{-}k$ grados de libertad de los residuales:

```
Residual standard error: 4.629 on 20 degrees of freedom
Multiple R-squared:  0.9563,    Adjusted R-squared:  0.9475
F-statistic: 109.3 on 4 and 20 DF,  p-value: 2.701e-13
```

En la parte final de la salida del modelo se evidencian los resultados aquí presentados. Específicamente, la última fila muestra un *p-valor* $\ll 0{,}05$; esto conduce a rechazar la H_0. **En consecuencia, según este criterio, el modelo es bueno comprobando la existencia de un modelo lineal.**

8.13.3.4.3 Bondad de ajuste. Cálculo del coeficiente de determinación, R^2

La importancia de tener una medida que cuantifique qué tan bien el modelo se ajusta a los datos (principio de la estadística) se puede realizar a través del cálculo del *coeficiente de determinación R^2* o porcentaje de la varianza explicada del modelo.

```
> ## Coeficiente de determinación R-cuadrado
> reg_lin_resume$r.squared
[1] 0.9562703
```

Para el ejercicio en particular en R, se obtiene por medio del elemento de la función de la regresión: *r.square*. Se obtiene un $R^2 = 0,9562$; este valor significa que el modelo de regresión lineal explica en un 95 % la variación total de los datos, considerándolo como un buen modelo.

El coeficiente de determinación se ve afectado por el incremento de variables en el modelo; cuando esto ocurre, se debe recurrir al coeficiente de determinación ajustado que restringe el incremento de variables no necesarias (ver sección 8.5.1).

```
> ## Coeficiente de determinación R-cuadrado ajustado
> reg_lin_resume$adj.r.squared
[1] 0.9475243
```

Su lectura procede de la parte inferior del cálculo del modelo o extrayendo el elemento, como se aprecia en el *script*.

El R^2 **ajustado** = 0,947 es muy similar al R^2, luego se deja este último como el valedero. Existen dos consideraciones:

- Si es similar al R^2, nos quedamos con este
- Si es diferente, nos quedamos con el ajustado

Conclusión:
Finalmente, como los tres criterios aprueban el modelo, se considera como un buen modelo.

8.13.3.5 Diagnóstico del modelo: respecto a los errores

La estimación e inferencia del modelo de regresión depende de varios supuestos, los cuales son evaluados utilizando el diagnóstico del modelo, para lo cual es importante tener presente:

- Se asume que $\varepsilon \sim N(0,\sigma^2 I)$. Es decir, que los errores son independientes, tienen igual varianza y se encuentran normalmente distribuidos.
- Se asume que **el modelo** tiene parte estructural $Ey = X\beta$, en donde cumpla esta condición.

- Pueden existir algunos datos u observaciones que no se ajustan al modelo, los cuales pueden cambiar la selección y ajuste del modelo, luego es importante identificarlos y analizar la situación en particular.

Figura 8.2. Diagnóstico del modelo respecto a los errores

Es importante tener presente que los errores no son observables, mientras que los residuales sí lo son. Por otra parte, aunque los errores sean independientes, tengan igual varianza y se encuentren normalmente distribuidos, con los residuales puede que no pase lo mismo. Sin embargo, esta diferencia no es muy notoria y se puede trabajar sobre estos últimos para evaluar los supuestos.

8.13.3.5.1 Normalidad

Es importante tener presente que los cálculos de las pruebas y los intervalos de confianza se han fundamentado sobre el *supuesto de normalidad de los errores*. Los residuales pueden ser asumidos con comportamiento normal.

Los gráficos *qqplot* sirven para evaluar la normalidad de los residuos y dicen qué tan cerca se encuentran los puntos de la línea recta. Es decir, comparan los residuales con observaciones normales ideales (Dunn & Smyth, 2018). En **R**, la función para realizar el gráfico es:

```
193  ## Diagnóstico del modelo
194  ### Normalidad
195  qqnorm(residuals(reg_lin),
196        ylab = "Residuals")
197  qqline(residuals(reg_lin))
198  hist(residuals(reg_lin))
```

El gráfico dice que los puntos que se encuentran entre el primer y tercer cuantil se aproximan a la línea recta. Sin embargo, existen unos pocos puntos al inicio y final algo alejados de esta línea (datos outlayer) que no son tenidos en cuenta en la interpretación.

Figura 8.3. Curva normal QQPlot e histograma de los residuales

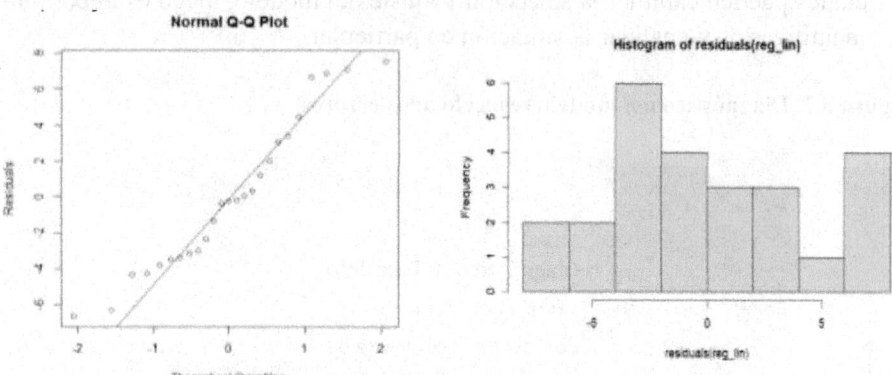

En la interpretación con el histograma de los residuales, no es claro el comportamiento de distribución normal.

8.13.3.5.2 Prueba para definir si los errores son normales

Prueba de Shapiro-Wilks

Sus autores, Samuel S. Shapiro y Martin B. Wilk, publicaron en un artículo en 1965 lo que actualmente se conoce como prueba de Shapiro-Wilk (Sánchez, 2023). Sirve para comprobar o contrastar la normalidad de una muestra aleatoria (Faraway, 2005).

$$H_0 : e \sim N$$
$$H_1 : Lo \ contrario$$

El comando en R que se utiliza para la aplicación de la prueba es *shapiro.test(residuals("nombre de la regresión")),* como se aprecia en el siguiente *script.*

Análisis:
Como el *p-value es >> 0,05,* no se rechaza la H_0. Es decir, se asume que los errores tienen un comportamiento normal.

```
> ### Prueba de Shapiro- Wilk
> shapiro.test(residuals(reg_lin))

        Shapiro-Wilk normality test

data:  residuals(reg_lin)
W = 0.94247, p-value = 0.1688
```

Esta prueba es recomendable en conjunto con el análisis del gráfico *qqplot* para la verificación de normalidad de los errores.

Es importante tener presente, para un conjunto de datos pequeño, que la prueba pierde validez.

8.13.3.5.3 Homocedasticidad

El análisis de los residuales no solamente sirve para detectar si tienen varianza constante o no, se pretende recaer en si la varianza en los residuales está relacionada con algún otro valor (Stock & Watson, 2012). Para tal efecto, se busca analizar la prueba de hipótesis de la varianza constante.

Lo primero que se debe realizar es el gráfico de los residuos $\hat{e}$ vs. $\hat{y}$ (*fittes*), el cual tiene como propósito buscar heterocedasticidad y no linealidad; si se evidencia esto, indicará la necesidad de realizar algún cambio en el modelo. A continuación, se presenta el código en R para realizar los gráficos respectivos.

```
## Homocedasticidad - Varianza  constante de los residuales
plot(fitted(reg_lin),residuals(reg_lin),xlab="Fitted",ylab="Residuals")
abline(h=0)
plot(fitted(reg_lin),abs(residuals(reg_lin)),xlab="Fitted",ylab="|Residuals|")
```

Figura 8.4. Gráfico de homocedasticidad – Representación de uniformidad de la varianza

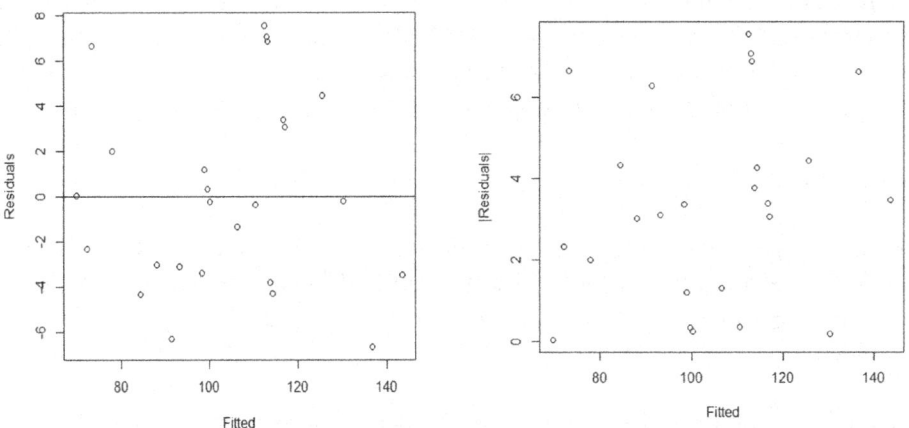

En la interpretación del diagrama de la varianza, no se aprecia con claridad que existe uniformidad de la varianza constante de los errores alrededor del cero. Este gráfico muestra cierta variación. No es tan constante respecto al eje horizontal = 0. El segundo gráfico amplía la mitad del primero. Se observa más claramente una distribución uniforme sobre el cero. No muestra agrupación alguna de los valores ajustados respecto al valor absoluto de los residuos.

La prueba de *Breush-Pagan*[4] (Damodar, N. & Dawn, C., 2009) es una prueba estadística que se aplica con el propósito de evaluar la variabilidad o no de los residuos. Es decir, la heterocedasticidad en un modelo de regresión lineal. Es importante recordar que esto ocurre cuando la variabilidad de los errores no es constante a lo largo de las observaciones. La prueba de hipótesis queda:

$$H_0 : Homocedasticidad$$
$$H_1 : Heterocedasticidad$$

En donde, en la homocedasticidad, significa que los residuos tienen varianza constante, mientras que, en la heterocedasticidad, la varianza de los residuos depende de las variables explicativas.

```
> ### Prueba Breush-Pagan
> library(lmtest)
> bptest(reg_lin)

        studentized Breusch-Pagan test

data:  reg_lin
BP = 1.5327, df = 4, p-value = 0.8208
```

En R se utiliza la función *bdtest* que se encuentra en la librería *lmtest*. En R queda: Su interpretación sería: con un p-value $\gg$ 0,05, no se rechaza la H_0, luego la varianza de los errores tiene homocedasticidad, es decir, los residuos guardan un comportamiento de varianza homogénea, que es lo que se pretende en el ejercicio.

8.13.3.5.4 Incorrelación

Se asume que los errores sean incorrelacionados (Damodar, N. & Dawn, C., 2009). Los datos relacionados entre miembros de una serie de observaciones a través del tiempo y espacio pueden estar correlacionados, negando la inicial afirmación.

El siguiente gráfico de los residuos vs. el index (cantidad) muestra la existencia de no relación entre ellos.

En R se obtiene con:

```
227  ## Correlación de los datos
228  plot(residuals(reg_lin),ylab="Residuals")
229  abline(h=0)
```

---

[4] BASIC ECONOMETRICS (2009). Damodar N.Gujarati Dawn Porter. Fifth Edition. McGrawHill. 2009. Pág. 464

Realizando el análisis, se observa la
no evidencia de algún tipo de tendencia (positiva o negativa) de grupo de
los errores en chorro o consecutiva
por encima o debajo de la línea, de
tal manera que se pueda afirmar la
existencia de una correlación positiva,
como tampoco existe algún tipo de
fluctuación más grande de la normal
para afirmar que existe una correlación
negativa. Esto conduce a asumir que no
existe relación entre los errores, luego
carece de correlación.

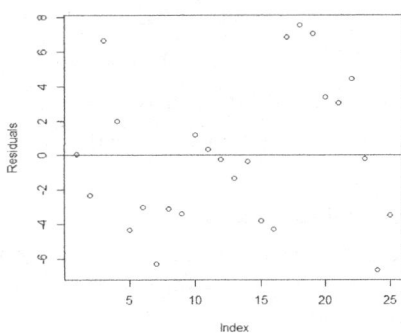

Ahora, mirando los residuales consecutivos, por ejemplo, $\hat{e}_i$ vs. $\hat{e}_{i+1}$, se comprueba la existencia o no de relación entre dos errores consecutivos.

En R la expresión es:

```
231  ## Correlación entre  dos residuales consecutivos
232  plot(residuals(reg_lin)[-25],residuals(reg_lin)[-1],
233       xlab = expression(hat(epsilon)[i]),
234       ylab = expression(hat(epsilon)[i+1]))
```

Análisis:
De igual forma, el gráfico comprueba
la no existencia de relación entre los
errores, luego no existe correlación
alguna entre ellos.
Ahora, para corroborar los resultados
obtenidos de forma gráfica. se aplica la
prueba: **test de Durbin-Watson** (Damodar, N. & Dawn, C., 2009) para corroborar la incorrelación de los errores.

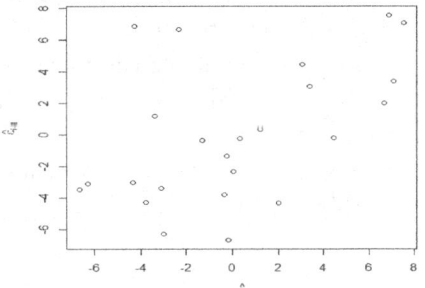

La prueba es: $H_0 : \rho = 0$ *(Incorrelación)*
$\qquad\qquad\quad$ $H_1 : \rho \neq 0$

Para llamar esta función en R, se requiere llamar a la librería *lmtest*:
Como el p-value es $<<0,05$, **se rechaza** la H_0; existe algún tipo de relación entre
los errores, esto no es lo que se busca. Lo que se busca es que no exista relación
entre los errores, es decir: $H_0 : \rho = 0$.

```
> ### Prueba Durbvin-Watson
> library(lmtest)
> dwtest(reg_lin, alternative = "two.sided")

          Durbin-Watson test

data:  reg_lin
DW = 0.97895, p-value = 0.001485
alternative hypothesis: true autocorrelation is not 0
```

Causas del resultado:
Puede ser que exista alguna de las variables que sea traslapada por las demás. Es el caso de las variables *EST* y *EDAD*, que no tuvieron representación en la correlacionalidad.

8.13.3.5.5 Media de los errores igual a cero

No es necesario aplicar ningún modelo debido a que lo cumple por defecto:
$$E(e) = 0$$

Ahora, se procede a realizar el ejercicio de manera similar, pero sin incluir la variable estatura. Así se comprueba que esta variable no tiene efecto sobre el modelo y se puede excluir.

Conclusión del estudio:
- Cuando se tomaron en cuenta todas las variables independientes (predictoras): edad, peso, frecuencia cardiaca y estatura, el modelo se ajustó al comportamiento línea y los supuestos se aplicaron correctamente menos el análisis de la correlación.
- El nuevo análisis sin la variable estatura se comportó bien de acuerdo a todos los supuestos. Sin embargo, el análisis de correlación también obtuvo el mismo comportamiento.
- Se considera que el modelo se ajusta perfectamente sin la inclusión de la variable estatura.

8.14 Procedimiento secuencial de selección de variables

Se puede simplificar el modelo reduciendo las variables explicativas, de tal manera que quede la representatividad del modelo con las variables independientes necesarias y que expliquen bien la variable dependiente (Faraway, 2005).

Existen varios métodos para seleccionar las variables idóneas:

- **Método *setpwise*:** consiste en ir introduciendo las variables de manera progresiva en el modelo. La primera variable que se introduce es la que posea la mayor correlación[5] y será la que forme parte del modelo con la variable dependiente solo si cumple el criterio de entrada. Paso seguido, se tomará en cuenta la variable independiente que posea la correlación parcial mayor y que no se encuentre en la ecuación. Este procedimiento se debe realizar con todas las variables independientes que sean candidatas a formar parte del modelo.

- **Método *backwise*:** este método consiste, al inicio de plantear el modelo, en introducir todas las variables en la ecuación que representa el modelo de regresión lineal y posteriormente se irán excluyendo una a una las variables que no influyan de manera significativa en el modelo. En cada paso se elimina la variable menos influyente según la aplicación del contraste individual de la prueba t o de la la prueba F.

- **Método AIC (*Akaike Information Criterion*):** este método se desarrollará a continuación con la aplicación del programa R.

8.14.1 Método AIC

El método consiste en considerar todas las variables que determinan el problema en cuestión y el equivalente en el modelo lineal multivariado hace referencia a aquellas que definen la variable dependiente o, en otras palabras, se requiere seleccionar las variables que mayor influencia tienen en el modelo. El método arroja un valor AIC y este valor se va comparando con cada uno de los adjudicados a cada variable, aquel que sea menor que el inicial; se procede a la exclusión de la variable correspondiente y el paso seguido es repetir el proceso. Se busca seleccionar el modelo que tenga el valor AIC más pequeño. En teoría, este criterio se fundamenta en encontrar el conjunto de variables predictoras más influyentes en el modelo, el cual responde al conjunto que tenga un menor AIC (por sus siglas en inglés, que significa Criterio de Información Akaike) y, en consecuencia, es considerado el mejor modelo. Adicionalmente, la aplicación de este criterio de información conduce a evitar la multicolinealidad (Akaike, 1974).

El algoritmo en R plantea si se puede eliminar alguna de las variables independientes x. Se comienza el análisis con el modelo completo. Para el ejercicio en particular, se aplica el método *backward* utilizando la orden *step("nombre de la regresión")*, como se puede apreciar en el siguiente *script*.

---

[5] Es importante recordar que la correlación puede ser positiva o negativa. Es este caso, se toma la que tenga el mayor valor sin importar el signo.

La variable *EDAD* posee el AIC más pequeño y menor que el inicial, luego será excluida del modelo; si no se hace nada, se obtiene el AIC original.

Luego se observa que la variable *EST* posee el AIC más pequeño, luego esta será la siguiente en excluirse del modelo.

Finalmente, las variables restantes tienen el AIC igual o superior al propuesto; esto corresponde a dejar estas variables en el modelo.

```
> ## Criterio AIC
> ### Método backward
> step(reg_lin)
Start:  AIC=81.04
PADIAST ~ EDAD + PESO + FC + EST

        Df Sum of Sq      RSS     AIC
- EDAD   1      0.70   429.25  79.079
- EST    1      7.95   436.51  79.498
<none>                 428.55  81.038
- FC     1    185.38   613.93  88.025
- PESO   1   1296.47  1725.02 113.853

Step:  AIC=79.08
PADIAST ~ PESO + FC + EST

        Df Sum of Sq      RSS     AIC
- EST    1      7.74   436.98  77.526
<none>                 429.25  79.079
- FC     1    229.13   658.38  87.773
- PESO   1   1405.70  1834.94 113.397

Step:  AIC=77.53
PADIAST ~ PESO + FC

        Df Sum of Sq      RSS     AIC
<none>                 436.98  77.526
- FC     1    226.31   663.29  85.958
- PESO   1   1592.79  2029.78 113.920

Call:
lm(formula = PADIAST ~ PESO + FC, data = pres_diast)

Coefficients:
(Intercept)          PESO            FC
   -18.8651        1.1255        0.3117
```

Finalmente, el modelo queda representado así:
$$PADIAST = -18,651 + (1,1255)PESO + (0,3117)FC$$

8.15 Estimación de la respuesta media y predicción para una nueva observación

Para encontrar la respuesta media y la predicción de una nueva observación, se debe suponer que se cuenta con un conjunto de datos con las mismas características de la base original (variables independientes) y se desea encontrar cuál es el valor medio de la variable respuesta que obedece a este conjunto de datos.

Para el caso en particular del ejemplo sobre el cálculo de la presión diastólica de las personas, se supone la existencia de información adicional de un grupo de personas a las cuales se les desea encontrar el valor medio de su presión dias-tólica; poseen las mismas características respecto a su frecuencia cardiaca, su peso y hasta su estatura. ¿Cuál es el valor medio de la PADIAST (la media de PADIAST) de ese grupo de personas que tienen esas mismas características?

- Estimación puntual
- Intervalo de confianza al 95 %

De acuerdo al ejercicio de la presión diastólica de las personas, ahora se supondrá un grupo de personas con el siguiente perfil:

Peso: 75,12 kg   Estatura: 172,2 cm
Frecuencia cardiaca: 122   Edad: 34,12

1. ¿Cuál es el valor medio de la PADIAST de este grupo de personas que tienen estas características?
Es decir, la estimación de la respuesta media viene dada por:

Para el uso del programa R:

```
259  ### Estimación de la respuesta media y predicción
260  ### Se indica el nuevo registro
261  alpha <- 0.05
262  PESO_i <- 75.12|
263  FC_i <- 122
264  EST_I <- 172.2
265  EDAD_i <- 34.12
266  PADIAST_i <- predict(reg_lin, newdata = data.frame(PESO = PESO_i,
267                                                      FC = FC_i,
268                                                      EST = EST_i,
269                                                      EDAD = EDAD_i),
270                           interval="confidence", level = 1 - alpha)
```

Las variables de este grupo se llamarán: *PESO_i, EST_i, FC_i* y *EDAD_i* respectivamente.

Luego se aplica la función *predict( )* con las características como se presenta a continuación:

Análisis:

Se afirma que la estimación puntual promedio de la presión diastólica del conjunto de personas tenidas en consideración para el análisis es de 103.77 mm Hg y con un nivel de confianza del 95 % la presión promedio se encuentra en el intervalo de confianza entre 101.81 y 105.72 mm Hg.

```
> ### Valor medio de PEDIAST
> PADIAST_i
       fit      lwr      upr
1 103.7731 101.8169 105.7293
```

2. ¿Cuál es la predicción de la PRESIÓN DIASTÓLICA de una persona con las siguientes características y con un nivel de confianza del 95 %?

Peso: 80 kg   Estatura: 180 cm
Frecuencia cardiaca: 130   Edad: 30

La particularidad en este caso es modificar en la función *predict* el tipo de intervalo. Para este caso, se escribe: *interval = "predicción"*, como se muestra en el siguiente *script*.

```
275  ### Cálculo de la Predicción
276  ### Se indica el nuevo registro
277  alpha <- 0.05
278  PESO_j <- 80
279  FC_j <- 130
280  EST_j <- 180
281  EDAD_j <- 30
282  PADIAST_j <- predict(reg_lin, newdata = data.frame(PESO = PESO_j,
283                                              FC = FC_j,
284                                              EST = EST_j,
285                                              EDAD = EDAD_j),
286                  interval="prediction", level = 1 - alpha)
```

Análisis:

Se afirma que la estimación puntual de la presión diastólica de la persona tenida en cuenta para el análisis es de 112.52 mm Hg y con un nivel de confianza del 95 % su intervalo de confianza para la predicción de la estimación por intervalo se encuentra entre 101.87 y 123.16 mm Hg, como se muestra en el siguiente *script*.

```
> ### Valor de predicción de PEDIAST
> PADIAST_j
     fit      lwr      upr
1 112.52 101.8781 123.1618
```

EJERCICIOS

8.1. El Departamento de Estadística está interesado en conocer los diferentes hábitos que tienen los habitantes de las ciudades metrópolis. Es así como decide llevar a cabo el levantamiento de información a un grupo determinado de la población objeto de estudio, el cual se encuentra estratificado. Selecciona el estrato 4 específicamente con el propósito de medir la capacidad de ahorro con que cuentan las familias de este grupo. Para ello, realiza el seguimiento a una familia y levanta la información durante dos años consecutivos de manera mensual, realizando el seguimiento sobre los ingresos percibidos, los gastos ocasionados por la utilización de los servicios básicos, los gastos a que incurre la familia en la alimentación y, finalmente, se agruparon en una variable todos los gastos secundarios incurridos por la familia.

El propósito es: averiguar si el ahorro de las familias depende de los ingresos, del gasto en los servicios básicos, del gasto en la alimentación y de los otros tipos de gastos o de alguno de ellos. También se pretende identificar: ¿cuál de estas características tiene mayor influencia en el ahorro, así como en qué orden de importancia la afecta o, por el contrario, si existe alguna de estas variables que no lo afecta?
Realice un análisis detallado de la viabilidad del modelo propuesto.

A continuación, se enuncia la información tabulada. Las variables se encuentran en unidades de miles de pesos (*1.000):

Mes	Ahorro	Ingresos	Servicios básicos	Alimentación	Otros gastos
Enero	0	1.500	700	1.000	300
Febrero	400	2.400	650	1.100	250
Marzo	550	2.900	800	1.150	400
Abril	0	2.000	550	1.300	250
Mayo	900	3.000	450	1.450	200
Junio	900	3.500	700	1.500	400
Julio	650	2.800	600	1.200	350
Agosto	300	2.000	400	1.000	300
Septiembre	700	3.000	600	1.300	400
Octubre	650	3.100	550	1.400	500
Noviembre	1.100	3.500	700	1.300	400

Mes	Ahorro	Ingresos	Servicios básicos	Alimentación	Otros gastos
Diciembre	1.500	5.000	800	1.500	1.200
Enero	0	1.000	800	1.100	300
Febrero	0	1.500	750	1.150	350
Marzo	550	3.100	850	1.250	450
Abril	400	2.800	800	1.200	400
Mayo	600	3.300	900	1.300	500
Junio	650	3.050	850	1.250	300
Julio	850	3.600	900	1.400	450
Agosto	1.680	4.500	920	1.200	700
Septiembre	350	3.000	850	1.300	500
Octubre	150	2.900	900	1.250	600
Noviembre	400	3.600	1.050	1.250	900
Diciembre	1.300	5.500	1.200	1.500	1.500

Apéndice A

Teorema del límite central

Cuando se desea obtener una muestra de una población, siempre se busca que esta muestra sea probabilística y representativa con respecto a la población. El teorema del límite central garantiza esta condición.

Cuando se desea obtener una muestra aleatoria de tamaño n de una población finita con características de media poblacional μ, varianza σ^2 y desde luego desviación estándar σ, si n es lo suficientemente grande, entonces la distribución de muestreo de la media de la muestra $\bar{x}$ se aproxima con una función de densidad normal, de donde se afirma que la distribución de muestreo de la media y la desviación de distribución de muestreo se define como:

$$\mu_{\bar{x}} = \mu \qquad \sigma_{\bar{x}} = \sigma/\sqrt{n} \text{ ; Llamada error estándar de la muestra}$$

Esto permite realizar una aproximación de la distribución de muestreo de la media de la muestra $\bar{x}$ a la distribución normal, siempre y cuando el tamaño de la muestra sea lo suficientemente grande y la población tenga una media y varianza finitas. Cuando n es igual o mayor que 30, la distribución de muestreo tiende a ser normal. Por otra parte, si la distribución de la población es simétrica alrededor de su media, la distribución de muestreo de $\bar{x}$ tiende a ser normal con tamaños inferiores a 30 y si la población tiene una distribución normal, la distribución de muestreo de $\bar{x}$ tiende a ser normal con tamaños inferiores a 30 y si la población tiene una distribución normal, la distribución de muestreo de $\bar{x}$ es una función de densidad normal sin importar el tamaño de la muestra.

La demostración de la distribución de muestreo de $\bar{X}$ de un conjunto de variables aleatorias independientes e idénticamente distribuidas. Sea $X_1, X_2, ..., X_n$ una muestra aleatoria con n variables aleatorias, de donde:

$$E(X_i) = \mu_i \quad \text{y} \quad Var(X_i) = \sigma_i^2 \qquad \forall i = 1, 2, ... n$$

Se define el promedio de $\bar{X} = (X_1 + X_2 + \cdots + X_n)/n$ como la media muestral

Por definición, $E(\bar{X}) = \sum_{i=1}^{n} a_i * \mu$; si $a_i = 1/n$, $i = 1, 2, 3, ..., n$

Luego:

$$E(\bar{X}) = \sum_{i=1}^{n} \frac{1}{n} * \mu = \frac{1}{n} * \mu * n = \mu$$

$$Var(X) = \sum_{i=1}^{n} \frac{1}{n^2} * \sigma^2 = \frac{\sigma^2}{n^2} * n = \frac{\sigma^2}{n}$$

De donde μ y σ^2 son la media y la varianza de la población de la cual se extrajo la muestra.

Ejemplo:
La planta de producción de una fábrica de refrescos realiza el llenado de jugos por medio de una máquina que vacía el contenido de 250 ml. Supóngase que la cantidad de jugo de llenado es una variable aleatoria normalmente distribuida con media $\mu = 250$ y desviación estándar $\sigma = 10$ ml. Para comprobar que el contenido de cada frasco se mantiene en los 250 ml, se selecciona una muestra aleatoria de 25 frascos y se mide el contenido de cada uno de ellos. El Departamento de Control de Calidad realiza el monitoreo y decide detener el proceso de llenado una vez que la capacidad de los frascos se encuentre por fuera del rango entre 245 y 255 ml. ¿Cuál es la probabilidad para tomar la decisión de detener el proceso?

Solución:
Sean $X_1, X_2, \ldots, X_{25}$ variables aleatorias independientes con distribución normal, en donde representan la cantidad de llenado de los frascos. Se supone que las X_i provienen de una población con distribución normal.

Es decir: $X_i \sim N(250, 10)$

Además, por el teorema del límite central, $\bar{X}$ también tiene una distribución normal con:

$$\bar{X} = \mu = 250$$

$$\sigma_{\bar{x}} = \sigma / \sqrt{n} = 10 / \sqrt{25} = 2$$

Cálculo de la probabilidad:

$$P(tomar\ la\ decisión) = 1 - P(245 < X < 255)$$

$$= 1 - P\left(\frac{245 - 250}{2} < Z < \frac{255 - 250}{2}\right)$$

$$= 1 - P(-2{,}5 < Z < 2{,}5)$$

$$= 1 - ((0{,}5 - 0{,}0062) + (0{,}5 - 0{,}0062))$$

$$= 1 - 0{,}9876$$

$$P(tomar\ la\ decisión) = 0{,}0124$$

Referencias bibliográficas

Akaike, H. (1974). "A new look at the statistical model identification". *IEEE Transactions on Automatic Control*, *19*, 716–723. https://doi.org/10.1109/TAC.1974.1100705

Araneda, P. (2021, April 27). *Tidyverse para Data Análisis*. RPubs by Rstudio. https://Rpubs.Com/Paraneda/Tidyverse.

Canavos, G. (1988). *Probabilidad y estadística. Aplicaciones y métodos*. McGraw-Hill.

Dallas E., J. (2000). *Métodos multivariados aplicados al análisis de datos*. International Thomson Editores S.A.

Damodar N., G. & Dawn C., P. (2009). *Basic econometrics*. Quinta edición. McGraw-Hill.

DANE (2005, June). *Estimación e interpretación del coeficiente de variación de la encuesta cocensal. Censo general 2005 - CGRAL*.

Dunn, P. K. & Smyth, G. K. (2018). *Generalized Linear Models With Examples in R* (Vol. 1). Springer Nature.

Faraway, J. L. (2005). *Linear Models with R*. Chapman & Hall.

Hadley, W. & Garrett, G. (2017). *R for Data Science* (O'Reilly Media).

Holtz, J. (2023). *R Graph Gallery*. https://www.r-graph-gallery.com

Jiménez, F. (2014, November 5). *RPubs by RStudio*. https://rpubs.com/Felipe1986/MuestreoTutorialR

Kabacoff, R. (2024). *Modern Data Visualization with R*. Ed. CRC PRESS. https://rkabacoff.github.io/datavis/

Kutner, M. H., Nachtsheim, C. J., Neter, J. & Li, W. (2005). *Applied Linear Statistical Models* (5th ed.). McGraw-Hill.

Lohr, S. (2000a). *Muestreo: diseño y análisis*. International Thomson Editores.

Lohr, S. (2000b). *Muestreo: diseño y análisis*. International Thomson Editores.

Mendenhall, W. & Sincich, T. (2002). *Statistic and Probability for Engineering and Sciences: Vol. I*. Prentice Hall.

Ospina, B. D. (2001). *Introducción al muestreo*. Unilibros.

Poole, D. (2017). *Álgebra lineal una introducción moderna*. Cuarta edición. Cengage Learning Editores, S.A.

R Core Team (2022). *R: A language and environment for statistical computing. R Foundation for Statistical Computing*. https://www.R-project.org/

Rodríguez, A. B. E. (2019). *Gestión de la información cuantitativa en las universidades*. Universidad Nacional de Colombia.

Sabino, C. (1992). *El proceso de investigación*. Panamericana.

Sánchez, C. A. (2023). Las pruebas de normalidad. *Method*.

Stock, J. H. & Watson, M. W. (2012). *Introducción a la econometría*. Pearson Educación S.A.

Tenopir, C., Rice Id, N. M., Allard, S., Baird, L., Borycz Id, J., Christian, L., Grant, B., Olendorf, R. & Sanduskyid, R. J. (n. d.). *Data sharing, management, use, and reuse: Practices and perceptions of scientists worldwide*. https://doi.org/10.1371/journal.pone.0229003

Wackerly, D., Mendenhall, W. & Scheaffer, R. L. (2010). *Estadística matemática con aplicaciones*. Cengae Learning Editores, S.A.

Walpole, R., Myers, R., Myers, S. & Ye, K. (2012). *Probabilidad y estadística para ingeniería y ciencias*. Novena edición. Pearson Educación.

Wickham, H., Hester, J. & Bryan, J. (2022). *devtool: Tools to Make Developing R Packages Easier_. R package version 2.4.5*. Dvtool: Tools to Make Developing R Packages Easier_. R Package Version 2.4.5. https://CRAN.R-project.org/package=devtools

Wu, C. & Thompson, M. E. (2020). *Sampling Theory and Practice*. J. Chen & D.-G. Chen (eds.), Vol. 1. Springer Nature.